KB008930

33년만의 진범

33년만의 진범

화성·수원·청주 연쇄범죄 8년의 자백

한국일보 경찰팀 지음

북콤마

추천의 글

악마는 항상 우리 곁에 존재했다. 악마는 내성적이고 조용한 성격을 가진 투명인간으로 묘사된다. 아이러니하게 악마도 가족에 대한 애정만큼은 매우 강해서 부모조차로 그가 악마라는 사실을 알지 못한다. 이 책은 이춘재라는 화성 연쇄살인범의 내면을 좀 더 깊게 들여다보려는 노력들이 담겨 있다. 이 책에서 우리는 30년 전 무능했던 공권력에 분노한다. 앞으로도 악마는 나타날 것이다. 매우 평범한 인상 속에 살기 어린 미소를 지으면서 우리 주변에서 기회를 노릴 것이다. 우리는 악마를 먼저 인식할 수 있는 눈을 가져야 한다. 그런 의미에서 이 책은 악마를 먼저 알아볼 수 있는 지혜를 담고 있다.

공정식 경기대 범죄심리학과 교수

프로파일러가 되면서 처음 목표가 '화성 연쇄사건'의 범인을 잡는 것이었다. 당시 연쇄살인이 드물어 제일 먼저 그 사건의 프로파일링을 했었다. 그 사건이 해결되었다고 하니 꿈에 그리던 일이 실현된 것 같았다. 직접 만나서 자료 수집하며 추적했던 자료들을 꺼내놓고 다 물어보고 싶었다. 이춘재와 마주 앉아 그를 상대한 프로파일러는 피가 마르는 시간을 보냈을 것이다. 당시 피해자 가족들의 심정을 생각해본다.

권일용 동국대 경찰사법대학원 교수

기억은 기록을 이길 수 없다. 그러나 파편화된 기록은 기억일 뿐이다. 화성 연쇄살인 마지막 사건의 공소시효가 만료된 뒤 5년간 강의 내용을 논문으로 정리했다. 그것이 인연이 되어 사건 이전의 연쇄강간 사건들을 분석해 또 한 편의 논문을 남겼다. 그로부터 8년… 휴대폰 속에 익숙한 그의 몽타주가 나타난 뒤 사건의 전모가 속속들이 드러났고, 그 과정에서 제 논문이 쓰임을 받게 된 것은 작은 보람이다. 이번에 한국일보 경찰팀이 사건의 퍼즐과 진실을 정리하여 한 권의 책으로 펴냈다.

한국 범죄사의 한 획을 그은 화성 연쇄살인 사건!

이 책은 오랫동안 우리가 알고 싶었던 사건의 실체를 모아, 또다시 관심에서 멀어지고 있는 이 사건을 잊지 않기 위해 여러 사람들이 열심히 발로 뛴 기록의 산물이다. 정리된 기록은 역사다!

오윤성 순천향대 경찰행정학과 교수

미치도록 잡고 싶었던 범인이 그 실체를 드러내었다. 이 책에서는 1986년부터 1994년까지 화성, 청주, 수원에서 발생한 연쇄살인 사건의 전모를 기자 특유의 차분한 문체로 기술하고 있다. 천천히 읽다 보면 트루먼 커포티의 〈In Cold Blood〉에서 느꼈던 서늘한 기운이 온몸을 휘돌아 감싼다. 화성 연쇄살인은 이 책을 통해 반추되고 우리 사회에 메시지를 던져줄 것이다. 한국일보 경찰팀의 의도는 성공하였다.

유성호 서울대 법의학교실 교수

이춘재 연쇄살인을 책으로 남기는 이유

봉준호 감독의 영화 '살인의 추억'으로 화성 연쇄살인 사건이 재조명된 2000년대 중반 기자 생활을 시작했다. 화성에 갈 일이 생기면 시간을 쪼개 사건이 벌어진 현장을 찾아다녔다. 아파트 단지가 들어서거나 도로가 뚫려 과거 모습이 온 데 간 데 없는 그곳에서 혼자 진범의 모습을 상상하곤 했다. 돌이켜보면 최악의 미제 사건에 대한 호기심, 사건기자의 취재 욕심에 사로잡혔다.

몇 년 후 화성에서 학창 시절을 보낸 후배가 자신의 얘기를 들려줬다. 1980년대 말 초등학생이었던 그는 매일 저녁 중학생 누나를 마중했다고 한다. 마을 어귀 버스 정류장에서 누나를 안전하게 데려오는 게 코흘리개 꼬마의 중요한 일과였다.

후배의 고향 집은 오산화성고속도로 안녕IC 근처다. 1986년 화성 1차와 3차 사건의 현장과 지척이고 2차 사건이 벌어진 진안리와도 가깝다. 후배뿐 아니라 소중한 누나와 여동생, 딸들을 지키기 위해 모두 그렇게 살았을 것이다. 살인의 현장에 터전을 가진 이들은 공포에 떨었고 절박했다. 1991년 이춘재의 연쇄살인이 멈춘 이후에도 그들의 마음속에서 두려움은 떠나지 않았다. 동시대를 살았지만 화성 사건은 서로에게 다른 기억으로 각인됐다.

첫 사건이 발생하고 33년이 흐른 지난해 9월 진범 이춘재의 실체가 드러났다. 머리털이 거꾸로 서는 듯한 전율을 느꼈다. 진범의 실체를 알고 싶은 경찰팀장의 개인적인 집착 탓에 몇 달간 밤낮을 가리지 않고 사건 현장을 뛰어다니며 팩트와 씨름해준 기자들에게 미안하면서 고맙다.

이춘재에 대한 세상의 관심이 시들해진 뒤 그간 쏟아낸 기사들을 모아 기록으로 남기고 싶어졌다. 비록 완전한 진실을 아닐지언정 파편으로 떠도는 퍼즐의 조각들을 하나로 합치는 작업을 누군가는 해야 한다고 생각했다.

개별 사건들은 넘쳤지만 이걸 연결해 의미를 부여하고 아직 드러나지 않은 공백을 메우는 작업은 쉽지 않았다. 피해자 중심주의 관점에서 참혹한 과거 사건들을 복기하는 것도 조심스러웠다. 신뢰성을 높이기 위해 과거 기사들과 지난해 나온 다른 언론사 선후배들의 수많은 단독 보도들도 크로스체크를 했다. 범죄 전문가들의 논문과 언론 인터뷰도 참고하고 인용했다. 특히 이수정 교수와 권일용 교수의 범죄심리 분석은 인상적이었다. 법의학자로서 사건 당시 부검 기록을 세심히 살펴 사건들의 연관성을 밝힌 유성호 교수의 혜안은 감탄스러웠다. 화성 연쇄살인과 그 직전 발생한 연쇄강간 사건의 범인을 동일인으로 지목한 오윤성 교수의 분석에도 경의를 표한다.

이준희 전 한국일보 사장 등이 30년 전 현장에서 남긴 기사들도 큰 도움이 됐다. 아낌없이 신문 지면을 내주고 취재의 방향을 제시해준 한국일보 이태규 편집국장과 김정곤 사회부장께도 감사드린다.

공저자 맨 앞에 이름을 올려도 모자람이 없지만 극구 사양한 임후성 북콤마 편집팀장을 빼놓을 수는 없다. 범죄에 대한 뛰어난 통찰력으로 영감을 불어넣었고, 해박한 지식으로 따로 놀던 기사들의 맥락을 이어줬다. 당신이 없었다면 이 책은 세상에 나오지 못했다.

2020년 7월 1일 저자 대표 김창훈

차례

프롤로그

이춘재에 관한 내용을 한 줄이라도 더 찾기 위해 여러 문건과 서류, 언론 보도 내용을 뒤졌는데 지나고 보면 그중 가장 눈길을 끄는 문장은 이것이었다. 한 뉴스 클립에 나온 리포트의 내레이션이다. 특별할 것 없는 평범한 내용인데도 비슷한 길이의 단문들이 나열되는 모습이 그날따라 새롭게 다가왔다. 거기에는 대상에 대한 관심 말고는 다른 군더더기가 없었다. 어쩌면 비슷한 길이로 끊어지는 단문은 읽는 이의 호흡일지도 모른다.

"1986년 1월 이춘재는 군 복무를 마쳤습니다. 화성 사건 9개 중 4개의 사건이 같은 해 벌어졌습니다. 9월과 10월에 한 번씩, 12월에는 두 번의 살인 사건이 일어났습니다. 11월에는 화성 사건의 용의자가 벌였을 것으로 추정되는 살인미수 사건도 있었습니다. 다음 해에는 상반기에만 2개의 살인 사건이 발생했습니다. 6차 사건 발생 이후 경찰은 이씨를 용의 선상에 올렸습니다. 경찰이 이씨에 대한 조사를 시작하자 연쇄살인 사건도 1년 넘게 일어나지 않았습니다. 1988년 9월, 7차 사건으로 연쇄살인이 다시 시작됐습니다. 그러나 다음 사건은 2년 2개월 뒤인 1990년 11월에야 일어났습니다. 이 공백 기간은 경찰이 이씨에 대한 재조사에 나서고 이씨가 강도예비 혐의로 7개월간 구속됐던 시기와 겹칩니다. 마지막 화성 연쇄살인 사건은 1991년 4월입니다. 같은 해 7월 이씨는 결혼을 했습니다. 이씨는 1993년 4월 청주로 이사를 가고 9개월 뒤 처제를 성폭행하고 살해한 혐의로 체포됐습니다. 이씨는 이 짧은 기간에도 살인을 저질렀다고 말했습니다. 아직 밝혀지지 않은 사건을 감안하면 이씨의 범행은 8년간 끊이지 않았을 것으로 보입니다."[1]

연쇄살인 사건 진범에 대해 말하는데 적절한 관심과 거리라는 게 가능할까. 냉정한 머리라는 게 존재할까. 어느 지점에 이르러 돌아보자 대상자에 대한 흥미보다는 환멸이 처음 출발한 자리를 차지하고 있었다. 더 나아가기가 주저됐다. 여전히 산더미처럼 쌓여 있는 자료 앞에서 질린 것이 아니라 사건 속에서 무한 반복되는 듯한 한 사람의 잔인함에 자꾸 눈길이 갔기 때문이다. '잔인의 초'를 넘어서려 몇 차례 애쓰다 보면 작업하던 자리에서 조금씩 비켜서기 일쑤였고 멈추고 나면 원래 자리로 돌아오기가 마음 한편이 석연치 않았다. 그것은 환멸이었다. 감정이 눈을 가리자 알게 모르게 묘사가 거칠어졌다. 아무리 잔인한 살인자라 하더라도 자신의 삶에 관한 글이라면 담담한 톤으로 요약된 문장을 받을 가치가 있다고 생각했다.

물론 '공백'은 공백이 아니고 언급한 사건들 사이에는 빈틈이 많지

1) JTBC 뉴스 2019.10.3. '두 달에 한 번꼴로 살인·성범죄?… 이춘재 8년의 행적'

만, 큰 줄기를 잡는 중에 부족한 데가 없어 보이는 문장을 쓰고 싶었다. 한 사람이 '화성'의 진범으로 살기 시작하면서 그 주변의 무엇이 궤도를 이탈하고 영원히 부재하게 됐는지를 생각하다 보면, 저 문장들을 감싼 어둠 사이로 흐린 울음과 핏빛이 조금씩 새어나오는 기분이 들기도 했다.

한 인생을 둘러싼 문장을 완전히 닫고 싶은 각오가 글쓰기를 내내 이끌었지만, 끝부분에서 느끼는 입맛은 허망했다. 이런 체험이 있었다. 2020년 4월 그 시점에서 접할 수 있는 최대한의 자료를 섭렵했다고 생각한 순간 우리는 그동안 빠뜨리고 지나갈 뻔한 한 방송 보도를 접했다. 1984년 여름 이씨가 군 복무를 하던 시절 휴가를 나왔다 범행을 했을 가능성을 시사하는 내용이었다. 그해 여름 수원 세류동, 집앞 골목에서 자전거를 타던 아홉 살 초등학생 여아에게 머리가 짧은 20대 초반의 남성이 달려들었다. 범인은 칼을 피해자의 목에 대고 위협하면서 두 손으로 피해자의 목을 졸랐지만 다행히 미수에 그쳤다. 1988년 이춘재의 몽타주가 나온 전단지를 보고 피해자는 그때의 범인과 무척 닮았다고 떠올렸다.[2] 그것은 그동안 이씨의 범행 시기로 알려져온 군 제대 이후 8년, 1986년 1월부터 1994년 1월까지의 기간에 해당하지 않는 사건이었다. 1984년 여름이면, 1983년 2월 수원 한 고등학교를 졸업하고 그해 군에 입대한 이춘재가 한참 군 복무를 하던 시기였다. 또 수원 세류동이면, 1989년 9월 '수원 강도예비 사건'이 일어난 바로 그곳이었고 이씨가 졸업한 고등학교와 가까운 지역이었다. 각설하자면 이제 이춘재가 제대하기 전 시기도 살펴야 했다.

2) JTBC 뉴스 2019.9.30. "'화성사건' 발생 2년 전… "이춘재 닮은 20대가 흉기 위협""

그때 그런 생각이 들었다. 처음부터 이 작업을 다시 해야 한다고. 지금까지 해온 정리 작업이 단번에 무의미하게 다가오면서 기초에서부터 무너져 내리는 듯한 기분이었다. 숨어 있는 사건을 전부 파헤치지 못하고 중요한 사실을 놓쳤다는 것을 절감한 순간 덮쳐오는 무력감에 속수무책이었다. 어쩌면 이씨가 자백, 진술한 것 외에도 추가 사건이 존재할 것이며, 이 책이 출간된 후에도 수사본부의 집요한 추적은 계속될 것이다. 그리고 끝내 말하지 않은 여죄가 파헤쳐져 속속들이 드러날 것이라는 예감이 지금 강렬하다.

그럼에도 이 책을 세상에 내놓는다. 오로지 사건의 전모를 향해 한 걸음을 내딛기 위해.

1부

화성 연쇄살인

유력 용의자를 찾았다

근래 누구도 떠올려본 적 없는 '화성 연쇄살인'이고 생각지도 않던
'유력 용의자'였다. 2019년 9월 18일 추석 연휴를 마치고 각자 일상의
자리로 복귀한 주중, 그것도 밀어둔 업무가 한꺼번에 쏟아지던 수요
일이었다. 서울과 경기 일대 주요 지방경찰청과 경찰서에 설치된 기
자실에 뜻밖의 소식이 날아들었다. 경기남부지방경찰청이 최근 화성
연쇄사건의 유력 용의자를 찾았으며 그는 '현재 수감 중인 50대 남성'
이라는 사실이었다. 경찰의 발표 없이 휴대폰에 뜬 소식에 각 신문사
기자들은 다들 어리둥절했다. 그만큼 '화성'은 사람들의 기억에서 잊
힌 사건이었다. 1986년부터 1991년까지 경기 화성 일대에서 벌어진
성폭행 연쇄살인 사건, 바로 그 '화성 연쇄살인'이다. 그 '화성 연쇄살
인'이 사건 발생 33년 만에 다시 터져 나오는 순간이었다. 아득히 떨
어져 역사처럼 느껴졌던 사건이 현실로 소환되는 순간이었다.

'미치도록 잡고 싶다.' 사건이 모티브였던 영화 '살인의 추억'에 등

장하는 헤드 카피처럼 화성 연쇄살인 사건은 범인을 잡지 못한 형사들을 미치게 만들었다. '화성'이란 무엇인가. 1986년 9월 15일 첫 사건 이후 1991년 4월 3일까지 4년 반에 걸쳐 경기 화성시(당시 화성군) 태안읍 반경 2킬로미터 이내에서 10명의 부녀자를 성폭행하고 살해한 희대의 연쇄살인 사건이다. 대한민국 경찰 강력범죄 수사 역사상 가장 치욕적이면서도 뼈아픈 사건이고, 33년간 풀리지 않던 한국 범죄사 최악의 미제 사건으로 꼽힌다. 10명의 여성이 무참히 살해됐지만, 범인을 특정하기는 쉽지 않았다. 경찰력이 총동원돼 화성은 물론 인접 지역까지 이 잡듯이 뒤졌지만 용의자를 찾는 데 끝내 실패했다. 당시 동원된 경찰 연인원이 205만여 명으로 단일 사건의 범인을 수사하기 위해 꾸려진 수사단으로는 역대 최대 규모다. 수사 대상자 2만 1280명, 지문 대조 4만 116명, 용의자 3000여 명, DNA 조사 580여 명, 모발 감정 180명 등 각종 수사기록 역시 지금도 깨지지 않고 있다.

경찰 관계자들에게 전화를 걸어 사태의 윤곽을 파악한 기자들의 머릿속엔 오만 가지 의문이 가득했다. 유력 용의자가 현재 수감돼 있다는 말은 그가 '화성 연쇄사건'이 아닌 다른 범죄로 잡혀 들어갔다는 뜻이 된다. 그렇다면 화성 연쇄사건은 이로써 해결됐다는 것인가? 아니, 유력 용의자라는 표현은 해결보다는 차라리 단초나 높은 가능성에 가깝다. 그것이 '화성 연쇄살인'이 아니라면 무슨 사건을 말하는 걸까? 유력 용의자를 찾았다는 이야기만 있을 뿐 그 사람이 어느 교도소에 수감돼 있는 누구인지는 알려지지 않았다.

유력 용의자는 부산에 있었다. 경찰 관계자들을 추가 취재한 끝에 우리는 화성 연쇄살인의 유력 용의자가 부산교도소에서 복역 중인 무기수라는 사실을 확인할 수 있었다. 한 걸음 더 나아가 신원까지 파악했다. 유력 용의자를 확보했다는 소식을 전하고 몇 시간 뒤 그날 오후 인터넷판에 "(유력 용의자는) 1994년 처제를 성폭행한 뒤 살해한 이 모 씨로 추정된다"며 후속 보도했다.

'화성 연쇄살인' 유력 용의자 1994년 청주 처제 살인범인가

1980년대 전국을 공포로 물들인 국내 최악의 미제사건 '화성 연쇄살인 사건' 유력 용의자가 부산에서 복역 중인 것으로 알려졌다. 1994년 처제를 성폭행한 뒤 살해한 이 모 씨로 추정된다.

(9월) 18일 경기남부지방경찰청은 화성 연쇄살인 사건의 유력한 용의자로 현재 수감 중인 50대를 특정했다고 밝혔다. 경찰은 지난 7월 증거물 일부를 국립과학수사연구원에 보내 유전자(DNA) 재감정을 의뢰했고 증거물에서 채취한 DNA와 용의자의 DNA가 일치한다는 결과를 받았다.

경찰은 아직 용의자 신원을 공개하지 않았지만 이씨로 좁혀지고 있다. 이씨는 1994년 1월 충북 청주시 자신의 집으로 놀러 온 처제(당시 20세)에게 수면제를 탄 음료를 먹인 뒤 성폭행하고, 살해한 혐의로 1심과 2심에서 사형을 선고받았다.

사건 당시 이씨는 처제 시신을 집에서 약 1킬로미터 떨어진 창고에 은폐하기도 했다. 범행의 잔혹성이나 시신 유기 수법이 화성 연쇄살인 사건과 유사해 당시에도 주목을 받았지만, 경찰 관계자는 "아직 용의자의 신원을 확인해줄 수 없다"는 입장이다.

유력 용의자는 사건 발발 8년 후 다른 사건에 연루돼 이미 잡혔고 지금은 감옥에 있었다. 경찰이 신원을 공식적으로 확인해주지 않은 상태에서 우리는 '이씨로 추정된다' '이씨로 좁혀지고 있다'는 식으로 유력 용의자의 이름 석 자를 조심스레 감췄다. 보통 경찰은 추가 조사를 거치고 용의자의 자백을 받아낸 뒤 피의자로 신분을 전환하고 나서야 그 신원을 밝힌다. 하지만 사람들은 그때까지 기다리지 못했다. 몇 주 뒤 자신의 범행이라는 자백이 나온 뒤에도, '이춘재'라는 이름을 언론과 시민들 모두 외우다시피 한 뒤에도 경찰은 이춘재의 신상 공개를 두고 오랜 시간 고심했다.

이씨는 1994년 1월 충북 청주 자신의 집으로 놀러 온 처제(당시 20세)에게 수면제를 탄 음료를 먹인 뒤 성폭행하고 연이어 살해한 혐의로 1심과 2심에서 사형을 선고받았다. 대법원에서 사건이 파기 환송되면서 파기환송심을 거쳐 무기징역 형이 확정됐다. 사건 당시 이춘재는 처제의 시신을 집에서 880미터쯤 떨어진 철물점 야적장에 은폐하기도 했다. 범행의 잔혹성이나 시신 유기 수법이 화성 연쇄살인 사건과 유사해 당시에도 주목을 받았었다.

이제 사람들은 유력 용의자의 얼굴을 보고 싶어 했다. 어떻게 생겼는지 보자는 마음이 컸다. 교도소에 복역 중이므로 직접 찾아가서 면회를 신청하면 될 일이지만 돌아가는 형국을 봐서는 가당치도 않았다. 그 얼굴을 보지 않고 그냥 덮어둘 수는 없었다. 다들 관심이 그쪽으로 쏠리면서 당장은 얼굴을 확인하는 일이 급해 보였다.

경찰의 공식 확인이 없다는 것은 사람들이 이씨의 얼굴을 직접 보려면 좀 더 시간이 걸린다는 말이기도 했다. 도리 없이 7차 사건 당시 경찰이 만든 용의자 몽타주 수배 전단을 다시 꺼내야 했다. 거기서 출발해 희미하게나마 윤곽을 전달할 방법뿐이었다. 33년이라는 세월을 거치는 동안 생김새가 어떻게 변했을지는 다음 문제였다. 당시 용의자 몽타주에 나타난 범인의 인상착의는 '갸름하고 보통 체격' '코가 우뚝하고 눈매가 날카로움' '평소 구부정한 모습' 등으로 표현돼 있다. '보통 체격'이라는 말은 이 사건을 다룬 영화 '살인의 추억'에도 대사로 나올 정도였으니, 외견상 두드러진 특징이 없었다는 의미다.

이씨가 현재 50대 후반이므로 나이를 역산하면 범행 당시에는 20대 중반이었을 것이다. 피해자들은 71세 노인부터 14세 중학생(훗날 자백한 사건 중엔 초등학생도 있었다)까지 모두 노인이나 여성 등 신체적 약자였다. 당시 경찰은 성폭행 위기에서 가까스로 벗어난 여성과 용의자가 탔던 버스 운전사 등의 진술을 토대로 20대 중반 나이에 키가 165~170센티미터인 호리호리한 체격의 남성을 범인으로 지목했다. 경찰의 짧은 발표로만 봐서는 화성 연쇄살인 사건으로 분류된 9건의 미제 사건을 모두 이씨가 저질렀다고 단정하기도 어려운 상황이었다. 화성 이외의 지역에서 저지른 미제 사건이 추가로 드러날 가능성도 배제할 수 없었다.

1986년 9월 15일 첫 사건 발생 이후 만 33년 3일 만이다. 마지막 사건은 1991년 4월 3일 발생했다. 당시 화성 연쇄살인이 발생한 기간에 적용되는 살인죄의 공소시효는 15년밖에 안 됐기 때문에 2006년 4월 2일 밤 12시를 기해 마지막 공소시효까지 만료됐다. 즉 화성 연쇄살인의 공소시효는 범행 날로부터 15년에 달하는, 2001년 9월 14일(1차 사건 공소시효)부터 2006년 4월 2일(10차 사건 공소시효) 사이에 모두 끝났다. 화성 연쇄살인을 소재로 삼은 영화 '살인의 추억'이 상영돼 525만 명의 관객을 모으고, 사건 당시의 수사팀장 하승균의 수사 일지를 묶은 책 〈화성은 끝나지 않았다〉가 출간된 것이 2003년이니 그때만 해도 아직 공소시효를 남겨놓고 있었다. 이후 살인죄의 공소시효는 2007년을 기해 25년으로 늘었다. 또다시 1999년 발생한 대구 어린이 황산 테러 사건(태완이 사건)의 진범을 잡지 못한 것을 계기로 살인죄 공소시효에 대한 반대 여론이 커지면서, 2015년 형사소송법이 개정되며 살인죄의 공소시효는 폐지됐다. 물론 이미 지난 사건에 공소시효 폐지를 소급 적용할 수는 없다. 지금 아무리 진범이 밝혀지더라도 검찰이 공소를 제기할 수 없는 상황이다.

다만 공소시효가 완성됐다는 것은 재판에 넘길 수 없다는 것을 의미할 뿐, 공소시효와 별도로 사건의 진실을 밝히는 진실 규명이 불가능하다는 뜻은 아니다. 검찰 출신 변호사는 "수사라는 것은 기소(재판에 넘기는 것)를 전제로 하는 것이라 공소시효가 지난 사건은 수사를 하지 않는다. 그런데 이번 사건은 국민적 관심사라 예외적으로 경찰이 조사를 한 것 같다"고 말했다. 경찰은 공소시효가 완성되고 1년이 지나면 기록을 폐기하는 다른 사건과 달리 화성 연쇄사건의 경우 기록을 영구 보존하기로 했고, 오산경찰서의 강력팀 하나를 담당 수사팀으로 남겨 제보를 확인해왔다.

　이번에 신원이 확인된 이춘재의 경우 그가 진범임이 밝혀진다 하더라도 신원을 특정하는 것의 의미만 가질 뿐 처벌은 불가능하다. 다만 이씨는 무기징역 형을 받고 수감 중이므로 이 사건으로 인해 향후 가석방 대상에서 원천적으로 제외되는 정도의 영향은 줄 것이다.

부산교도소에서 복역 중인 1급 모범수

공식 브리핑 자리에 모인 기자들의 시선이 일제히 한곳을 향했다. 9월 19일 오전 반기수 경기남부지방경찰청 2부장이 단상으로 향했다. 그날 아침 조간신문 대부분은 이춘재라는 이름을 서슴없이 발설했다. 덩달아 출근 시간 지상파 TV와 라디오 뉴스도 그 이름을 언급했다. 어떻게 보면 DNA 일치는 수사 단서일 뿐 수사 종결 상황이 아니다. 과거 수사기록을 검토하고 대상자 주변 수사나 당시 수사팀 관계자들의 진술 등을 종합하는 일이 뒤따라야 한다. 수사기록을 검토하는 데만도 상당한 시간이 소요되는데 언론에 유력 용의자의 실명이 보도돼버렸으니 경찰로서는 부득이하게 자리를 마련할 수밖에 없었다. 유력 용의자를 특정하게 된 배경과 과정, 향후 수사 계획 등을 설명하는 자리였다.

"현재까지 3건의 현장 증거물에서 검출된 DNA와 일치하는 대상자가 있다는 통보를 받고 수사 중에 있습니다. 대상자가 이 모 씨이고,

50대이고, 지금 현재 교도소에 수감돼 있다는 정도는 확인해드릴 수 있습니다.”

화성 5차, 7차, 9차 사건 현장 증거에서 발견한 DNA와 이씨의 것이 일치했다. 유력 용의자의 실명이 언론 보도를 통해 세상에 밝혀진 마당에 경찰이 거명하지 않고 ‘현재 모 교도소에 수감 중인 50대 이모 씨’ 정도로 밝힌 것은 공식 인정이 아닐 뿐 사실 신원을 공개한 것이나 마찬가지였다. 반부장은 국립과학수사연구원에서 이러한 사실을 언제 통보받았는지에 대해서는 함구했다. 또 이씨가 사건 당시 용의 선상에 올랐던 인물인지, 이씨가 3건 외에 다른 사건과 연관이 있는지, 3건 외에 다른 사건의 증거물도 살펴보고 있는지에 대해서도 “수사 중인 사항이라 말씀드릴 수 없다”며 입을 닫았다.

“국립과학수사연구원에서 DNA 감정 결과를 통보받고 기초 수사를 하는 단계. 아직 특별하게 제공할 만한 내용이나 이런 게 별로 없다. 화성 사건과 관련해 모든 증거물을 보낸 것이 아니라 순차적으로 보내고 있어 현재도 감정 중에 있다. 사건 자체가 1986년부터 1991년까지 4년 7개월에 걸쳐 발생했기에 수사기록이 엄청나게 방대하고 증거물 양도 많다. 나머지 증거물에 대한 감정도 진행 중이다. 개인 정보와 수사 관련 사항이라 더 이상 말씀드리지 못하는 것을 이해해달라. 수사본부를 꾸렸으며 정말로 용의자가 사건의 범인인지 일일이 확인할 것이다. 공소시효는 지났지만 실체적 진실을 밝히고자 수사에 임하겠다.”

실제 경찰이 이춘재를 유력 용의자로 특정한 건 한 달여 전인 8월 초였다. 해결의 열쇠는 DNA였다. 2019년 7월 중순 경기남부지방경찰청 미제수사팀은 혹시나 하는 기대를 안고 오산경찰서(옛 화성경찰서) 창고에 보관돼 있던 증거물 중 피해자들의 유류품 일부를 꺼냈다. 국립과학수사연구원에 보내 DNA 재분석을 의뢰하기 위해서였다. 2018년 DNA 재분석을 통해 장기 미제 사건으로 남아 있던 한 '지적 장애인 성폭행 사건'을 17년 만에 해결한 사례가 나오면서, 경찰은 그 사건을 계기로 화성 연쇄사건에도 동일한 방식을 적용해보면 과거에는 나오지 않았지만 분석 기술 발달로 뭔가 나올 수 있지 않겠느냐고 판단한 것이다. 30년가량 지난 증거물에서 DNA 추출이 가능할까. 그런데 놀랍게도 한 가닥 기대를 걸고 보낸 9차 사건 피해자의 속옷에서 DNA를 추출할 수 있었다. 최근엔 증거물 보존 상태만 양호하면 채취한 DNA가 소량이어도 분석이 가능하다. DNA 시약 민감도가 향상되고 분석 기법이 발전하면서 적은 수의 세포로도 검출이 가능하게 됐다.

DNA 분석 기법 외에도 대검찰청과 국립과학수사연구원이 구축한 DNA 데이터베이스가 큰 역할을 했다. DNA 분석 기술이 아무리 발전해도 비교할 축적된 데이터베이스가 없으면 현장에서 발견된 DNA만 갖고는 범인을 특정할 수 없기 때문이다. 8월 9일 대검찰청 DNA 화학분석과는 국립과학수사연구원으로부터 DNA가 일치하는 수형자가 있는지 확인해달라는 긴급 요청을 받았고, 바로 당일 검찰 데이터베이스에서 동일한 DNA형을 확인해 경찰에 통보했다. 국립과학수사원이 보낸 결과물이 DNA 데이터베이스상에서 이춘재의 DNA와 일치하는 것으로 확인됐다는 소식이었다. 33년 동안 특정하지 못했던 용의자를 DNA 분석을 통해 단시일에 찾아낸 셈이다. 이후 경찰은 7차와 5차 사건의 증거물도 보냈고 마찬가지로 일치한다는 통보를 받았다. 다만 시점이 조금 공교로웠다. 5차 사건 증거물 감식 결과가 나온 날인 2019년 9월 18일 경찰이 이를 국민들 앞에 알리기 전에 화성 연쇄사건 용의자를 확인했다는 언론 보도가 먼저 나왔다.

아이러니하게도 국내에서 유전자 분석을 이용한 개인 식별법이 범죄 사건 감정에 처음 도입된 것은 화성 연쇄살인의 폭풍이 지나간 1991년이었다. 1990년 초중반까지는 의류 등에 묻은 혈흔을 분석해 혈액형을 판정하는 분석법이 '최신 기술'이었다. 과학수사에 대한 기대나 관심 자체가 없었다. 다급해진 경찰은 증거를 해외로 보내 분석을 맡겼다. 1990년 9차 사건 당시 일본 과학경찰연구소에 DNA 분석을 의뢰했고, 또 1991년 10차 사건 이후 1차 사건 피해자의 몸속에서 검출된 남성 체액을 일본에 보내 감식을 의뢰한 것이다. 그런데 이 방법도 번번이 실패했다. 두 차례에 걸쳐 두 명의 유력 용의자 DNA를 일본에 보냈지만 돌아온 답변은 '불일치'였다. 당시 감정에 참여했던 법의학자 이정빈 가천대 교수는 이렇게 회고했다. "세 번째 용의자도 의뢰하려 했지만 (1차 사건 피해자의 체내에서 검출된) 용의자 가검물(체액)이 다 떨어져서 못 한다는 설명을 들었다. 요즘 기술로는 수백 년 전 편지에 묻은 침으로도 DNA를 분석할 수 있기에 증거물만 남아 있다면 이야기가 다르다." 당시엔 사건 현장에서 확보한 DNA를 이미 경찰의 용의 선상에 오른 사람의 것과 일대일로 대조하는 방식을 썼는데, 일본 측의 실수로 시료가 다 소진해버린 일이 생겼다.[3] 이후 경찰로선 증거물의 양이 떨어질 위험을 의식해 더는 진행하지 못했다.

---

3) MBC 뉴스 2019.9.21. 'DNA 감식 첫 시도⋯ 33년 만에 'DNA'로 잡았다'

1995년 부산교도소에 수감된 이춘재의 DNA는 정부가 데이터베이스를 가동하기 시작한 2010년 이후에나 추출할 수 있었다. 그의 DNA는 2011년 10월 채취됐고 이듬해 1월 수형자 DNA 데이터베이스에 등록됐다. 그렇다면 그때 바로 용의자를 특정할 수 있지 않았을까. 마지막 공소시효 만료 시점인 2006년 4월까지만 해도 우리나라는 아직 입안에서 채취한 표피 등이 있어야 대조할 수 있는 수준이었다. 공소시효가 만료되기 전에 DNA 대조를 통해 용의자를 특정하기는 사실상 불가능했다. 게다가 경찰은 시간이 지나 증거물에서 DNA 추출이 안 될 줄만 알고 다른 여지를 생각해보지 않았다. 이씨의 DNA가 데이터베이스에 등록된 이후에도 대조하지 않은 것은 그런 이유에서다. 즉 1991년 이후 사건 공효시효가 끝나는 2006년 4월 2일까지, 더 나아가 2019년 7월까지 DNA 추가 분석은 없었다. 다행히 2006년 4월에 공소시효가 만료된 뒤에도 당시 수집한 증거물들을 계속 보관해오던 경찰이 이번에 다시 DNA 대조 작업을 시도한 것이다. 결국 경찰이 화성 연쇄살인의 DNA 분석을 일본이 아닌 국립과학수사연구원에 맡긴 것은 이번이 처음이었다.[4] 화성 연쇄살인의 DNA와 수형자 DNA 데이터베이스 간 대조 작업이 이뤄진 것도 역시 처음이었다.

살인마는 살인마를 알아봤던 걸까. 화성 연쇄사건의 유력 용의자가 감옥에 있다는 소식이 전해지자 과거 연쇄살인범 유영철이 범인을 두고 한 발언이 다시 주목받았다. 2003년 9월부터 1년간 부녀자 20명을 살해해 암매장한 유영철은 2006년 한 언론과의 인터뷰에서 화성

---

4) JTBC 뉴스 2019.9.19. '화성연쇄살인사건, '국과수 DNA 분석의뢰'는 처음… 왜?'

연쇄사건 범인에 대해 "다른 사건으로 오래전부터 교도소에 수감돼 있거나 이미 죽었을 것이다. 그렇지 않다면 살인 행각을 멈출 수 없기 때문"이라고 밝힌 바 있다. 연쇄살인범에게 살인 충동은 멈출 수 없는 중독임을 자신의 경험에 비춰 추측한 것이다. 이번 경찰의 특정으로 유영철의 예측이 적중한 셈이 됐다.

이춘재는 부산교도소에서 독실한 불교 신자로 지내온 1급 모범수였다. 1995년 7월 살인죄로 무기징역이 확정돼 같은 해 10월 부산교도소로 왔고, 지금은 4등급으로 분류하는 수감자 처우 등급 중 1급수가 돼 있었다. 24년째 수감돼 생활하면서 특별한 문제를 일으키거나 조사나 징벌을 받은 적도 없는 호인으로 통했다. 그동안 한 번도 외출한 적이 없고, 교도소 접견이 가능하게 된 2006년부터 어머니 등 가족과 지인이 찾아와 매년 두세 차례 면회가 이뤄졌다고 한다. 손재주가 좋았던 이씨는 2011년과 2012년 수감자 도자기 전시회에 자신이 만든 도자기를 출품하고, 가구 제작 기능사 자격증을 따기도 했다. 또 매주 종교 모임에 참석할 정도로 활동을 열심히 하면서 종교 모임 회장을 맡기도 했다.

평소 조용하고 말수가 적었던 이씨가 화성 연쇄사건의 유력 용의자로 지목된 사실이 언론 보도를 통해 알려지자 교도소 안에서 같이 생활하던 사람들은 놀라움을 감추지 못했다. '그 사람이 화성 연쇄사건 진범이라니.' 믿기지 않는다는 말과 함께 교도소 안은 심하게 술렁거렸다. 평소 교도관이나 주변 수용자들은 이씨가 화성 사건에 대해 일절 언급하지 않아 관련 사실을 전혀 알 수가 없었다.

우리나라에선 무기수라도 20년 이상 복역하면 모범수인 경우 가석방이 가능하다. 이씨가 교도소에서 자기 범행 얘기를 주위에 안 했다면 가석방을 노리고 일부러 입을 닫았을 수도 있다. 실제 한 언론은 이춘재가 교도소 안에서 출소 이후의 삶을 구상했다는 근거를 전했다. 2016년 교도소에 찾아간 한 법사에게 이춘재는 "내가 나가면 좀 도와달라. 교도소에서 나가도 주소지를 둘 데가 없으니 법사님 집에 주민등록 주소를 올려놓고 싶다"고 말했다는 것이다.[5] 하지만 이제는 감옥 밖으로 나오기는 어렵게 됐다.

교도소 측은 이춘재가 화성 연쇄사건의 유력 용의자인 것으로 밝혀지자 다른 재소자들과의 마찰 등 혹시 모를 사고를 막기 위해 그를 여럿이 같이 생활하는 혼거실에서 혼자 방을 쓰는 독거실(독방)로 옮겼다. 이때만 해도 수사관들이 부산교도소에 내려가 이춘재를 만나 DNA 증거를 제시했지만 그는 관련 혐의를 전면 부인했다.

5) 동아일보 2019.9.20. "'흉악범 vs 모범수' 두 얼굴… 무기 복역하며 출소 뒤 주소지 물색'

5차 사건 직후인 1987년 1월 19일 경찰이 사건이 일어난 화성 태안읍 황계리에서 조사를 펴고 있다.

사진 연합뉴스

화성 연쇄살인 1차에서 5차 사건까지[6]

이춘재는 실제 살인 횟수를 자백하면서 종이에 '12+2'라고 그렸다. 화성과 수원에서 저지른 12건을 한꺼번에 적고, 청주에서 벌어진 2건을 따로 적었다. 범행 인근 지역이나 시기에 따라 나눈 것이 아니라, 자신의 거처에 따라 화성 진안리에서 살 때와 청주에서 살 때를 구분한 것이다. 철저히 자기를 중심에 둔 사고방식이다. 연쇄살인 전체를 조망하려면 사건 차순의 전개를 정리할 뿐 아니라 30여 년 후의 재조사에서 새로 밝혀진 내용, 즉 사건별 연관과 교차점, 함의까지 비교·분석하면서 씨줄과 날줄을 조직할 수밖에 없었다. 여기에 현재의 관점도 넣고, '화성 연쇄사건 외 4건'도 포함시키고, 8차 사건도 자신의 범행이라는 이춘재의 자백도 반영해 총 14건에 대해 설명하고자 한다.

---

6) 당시 경찰 수사 자료에 대해선 하승균의 책 《화성은 끝나지 않았다》와 오윤성의 논문 '연쇄살인사건에 있어서 범인상 추정에 관한 연구'를 참고했고, 사건별 전개와 내용에 대해선 사건 당시와 오늘날의 한국일보 기사와 SBS '그것이 알고 싶다', 여러 언론의 기사와 전문가 인터뷰, 논문 등을 비교·검토했다.

1980년대 중후반 대한민국을 공포에 몰아넣은 화성 연쇄살인 사건은 수사기관을 오랫동안 괴롭혔다. 우선 범인은 논두렁이나 수풀 등에 숨어 있다가 밤늦은 시간 귀가하는 여성들을 노렸다. 납치한 여성을 성폭행한 후 목을 졸라 살해하는 방식을 고수하면서 흉기를 살해 도구로 쓰지 않고 전부 피해자들의 옷가지와 물품 등을 이용해 결박했다. 사체는 사람들의 눈에 띄지 않게 농수로와 콘크리트관, 볏짚단 등에 감췄다. 살해된 피해자들은 각각 사는 곳과 직업이 달라 서로 아무런 연관이 없었고, 이들에게 원한을 가진 인물도 찾을 수 없었다. 즉 실외에서 면식이 없는 여성들을 대상으로 노린 연쇄살인이었다. 기존의 범죄처럼 용의자와 피해자 사이의 연결을 찾아 주변 탐문 수사를 진행하는 방식은 무력했다. 들끓는 여론에도 수사는 늘 지지부진했고 용의자의 폭을 좁히기는 어려웠다. 그렇다고 현장에서 발견한 유류품을 통해 DNA 분석을 수행할 기술이 있는 것도 아니었다. 그런 의미에선 증거가 될 만한 것이 부족했다는 말도 틀리지 않았다. 당시 수사팀이 전개한 수사는 과학수사가 아니었다. 한번 탐문 수사가 막히면 벽 앞에서 헤어날 방법이 없었다. 불특정 다수를 상대로 뚜렷한 동기 없이 저지르는 '무동기 범죄'나 수사 단서가 거의 없어 장기화되는 사건의 경우 진행하는 용의자 프로파일링criminal profiling은 훨씬 나중에 생긴 일이다.

하승균은 화성 연쇄살인 당시 수원경찰서 형사계장으로 3차 사건 때부터 화성 수사 현장에 파견 나와 있었다. 8차를 제외한 9건의 사건이 모두 동일범의 소행이라고 믿었다. 복수 인물의 소행이라는 소문을 믿지 않고 처음부터 한 사람이 저지른 단독 범행이라고 봤다. 그런데 계산이 남달랐다. 6차 사건 이후 1987년 크리스마스이브에 수원에서 벌어진 '수원 화서역 여고생 살인 사건'도 그는 화성 연쇄살인으로 포함시켰다. 8차는 화성 연쇄살인과 무관한 모방 범죄로 단단히 믿어서 개별 사건으로 쳤다. 그래서 9차와 10차 사건을 8차와 9차 사건으로 당겨 적었다. 그러니까 하승균은 8차 사건은 제외하고 '수원 화서역 여고생 살인 사건'은 포함시켜 화성 9건과 수원 1건 총 10건의 사건을 화성 연쇄살인 전체로 파악했다. 훗날 이춘재가 '수원 화서역 여고생 살인 사건'뿐 아니라 8차 사건까지 자신이 저지른 범행이라고 자백했으니 하승균은 절반은 맞춘 셈이다.

어찌됐든 하승균은 1987년 '수원 화서역 여고생 살인 사건' 당시 이춘재의 흔적을 제대로 알아봤다. 그는 당시 보기 드물게 범인상을 견지하고 있던 수사관이었다. 게다가 연관성 분석을 이해하고 있었다. 당시 난립했던 수사팀들이 용의자를 체포했다고 나서면 화성 수사본부나 경기도경찰국에선 진범이 확실한지 최종 검증하기 위해 그를 따로 불러들일 정도였다. 하승균은 종종 자리에 앉자마자 마주 앉은 용의자가 범인이 아니라는 것을 알아봤다. 그가 알아봤던 '팩트'는 무엇이었을까.

1차

이춘재는 1986년 1월 군에서 제대하고 곧바로 폭주했다. 이씨가 화성 연쇄사건 이외에 30여 건의 강간 및 미수까지 자백한 상황에서 경찰은 아직 그에 대해 수사를 완료해 발표하지 않았다. 그해 2월부터 1차 사건 직전인 8월까지 7개월 동안 화성 지역에서 발생한 연쇄 강간 사건 7건이 과연 이씨의 소행이 맞는지는 지켜봐야 한다. 그해 9월 15일 첫 번째 살인을 시작으로 이후 10월 한 차례, 12월 두 차례, 1986년 한 해에만 모두 네 차례나 범행을 저질렀다. 1차와 2차 사건 사이인 1986년 11월에는 살인미수 사건도 있었다.

첫 번째 희생자는 71세 할머니 이 모 씨였다. 1986년 9월 15일 아직 채 어둠이 가시지 않은 아침 6시 피해자는 인근 마을 자신의 집으로 돌아가기 위해 화성 태안읍 안녕리의 딸네 집을 나섰다. 전날 수원시장에 채소를 내다 판 뒤 시집간 딸네 집에 들러 하룻밤을 묵었던 피해자는 그길로 실종돼 나흘 뒤인 9월 19일 오후 2시경 안녕리의 길가 풀밭에서 목이 졸려 숨진 채 발견됐다. 서울에서 열리는 아시안게임 개막을 하루 앞둔 날이었다. 노인은 양말까지 벗겨진 알몸에 두 다리가 엑스 자 형태로 교차돼 배에 밀착돼 있었다. 그것은 범인이 일부러 만들어놓은 자세였고 성적인 요소가 뚜렷했다. 그럼에도 정액 반응은 나타나지 않아서 성폭행 여부는 알 수 없었다.

사체 주위에는 피해자의 보자기에서 나온 붉은 고추와 베지밀병 등이 어지러이 흩어져 있었다. 그렇게 어수선한 범행 후 처리만 봐도 범인이 얼마나 당황했는지 알 수 있다. 강력사건을 오래 다뤄본 수사관들은 첫 번째 살인, 넘지 말아야 할 선을 넘어버린 범인은 다시는 그 지독한 흥분 상태에서 벗어나지 못한다고 한다. 이 사건을 시작으로 1994년 1월까지 7년 4개월간에 걸쳐 이씨는 화성과 수원, 청주에서 총 15차례(청주 처제 살인 사건까지 포함해) 연쇄살인을 저질렀다. 안녕리는 당시 이씨가 다니던 전기회사가 있는 곳이었다. 그럼에도 경찰은 당시 아시안게임을 경비하러 나간 통에 주위에 수사 인력이 없었고 나중에도 수사에 적극성을 띠지 않았다. 결국 간단히 조사를 마치고 노인의 죽음을 교통사고로 보고했다.[7]

사건 발생 당시 화성 태안읍과 정남면은 경찰 인력 5명이 주민 3만여 명(경찰 1명당 주민 6천 명)을 담당하고 있을 정도로 치안 상태가 좋지 않았다. 또 이 일대에 320여 개 공장과 기업체가 들어서 주민 외에도 유동인구가 급증했다. 이러한 사정은 화성만의 문제가 아니라 당시 경기 일원 수도권 지역에 공통된 고민이었다. 바야흐로 전통적인 농업형 생활양식이 무너지는 중에 도심형 우범 지역으로 변해가면서 치안 수요도 크게 늘었다. 여기에 민주화를 열망하는 시대적 요구까지 결합하면서 경찰 인력은 평소 인근 대학 캠퍼스들의 시국 관련 사건에 대처하는 데도 동원됐다. 이러한 전환기 풍경은 화성 연쇄살인이 일단락되는 1990년대 초반까지 갈수록 심화됐다. 범인은 치안 공백 상태를 민감하게 체크하면서 시기에 따라 변하는 풍경 속으로 뛰어들었다.

2차

1차 사건은 한참 동안 별개 사건으로 묻혀 있다가(연관성 분석이 제대로 이뤄지지 않아) 1989년 7월 8차 사건의 범인을 특정해 사건을 마무리할 무렵에야 1차 사건으로 화성 연쇄살인에 편입된다. 그전까지 수사본부에선 2차 사건을 첫 번째 사건으로 불렀고 언론 보도에서도

---

7) SBS '그것이 알고 싶다' 800회(2011.5.4.), 사건 당시 화성경찰서 수사과장 인터뷰

그렇게 통용됐다.

　1차 사건이 발생하고 한 달여 뒤인 1986년 10월 23일 오후 2시 50분경 옷이 모두 벗겨진 사체가 태안읍 진안리의 콘크리트 농수로 안에서 웅크린 모습으로 발견됐다. 경기 송탄에 사는 26세 미혼 여성 박 모 씨는 태안읍 송산리에 사는 수양어머니가 선을 보라고 해서 갔다가 귀가하려고 버스를 타러 가는 도중 피살됐다. 사흘 전인 10월 20일 밤 10시경에 벌어진 일이다. 그러니까 피해자는 타지 사람이었다. 쇄골과 등, 얼굴에서 뭔가에 찔린 상처가 발견됐다. 하승균은 흉기를 드라이버 같은 종류로 봤다. 등의 상처를 봐선 범인이 흉기를 뒤에 들이대고 끌고 온 것으로 보였다. 이번도 역시 목이 졸려 죽은 액살이었고, 성폭행을 당한 상태에서 정액 반응이 나왔다. 하지만 혈액형을 알아낼 수는 없었다.

　범행 후 현장을 수습하지 못하고 황급히 떠났던 전 단계와는 달리 범행에 시간을 들인 흔적이 나왔다. 농수로 근처에서 핸드백과 옷가지, 시계, 담배꽁초, 우유갑 등이 발견됐다. 범인은 피해자가 신던 스타킹을 꼬아 즉석에서 매듭을 만들었다. 결박하거나 재갈을 물린 흔적은 없었으나 주위에서 그런 매듭이 나온 것으로 봐서 어딘가를 묶었을 것이다.[8] 이때부터 나온 매듭은 사건마다 계속 등장한다. 우유갑 2개엔 각각 B형과 O형의 타액이 묻어 있었다. 함께 발견된 모발 6점도 B형과 O형으로 나뉬었다. 피해자의 혈액형이 O형이었으므로 당시 범인은 B형으로 추정됐다.

　영화 '살인의 추억' 도입부에서 주인공 형사가 농수로 안을 들여다

_____
8) SBS '그것이 알고 싶다' 1184회(2019.9.28.)

보는 장면은 2차 사건 현장의 특징과 배치를 살린 것이다. 1차와 2차 사건은 343번 지방도를 사이에 두고 맞은편에 있었으므로 범인이 이를 따라 움직이는 동선이 보였다. 피해자의 사체를 농수로로 옮겼으니 이때부터 범인은 범행 후 현장 처리에 신경 쓰기 시작했다. 그러나 이 사건도 발생 당시엔 공단이 들어서서 외지인이 부쩍 늘어난 화성에서 단순 성폭행 사건으로 인식되며 별다른 주목을 받지 못했다. 사건 현장은 화성경찰서 태안지서와 1킬로미터 떨어진 곳으로 연쇄 사건 전체에 걸쳐 가장 경찰서와 가까웠다. 1986년 10월부터 연말까지 한국 사회는 평화의 댐 건설과 국민 성금 모금으로 몸살을 앓을 때였다.

2차와 3차 사건 사이에는 생존자가 있다. 10명의 피해자가 전원 사망한 화성 연쇄살인 사건에서 이들은 살아남은 몇 안 되는 존재였다. 당시 범인을 마주하고도 살아남은 만큼 수사팀에는 범인을 잡을 수 있다는 희망을 갖게 하는 일대 계기였다. 2차 사건이 발생하고 한 달여 지난 1986년 11월 30일 밤 9시경, 화성 정남면 보통2리에서 교회에 가려고 논길을 걷고 있던 45세 여성 김 모 씨는 등 뒤에서 이상한 기척을 느꼈다. 범인은 어둠 속에서 김씨의 옆구리에 칼을 들이대며 논둑으로 끌고 갔다. 성폭행을 하는 수법은 똑같았다. 범인은 양말을 벗기고 양손을 뒤로 해서 묶고, 입에 속옷으로 재갈을 물렸으며, 얼굴엔 거들과 속옷을 씌웠다. 피해자의 얼굴에 속옷을 씌우는 수법은 화성 연쇄살인 전체에 걸쳐 이때부터 등장한다(화성 연쇄강간 사건에선 1986년 4월서부터 발생한다). 범행 과정에서 "너, 서방 있냐?"라고 질문하고 나이를 물었다. 곧 피해자의 소지품을 뒤지던 범인이 돈을 내놓으라고 위협했고, 김씨는 끌려오는 동안 논길에 가방을 떨어뜨렸다고 말을 꾸몄다. 범인이 가방을 찾으러 가는 것을 확인하고 김씨는 양손이 뒤로 묶인 채로 일어나 반대 방향으로 정신없이 달아났다. 극적으로 손아귀에서 벗어난 김씨는 칠흑 같은 어둠 속에서 거들 틈새로 본 범인의 인상착의를 수사팀에 제공할 수 있었다.

"우선 범인은 단독으로 범행을 저질렀으며, 거들 틈으로 본 얼굴은 갸름했다. 머리는 짧게 깎아 마치 방위병 같아 보였고, 나이는 25세에서 27세 정도로 보였다. 키는 160에서 170센티미터의 호리호리한 몸매였으며, 목소리는 저음이었다."[9]

늦은 시간에 밤길을 걸어가는 여성을 상대로 범죄가 이뤄졌고, 성폭행을 할 때 양손을 결박하고 입에 재갈을 물렸다는 점에서 경찰은 김씨 사건도 동일범의 소행으로 추정했다. 증언에서 언급된 '갸름한 얼굴에 몸매는 호리호리하고 낮은 목소리의 소유자인 키 165센티미터의 20대 중후반 남성'은 이후 하승균이 실행한 범인상 추론의 단초가 됐다. 그는 희미하게나마 범인의 초상을 본 것이라고 생각했다. 하승균은 1970년대 FBI 행동과학부를 이끌고 'serial killer(연쇄살인범)'라는 말을 처음 만들어낸 로버트 레슬러를 읽은 사람이었다.[10] 그는 범인은 결코 정신이 이상한, 즉 '비조직적인' 사람이 아니며 겉보기에는 '매우 조용하고 얌전한 청년'일 가능성이 높다고 결론 내렸다. 가냘픈 체형과 앞으로 수그러진 어깨 등 목격자들의 진술에 토대해 내성

---

9) 하승균 〈화성은 끝나지 않았다〉(2003, 생각의나무), 71쪽

10) 로버트 K. 레슬러 〈살인자들과의 인터뷰〉(2004, 바다출판사), 60쪽

적인 외형 뒤에 어떤 일그러진 욕망을 숨기고 있는 인물을 그렸다.

이후 사람들 사이에 잘 알려진 범인 묘사 '여자 손처럼 부드러운 손'은 이 생존자의 증언에서 나온 것이다. 하지만 이 미수 사건이 이춘재의 소행인지는 확인되지 않았다. 또 이씨가 1차 사건 이후 중간에 강간 사건을 저지른 적이 있는지도 밝혀지지 않은 상태다.

3차

그로부터 2주가 채 되지 않아 3차 사건이 터졌다. 범행에 속도가붙고 수법도 정형화됐다. 범인은 이 사건으로 343번 지방도(현 만년로와 효행로. 수원 영통에서 화성 태안읍 병점까지. 당시 왕복 2차선)를 따라 다시 안녕리로 건너갔다. 그렇게 1차와 3차 현장이 안녕리, 2차와6차와 8차 현장이 진안리로 붙어 있다. 여기에 5차 현장인 북쪽의 황계리, 철로와 국도를 건너 진안리 아래쪽으로 내려가면 나오는 9차사건 현장 병점리까지가 태안읍 일대였다. 10건 중 7건의 현장이 태안읍을 벗어나지 않았다. 당시 수사본부가 시간이 갈수록 좌절했던데는 이렇게 행동반경이 반경 2킬로미터 이내의 마을로 한정돼 있는데도 범인을 잡지 못한다는 자괴감도 작용했다. 그러나 일개 읍에 불과한 면적이어도 그 안에 멀쩡히 박혀 있는 돌 하나라도 뒤집어보려면 안목이 필요한 법이다.

24세의 새댁 권 모 씨는 1986년 12월 12일 밤 10시 30분경 수원에서 야근하던 남편을 찾아가 저녁을 먹고 홀로 화성 집으로 귀가하던중 사라졌다. 실종되고 130여 일 지난 1987년 4월 23일 오후 2시경

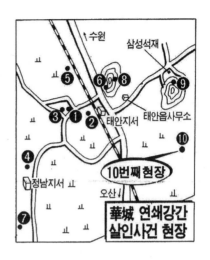

권씨는 태안읍 안녕리의 한 축대에서 백골화된 사체로 발견됐다. 하의는 벗겨져 있고 상의는 옷의 상태로 보아 칼로 찢은 것으로 보였다. 또 입에 신고 있던 거들과 스타킹으로 재갈이 물려 있고 머리와 얼굴엔 속옷을 뒤집어쓴 모습이었다. 피해자는 다른 한쪽 스타킹으로 목이 졸려 살해된 것으로 밝혀졌다. 여기서 교살이 시작된다. 속옷에서 정액 반응이 나왔지만 이번에도 혈액형은 판정할 수 없었다. 사체 주변에서 속옷과 옷가지 외에도 핸드백과 목장갑이 발견됐는데 목장갑에선 어떤 단서도 나오지 않았다.

이춘재는 제대한 그해 전기회사에서 일용직 노동자로 직장 생활을 시작했다. 회사는 안녕리 위쪽이자 황계2리 근처에 있었으므로 1차와 2차, 3차 사건은 그의 집과 직장 사이에서 벌어진 셈이다. 즉 사건 현장들은 통근길 위에 있었다. 3차 사건 현장은 그가 다니던 회사에서 500미터 거리에 있는 한 기업 앞 축대였다. 회사에서 출발해 1차, 3차 현장까지는 걸어서 모두 15분 정도면 닿는 거리였다. 이씨가 살았던 진안리까지는 6킬로미터 남짓 됐다. 버스로는 20분이 안 걸리는 거리다. 그때나 지금이나 안녕동에서 진안동까지 이어지는 도로는 하나뿐이다.

훗날 밝혀지듯이 피해자는 이씨의 직장 바로 근처에 있는 공장에 다니고 있었다.[11] 이는 결코 우연이 아니다. 평소 피해자를 눈여겨보면서부터 피해자의 생활방식과 일과 등을 재구성하고 범행 기회를 노렸을 것이다. 그것은 사전 계획이었다. 사체가 발견된 축대는 신혼집인 공장 사택을 불과 50미터 남겨둔 곳이었다. 3차 사건은 피해자의 사체가 뒤늦게 1987년 4월에야 발견되면서 해를 넘겨 6차 사건 직전에야 화성 연쇄살인의 한 축으로 인식됐다.

4차

그로부터 이틀이 지나 4차 사건은 안녕리의 남서쪽 옆 마을인 정남면 관항리로 갔다. 하루건너 한 건씩 살인이 일어난 셈이다. 1986년 12월 14일 일요일 21세의 회사원 이 모 씨는 수원 시내에서 맞선을 보고 상대 남자와 저녁식사까지 하고 헤어졌다. 그날 저녁 8시 40분경 버스를 타고 종점에서 내려 집까지 걸어오던 중 행적이 사라졌고, 일주일이 지난 12월 21일 낮 12시 30분경 집에서 200미터 떨어진 논둑에서 싸늘한 시신으로 발견됐다. 범인은 논둑의 들깻단 속에 사체를 숨겼다. 살해한 후 원 상태로 돌려놓은 듯 겉옷이 입혀져 있었으나, 머리에 거들을 쓴 채 스타킹으로 목이 졸려 있고 두 손은 입고 있던

---

11) SBS '그것이 알고 싶다' 1184회

블라우스 조각으로 뒤로 묶여 있었다. 추운 날씨에 덧신었던 두 켤레 스타킹엔 모두 매듭이 지어져 있었다.[12] 사체 주변에 떨어져 있던 피해자의 손수건에서 타액과 정액이 검출됐지만 이때도 혈액형을 특정할 수 없었다. 모발과 음모가 함께 발견돼 감정한 결과 피해자의 혈액형과 같은 B형으로 판정됐다.

사체 주위에 피해자의 우산이 나란히 놓여 있었는데 그 손잡이에 피가 묻어 있었다. 그것은 하체 중요 부위를 폭행한 흔적이었다. 하체에 심한 상처를 입히는 그런 가학 행위는 이 무렵 난행으로 치닫고 있었다. 물론 3차 사건의 피해자는 부패가 심해 부검조차 할 수 없을 정도였으니 구체적인 피해 상황을 확인할 수 없었으나 전문가들은 2차 사건 때부터 음부 폭행이 나타났다고 파악했다. 하승균은 이때 범행이 한층 가혹해진 것은 그사이 11월 달아난 김씨 사건에서 범인이 실패를 맛본 결과라고 봤다. 범인은 앞선 사건에서 뭔가 잘못됐다고 생각했고 같은 실패를 반복하지 않기 위해 더욱 대담하고 잔인해지는 길을 갔다. 오윤성 순천향대 교수 역시 범인의 입장에서는 최초로 피해자를 놓치는 실수를 한 후 그때의 분노가 행동으로 이어진 것이며, 차후 범행부터는 동일한 실수를 반복하지 않기 위해 철저한 대책을 나름대로 강구했을 것으로 분석했다.[13]

4차 사건 현장은 이춘재의 출근길에서 좀 떨어져 있는 곳이지만, 훗날 밝혀지듯이 놀랍게도 네 번째 피해자 역시 그와 연관이 있었다. 피해자는 이씨가 다니던 전기회사 옆의 섬유공장에서 일하던 회사원

---

12) SBS '그것이 알고 싶다' 1184회

13) 오윤성 '현장에서의 연쇄행동 평가를 통한 범인심리 분석 및 행동 추정에 대한 연구' 〈한국공안행정학회보〉 23권 23호(2006), 577쪽

이었다.[14] 3차와 4차의 피해자 모두 이씨의 직장 가까운 곳에서 일하고 있었던 셈이다. 전문가들은 이번에도 이씨가 피해자를 범행 대상으로 관찰한 시기가 있고 그동안 피해자의 생활 패턴과 동선을 숙지했을 것으로 봤다.

4차 사건 당일 비가 왔다. 당시 화성 지역에서 대대적으로 돌았던 소문, 비 오는 날 빨간색 옷을 입은 여성이 범죄의 대상이 된다는 내용은 이날 빨간색 상의를 입은 네 번째 피해자의 모습에서 유래했다. 그러나 화성 연쇄사건 전체에 걸쳐 사건이 발생한 시각은 1차를 제외하곤 모두 저녁 7시에서 밤 11시 사이에 벌어졌다. 옷 색깔 따위는 알아보기 어려운 밤시간이었다(9차 사건은 11월의 해가 진 뒤인 오후 6시 30분경 어둑한 오솔길에서 벌어졌다)는 말이다. 1차 사건이 단순 교통사고로 인식되고 3차 사건의 피해자가 아직 발견되지 않는 상황에서 경찰은 2차와 4차 사건에서 공통적으로 나타나는 목조름 살해를 눈여겨보지 않고 연관성을 떠올리지 못했다. 누가 봐도 안이한 태도였다.

5차

경찰은 기민하게 대응하지 못했다. 사실상 초동수사에 실패한 모습이었다. 1986년 9월부터 12월까지 석 달 사이 4건의 살인 사건이 발생한 것은 그야말로 살인 질주였다(훗날 9차 사건을 전후해서도 이런 살인 질주가 있었다). 이즈음부터 연쇄사건에 대한 소문이 수원과 화성

---

14) SBS '그것이 알고 싶다' 1184회

일대에 조금씩 퍼져나갔다.

그럼에도 해를 넘긴 1987년 1월 11일 일요일 오후 1시경 다섯 번째 희생자인 19세 여고생 홍 모 양이 태안읍 황계리 논에서 숨진 채 발견됐다. 평택의 여고를 다니던 피해자는 전날 밤 반정리 버스 정류장에서 내려 철로를 건넌 뒤 황구지천 논둑길을 따라 집으로 귀가하던 중 범인과 마주쳤다. 논바닥 짚더미 속에서 발견된 사체는 입에 양말로 재갈이 물리고 양손은 블라우스 조각으로 뒤로 돌려져 묶여 있었다.

이번에 범인은 스타킹을 신고 있지 않던 피해자를 털목도리로 목을 졸라 살해했다. 폴라티에 예의 그 매듭이 지어져 있었다. 피해자의 하의에서 정액이 검출됐고 블라우스 조각에서 혈액이 묻어나왔다. 감정 결과 혈액형이 B형으로 판정됐다. 이번에도 범인은 살해한 후 사체에 다시 옷을 입혀놓았다. 아니면, 마치 살려줄 것처럼 피해자에게 다시 옷을 입게 했을 것이다.[15]

범인이 칼을 사용한 흔적이 나왔다. 또 피해자의 내복에 핏자국이 선명하고 주변에 소변도 함께 발견된 것으로 봐서 그것은 살아 있을 때 하체 중요 부위를 폭행당한 흔적이었다. 법의학자인 유성호 서울대 교수는 범인이 피해자가 살아 있을 때 고통을 주기 위해 여러 가학 행위를 저질렀을 것이라고 했다.[16] 2차부터 5차 사건에 이르기까지 피해자들은 모두 의식이 있는 상태에서 끔찍한 고통을 당했다. 그것은 살인적인 고문이었다. 바야흐로 이춘재는 화성 태안 일대를 고

---

15) SBS '그것이 알고 싶다' 1184회, 유성호 교수 인터뷰

16) SBS '그것이 알고 싶다' 1184회, 유성호 교수 인터뷰

문실로 만들고 있었다. 가로등 하나 없는 전형적인 1980년대 시골 소로와 논길은 밤시간이면 눈앞의 사물마저 형체를 알아보기 어려울 정도로 어두컴컴했다. 그러니 범인은 피해자가 자신의 얼굴을 알아보고 나중에 경찰에 신고할 것이 두려워 살해한 것이 아니었다. 범인은 살인 자체에 희열을 느끼는, 고통스럽게 죽어가며 살려달라고 애원하는 피해자의 모습에서 희열을 느끼는 자였다.

그날은 눈이 왔다. 범행 후 12~14시간 만에 사체가 발견됐는데도 주위에선 범인의 족적이나 유류품 하나 나오지 않았다. 경찰은 홍양이 살해된 직후 현장 인근에서 왼쪽 눈 밑에 할퀸 자국이 있는 20대 청년을 경운기에 태워줬다는 마을 사람의 진술을 확보했다. 또 1986년 9월 중순경 태안읍 병점리 버스 정류장에서 내려 귀가하던 한 여성이 논길에서 20대 청년에게 납치돼 1킬로미터 이상 끌려가다 달아났다는 증언도 나왔다.[17] 경찰은 이에 토대해 몽타주를 만들었다. 범인은 이번에도 '키 165~170센티미터의 호리호리한 체격에 갸름한 얼굴을 한 20~25세의 청년'이었다.

5차 사건은 일대 전기였다. 드디어 2차, 4차 사건과의 연관성이 사람들의 눈에 띄면서 '석 달 새 3명'이라는 제하에 언론은 연쇄살인 가능성에 대해 보도하기 시작했다. 아니, 사실상 화성 연쇄살인에 대한 언론의 첫 보도였다. '화성 연쇄강간살인 사건'이라는 명칭도 이때 붙었다. 경찰은 곧바로 화성경찰서 태안지서에 수사본부를 설치하고 수사 인력을 대폭 충원했다. 우선 인근의 유사 사건들을 역추적해가며 동일범의 소행이라고 판단되는 흔적을 뒤졌지만 뚜렷한 단서를 찾지

<hr>

17) 한국일보 1987.1.18. '초동수사 실패… '사건 실종"

못했다. 그러다 수사팀이 희미하게나마 연쇄살인의 윤곽을 쫓을 즈음 박종철 고문치사 사건이 터지면서 시국은 격랑 속으로 빠져들었다. 언론이 규명 과정을 대대적으로 보도하는 동안 어느새 화성 사건들을 다루는 기사는 지상에서 자취를 감춰버렸다.

여전히 태안읍은 치안 공백 상태였다. 1986년 12월에서 1987년으로 넘어가는 겨울 화성의 텅 빈 풍경은 지독히 음산했다. 당시 한국일보에 실린 한 르포 기사[18]를 보면, 어떻게 이춘재가 한밤중 논둑길에 숨어 귀가하는 여성들을 표적 삼게 됐는지를 알 수 있다.

"연쇄강간살인 사건이 일어난 경기 화성군 태안읍과 정남면 지역은 인근 지역의 공업화와 함께 최근 각종 범죄가 급증하고 있는 대도시형 우범 지역이다. 그러나 80년대 들어 엄청나게 늘어난 치안 수요를 담당할 경찰 인력은 제자리걸음으로 농촌형 수준에 머물고 있어 범죄 수사는 물론 예방 순찰을 엄두도 내지 못하는 치안 사각지대가 돼 있다.

화성군은 경기평야 지대에 포함되어 있는 전통적 농업 지대로 산지와 논농사 지역이 각 절반씩을 차지하고 있으며 인구 23만 명의 비교적 큰 군세를 갖추고 있는 곳. 그러나 70년대 후반 이후 서울과 수원 등 소비도시가 인접돼 있는 입지 조건으로 급속히 공업화가 추진돼 현재는 모두 321개의 기업체와 공장이 들어서 있으며, 이들 대부분이 이번에 사건이 발생한 태안읍과 정남면 지역에 밀집되어 있다.

공업화와 함께 이 지역은 이동인구 유입이 급증, 신흥 유흥가가 곳

18) 한국일보 1987.1.16. '경찰 1명당 주민 6천, 논·임야 지역 방범 활동 대상서도 제외돼'

곳에 형성되면서 80년대 이후 각종 범죄가 늘어나고 있다. 이에 따라 치안 수요가 엄청나게 증가하고 있으나 이를 담당하는 경찰 인력은 70년대 공업화 이전 수준과 변함이 없어 한 군청 관계자는 "지역 전체가 치안 공백 지대"라고 단언할 정도.

현재 관할 화성경찰서는 17개 읍면 지역에 각 직원 4, 5명으로 구성된 지서로 치안을 유지하고 있는데 태안·정남지서의 경우는 1일 평균 10여 건씩의 폭행 사건을 처리하기에도 급급한 실정이다. 이들 지역은 각각 인구 3만 명씩으로 경찰 1인이 6천여 명씩을 담당하고 있는 꼴이며 주거, 공장 지대를 제외하고 이 지역 면적의 80퍼센트에 이르는 논과 임야 지대는 방범 활동 대상에서 완전히 제외되어 있다. 또 사건 수사를 담당할 본서 수사 요원은 모두 18명밖에 안 돼 사건이 날 경우에도 신속하고 집중적인 수사가 불가능, 범죄 증가에 속수무책인 형편이다.

또한 수원-오산 간 국도를 제외한 면 단위 이상의 교통편이 제대로 되어 있지 않아 버스 배차 시간 간격이 1~3시간씩이나 되고 그나마 하오 9시 반 이후에는 끊기는 실정이다. 이 때문에 이 일대 공장과 10~20분 거리에 떨어져 있는 수원, 송탄시를 출퇴근하는 이 마을 부녀자 2백여 명이 대부분 2~3킬로미터 이상씩 인적이 드문 논둑길 등으로 걸어 다니기 일쑤여서 범행의 좋은 표적이 되고 있다. 이에 대해 정남면 주민 백 모 씨는 "현재 이곳은 완전한 치안 공백 지대와 다름없어 이번 사건(5차 사건) 이전에도 주민들이 크게 불안에 떨어온 것이 사실"이라며 "경찰 인력과 방법 초소를 늘려 주민들이 안심하고 살 수 있도록 시급히 대책을 마련해야 할 것"이라고 주장했다."

화성 연쇄살인 6차에서 10차 사건까지

수사팀은 범죄자의 머릿속을 들여다보듯 동기를 묻고 범행 과정을 따져보다가도 어느덧 '누구인가'에 귀결됐다. 범인을 잡아야 할 법 집행관으로선 그럴 수 있었다. 그런데 화성 연쇄살인 사건에선 목격자의 진술 같은 공술 증거나 물리적 증거물이 빈약한 상태여서 행동 증거behavioral clue에 매달릴 수밖에 없었으니 더욱 그랬다. 시간이 갈수록 줄어드는 가능성에 '누구인가'라는 관심을 뼈대처럼 붙들었다. "나는 그(범인)의 자연사를 용서할 수 없다"라는 하승균의 문장에서 드러나듯 빈자리로 남겨둘 수 없는 데서 오는 압력은 가히 상상을 뛰어넘었을 것이다. 이춘재가 잡혔다고 해서 이런 빈자리까지 온전히 채워졌다고 보지 않는다. 그러니 범인에 대해 계속되는 설명은 범인 개인에 대한 사적인 관심과 혼동돼서는 안 된다.

6차

6차 사건까지는 4개월에 가까운 냉각기가 있었다. 이전 사건들 사이의 간격에 비하면 상당히 긴 시간이었다. 5차 사건 이후 연쇄사건의 존재가 드러나고 화성에 경찰 인력이 갑자기 늘어나면서 범인의 활동이 위축된 것이다. 그런 어느 날 범인은 어디를 가도 경찰이 나오는 범행권 안에서 수사의 허점을 노렸다.

1987년 5월 2일 그날도 4차 사건 때처럼 비가 내렸는데 폭우였다. 가정주부 박 모(29세) 씨는 우산을 챙겨 들고 야근을 마치고 퇴근하는 남편을 마중하러 마을 입구 쪽으로 나갔다. 다다음날 새벽에 귀가한 남편은 아내가 보이지 않자 그날 아침 경찰에 실종 신고를 했다. 실종되고 일주일째 된 날 수사팀은 국도 동쪽으로 500여 미터 떨어진 야산에서 여성의 사체를 찾아냈다. 마을 앞 야산에서 놀던 아이들이 무덤 옆에서 솔가지 더미 밑으로 삐져나온 피해자의 발목을 본 것이다. 상의가 벗겨진 피해자는 브래지어와 내의, 블라우스 등 세 겹으로 목이 졸려 반듯이 누워 있는 자세였다. 사체 옆엔 갈기갈기 찢어진 우산들이 놓여 있었다. 재갈을 물리거나 결박을 한 흔적은 보이지 않았으나 손목에 끈으로 묶인 자국이 있고, 어깨 등 4군데를 둔기로 맞은 듯한 반점들이 있었다. 속옷과 청바지는 다시 입힌 모습이었고, 벗은 상체는 운동복으로 덮여 있었다. 이번엔 난행당한 흔적은 없었다. 피해자의 운동복 점퍼에서 정액 반응이 나와서 감정한 결과 혈액형이 A형으로 판정됐다. 훗날 그것은 피해자 남편의 것으로 밝혀졌다.

마을 입구 진입로와 사체가 발견된 곳 사이에 고추밭이 있는데 밭고랑에 두 사람의 것으로 보이는 족적이 200미터에 걸쳐 이어져 있었다. 마을 쪽으로 150여 미터 떨어진 곳에 슬리퍼 2개가 벗겨져 있는 것을 보면 범인은 피해자를 마을 입구에서 납치해 밭을 가로질러서 야산으로 끌고 간 것으로 보였다. '살인의 추억'에선 수사반장이 밭에 나란히 이어진 범인과 피해자의 발자국을 보고 "신랑 신부가 나란히 입장하는 것 같네"라고 표현했다. 피해자의 안타까운 죽음을 생각하면 그렇게 비유해선 안 되는 것이지만 여기엔 한 가지 단서가 있다. 발자국을 보더라도 그것은 한 사람의 단독 범행이었다. 큰 쪽 발자국의 크기를 측정한 결과 용의자의 발 길이는 260밀리미터였다. 그러나 안타깝게도 큰비에 발자국의 뒤축 등 경계가 전체적으로 무너지면서 용의자의 족장을 수사에 활용하기에는 부정확했다.

이번엔 1번 국도(수원-오산 간)를 넘은 곳이었다. 그쪽에 당시 이춘재가 살고 있었다. 6차 사건이 일어난 야산은 이씨의 집에서 불과 500미터밖에 떨어지지 않은 곳이다. 진안1리 마을 꼭대기에 살았던 이씨는 어린 시절 마을 입구로 내려오는 대신 산 쪽으로 가로질러 학교를 다녔는데, 6차 사건 발생 장소는 그가 늘 이용하던 지름길이었다.[19] 이번 피해자도 이춘재와 같은 진안1리에 사는 주민이었지만 시신을 그대로 방치한 것을 보면 면식 관계가 아니었던 것으로 추정된다.

6차까지의 범행 동선을 이어보면 이씨는 국도 서편에서 계속 범행을 저지르다가 6차 사건에서 처음으로 국도 동편에서 범행을 했다. 태안읍은 경부선 철도와 1번 국도가 나란히 동서로 양분한다.(정확히는 북서와 남동으로 비스듬히 가른다.) 그 기준으로 5차 사건까지는 국도 남서쪽에서 발생하다가 6차 때에 와서 처음으로 북동쪽에서 사건이 벌어졌다. 2차 사건 현장도 같은 진안리이지만 그곳은 국도 서편이었다. 이씨의 입장에서 보면 이번엔 국도 서쪽으로 건너가지 않고 집 주위에 머무르며 범행을 한 것이다. 수사본부가 차려진 태안지서도 국도 서쪽에 있었으니 집에서 보면 국도 저편은 경찰 인력이 길목마다 지키고 있는 위험천만한 곳이었다. 이춘재는 거처에서 얼마간 떨어져 있는 국도 서편에서 전처럼 계속 범행하는 것과 경찰 인력과 거리가 있는 동편에 남아 범행하는 것 사이에서 위험의 크기를 재보았을 것이다. 그사이에 조금씩 그 경계가 무너졌다.

이춘재에게 국도는 심리적 경계였을 것이다. 밤마다 범행을 마치고 왕복 8차선 국도를 건너 귀가하면서 그는 안심했을 것이다. 그런

---

19) SBS '그것이 알고 싶다' 1184회

데 무엇이 그동안 지켜온 안전거리를 벗어나 선을 넘게 만들었을까. 그런 의미에서 6차 사건은 연쇄살인 전체에 걸쳐 차원이 사뭇 다르다. 그것은 보호 장막을 스스로 걷어찬 한 방의 실수였을까, 아니면 그래 봤자 경찰이 자신을 찾지 못할 것이라는 소영웅 심리에서 불거진 자만이었을까.

이후 7차 사건에서 이씨는 경찰의 감시가 소홀한 곳을 노려 화성의 남서쪽 끝자락 팔탄면으로 내려갔고, 8차 때는 다시 가로질러 거점인 진안리로 돌아왔다. 이후로는 아예 국도 동편에 머무르며 초기 범행지인 국도 서편으로 가기 위해 국도를 건너는 일이 없었다. 9차와 10차 때는 남동쪽인 병점리와 동탄면까지 내려가 범행을 저질렀다. 화성 연쇄사건 10건과 화성 외 추가 범행까지 포함해 가장 먼 세 곳은 북쪽으로 '수원 화서역 여고생 살인 사건'의 화서동, 남서쪽으로는 7차 사건의 팔탄면, 남동쪽으로는 10차 사건의 동탄면이다. 그 세 곳을 이으면 이춘재 '범행 삼각형'이 보이고, 세 곳을 삼각형의 꼭짓점으로 삼으면 그 중심에 진안리가 있다. 오윤성 교수는 2011년 논문에서 화성 연쇄사건의 범인을 두고 '지리적으로 안정된geographically stable' 살인범이라고 했다.[20] 자가용 차량을 이용하지 않고 대중교통과 도보로 돌아다니며 범행을 저지른 모습을 보면 범행 현장 인근에 살면서 지리에 밝아 많이 돌아다녀본 경험이 있는 사람이라는 것이다.

연쇄살인에서 범행이 계속됨에 따라 범인의 주거지와 범행 장소가 가까워진다는 사실은 이미 학계에서 연구된 바 있다. 그만큼 범행에 대담해진다는 말이다. 유영철은 6차 사건 때까지는 주거지에서 가까

---

20) 오윤성 '연쇄살인사건에 있어서 범인상 추정에 관한 연구' 〈한국경찰학회〉 13권 5호(2011), 113쪽

운 곳과 멀리 떨어진 곳을 오가는 식으로 범행 장소를 반복적으로 바꾸다가 7차 사건부터는 아예 피해자들을 집으로 유인해 범행을 저질렀다. 강호순 또한 7명의 부녀자를 유인하고 납치해 살해하는 과정에서 처음엔 주거지에서 먼 곳으로 이동해 범행하다가 나중에는 주거지 근처에서 범행하는 패턴을 보였다. 이는 주거지와 암매장 장소 사이의 거리에서도 비슷하게 나타났다. 임준태 동국대 교수에 따르면 "시간과 범행이 진전됨에 따라 이동 거리도 짧아지고 시체 처리 장소도 최초 조우 장소와 동일한 거리 내로 좁혀지는 것이 전형적인 연쇄살인 패턴"이라고 했다.[21]

그런데 과연 이춘재는 범행을 위해 '진안리 집에서' 출발했을까? 범인은 거점을 자신의 집뿐 아니라 직장과 유흥 장소 등으로도 삼을 수 있다는 점에서 하나의 출발점이 아니라 둘 이상의 출발점을 가질 수 있다. 즉 일과 전이나 휴일이라면 집에서 출발하고, 일과 후라면 직장이나 다방과 술집 같은 유흥 장소에서 출발해 범행을 했을 수도 있다. 1차와 2차, 3차, 5차 사건의 발생 장소는 이춘재의 직장과 가까웠으므로 출퇴근하는 길 위에서 접근했을 가능성이 보인다. 4차 사건 장소인 정남면은 진안1리에서 출발하면 먼 편이지만, 이춘재의 직장인 안녕리 쪽에선 충분히 걸어서 닿을 수 있는 거리에 있었다. 사실 이들 사건의 범행 장소는 범인은 주거지에서 너무 가까운 곳에서 범행을 저지르지 않고 완충 지역(버퍼존)을 찾아간다는 원리에 충실했다. "거주지에서 나와 범행을 할까 말까 망설이며 걷다가 어느 정도 나를 알아보는 사람이 없는 곳에 다다랐을 때, 즉 일정 수준의 버퍼존

---

21) 경인일보 2009.2.4. '강호순 '유영철의 살인 법칙' 닮았다', 임준태 교수 인터뷰

화성 2차~6차 사건 발생 위치

을 지났을 때 범죄를 집중적으로 시작하는데, 바로 이곳이 범죄자 입장에서는 신분 노출 위험도 적고 더 이상의 노력을 들이지 않아도 좋은 장소이다. 노출 위험을 줄이기 위해 이 이상 멀리 간다면 너무 노력을 들이는 일이 되기 때문이다."[22] 어느 정도 거주지를 벗어나 자신을 알아볼 사람이 없는 곳이면서 동시에 너무 멀지 않은 지역이, 이춘재에겐 태안읍의 다른 마을들이었을 것이다. 이후 범행에서도 그는 상황에 따라 집이 아닌 다른 곳들에서 출발했을 것이라고 가정해볼 수 있다. 7차 사건의 발생 장소인 팔탄면 가재리는 늦은 시간에 진안리 집에서 출발하기엔 너무 먼 곳이었고, 9차 사건 등의 장소인 병점 5리는 안녕리 쪽 직장에서 건너가기에도 용이한 곳이었다.

　이 무렵 일대에 경찰 병력이 대폭 늘어나면서 7차 사건까지는 1년이 넘는 시간이 비게 된다. 그러나 나중에 밝혀지듯이 그사이 범인은

---

22) 최대호, 이주현, 이상경 〈한국의 프로파일링〉(2018, 궁리), 114쪽

다른 곳에서 한 차례 더 범행했다.

수원 화서역 여고생 살인 사건

6차 사건을 계기로 '화성 연쇄살인'이라는 이름이 언론 보도 중에 더욱 굳어지고 전국에 알려지면서 한편에선 '건국 이래 최대의 미스터리'로 불리게 된다. 수사기관으로선 그런 표현이 불명예스러웠을 테지만 여론에 쫓겨 수사력을 강화하는 길밖에 다른 수가 없었다. 1987년 6월 항쟁으로 시민들의 민주화 열망이 폭발하고 한편에선 1988년 서울올림픽을 준비하느라 온 나라가 떠들썩하던 시간, 사건은 난데없이 화성이 아닌 북쪽 수원으로 튀었다. 계절도 여름과 가을을 지나 한겨울로 곧바로 뛰어들었다.

1987년 크리스마스이브 밤 어머니와 다투고 바람을 쐬겠다며 운동복 차림으로 외출한 뒤 실종됐던 18세 고3 여학생 김 모 양이 열흘 뒤인 1988년 1월 4일 수원 화서역 근처 논에서 숨진 채 발견됐다. 볏짚 속에서 엎드린 채 두 손이 뒤로 묶인 모습으로 나온 시신은 하의가 벗겨지고 얼굴 쪽에 자주색 파카 상의가 덮여 있었다. 폭행을 당한 듯 부은 얼굴에 입 속엔 러닝셔츠로 재갈이 물리고 양손은 스타킹에 묶여 있었다. 부검 결과 스타킹에 목이 졸려 사망한 것으로 밝혀졌고 성폭행을 당한 사실도 확인됐다.

이른바 '수원 화서역 여고생 살인 사건'이다. 이춘재의 범행으로 거의 8개월 만이었다. 당시 부검에 참여했던 유성호 교수는 그것이 화성 연쇄사건의 연장이라고 증언했다. "손목을 묶은 삭흔이, 폭이 1센티미터 가까이 되는 삭흔이 분명히 있었고요. 안쪽 내부에 심한 생식기의 손상, 이런 걸 보면 같은 선상에서 봐도, 이건 화성 연쇄살인에 중간에 끼워놔도 전혀 이상하지 않을 정도로 같은 맥락으로 관찰됩니다."[23]

마침 화성 파견 근무를 마치고 본래 자리인 수원경찰서에 복귀해 있던 하승균도 현장에 나가 볏단을 들추는 순간 모든 것을 직감했다. 자연스레 같은 나이의 희생자인 5차 사건의 여고생이 떠올랐다. 두 사건은 범행 수법이 너무나 흡사했다. 하승균은 화성 연쇄사건의 범인이 수원까지 자신을 따라와 도전장을 내민 것이라고 여겼다. 물론 그것은 지나친 대결 및 승부 의식에서 비롯한 생각이지만 어쨌든 그는 이춘재가 남긴 사인을 단번에 알아보기는 했다. 그러나 '화성 살인'과 유사하다며 지난 사건들과 비교한 당시 언론 보도에도 불구하고 경찰 측은 하승균을 제외하고는 그 누구도 이 사건을 화성 연쇄살인과 연관 짓지 않았다. 사건 발생 지역이 다르다는 이유에서 개별 사건으로 취급됐다. 거리가 떨어져 있으면 경찰은 화성 연쇄살인과 결부해 생각하지 못할 거라는 범인의 짐작이 들어맞은 것이다.

사건 현장은 경부선 전철 화서역에서 300여 미터 떨어진 논 한가운데로 화성 진안1리에선 3킬로미터 떨어진 곳이다. 이춘재는 사건 발생 4년 전인 1983년 초만 해도 이곳 사건 현장에서 5킬로미터 떨어진 수원의 한 고등학교를 다니고 있었다.[24]

이 사건에 대해 이씨가 자백하기 전까지 사람들은 6차 사건 이후

---

23) SBS '그것이 알고 싶다' 1185회(2019.10.5.), 유성호 교수 인터뷰

24) SBS '그것이 알고 싶다' 1185회

부터 7차 사건이 발생한 1988년 9월까지 1년 4개월 동안 화성 연쇄 살인 사건이 일어나지 않았다고 생각했었다. 1986년 한 해에만 네 차례, 해가 바뀐 1987년 상반기에만 두 차례 범죄를 저질렀던 범인으로선 엄청난 인내력을 발휘한 셈이라면서. 6차 사건 이후 경찰 인력이 강화되자 범인이 경계심을 갖고 심리적 냉각기를 가진 것이라면서.

그런데 이 무렵 이춘재는 왜 갑작스레 수원으로 범행 장소를 옮겼을까. 우선 화성 연쇄사건에 대한 언론의 대대적인 보도를 자신도 접했을 것이다. 하지만 그보다 저간엔 그가 1987년 7월 처음으로 경찰 조사를 단단히 받고 '화성 사건의 유력한 용의자'로 부상한 사정이 있다. 경찰이 그를 조사하기 시작한 것이다. 이는 화성 연쇄사건 중간에 이씨가 받은 세 차례의 경찰 조사 중 첫 번째였다. 6차 사건 직후 그가 1986년 8월 1차 사건 직전에 일어난 한 강간 사건의 범인이라는 신고가 경찰에 접수되면서 촉발된 조사였다. 그러나 경찰은 끝내 이씨의 혐의를 입증해내지 못했다. 연쇄살인 도중 그가 세 차례 경찰 조사를 받은 것에 대해선 뒤에서 상술할 것이다. 당시 이씨가 첫 경찰 조사를 받고 얼마나 혼비백산했을지, 화성에서 계속 범행을 지속하는 일에 어떤 위험 부담을 느꼈을지를 난데없는 수원행은 역설한다. 극도로 신분 노출을 꺼리는 마음에서 자기를 알아보는 이들이 없는 곳에서 범행하려 했을 것이다. 강도 높았던 1차 조사는 이춘재에게 적어도 일종의 '경고등'으로 작용한 것 같다.

이 지점에서 하승균은 범인이 화성이 아니라 수원에서 사는 인물일지도 모른다는 심증을 굳혀갔다. 이때까지의 화성 연쇄사건이 버스 정류장과 연관이 있다는 점에서 범인 역시 수원 같은 타지에서 버스

를 타고 출발해 화성 사건 장소에 내린 뒤 범행을 저지른 것이 아닌가
하고 추정했다. 사실 범인이 3차 사건 당시 안녕리에서 범행을 저지
르고 병점 쪽으로 가는 버스를 탔다거나, 수원에서 버스를 타고 화성
태안읍으로 들어왔다가 다시 버스를 타고 돌아갔다는 소문이 돌았다.
타지에서 버스를 타고 화성으로 들어온 범인이 범행을 저지르고 나서
다시 돌아간다는 생각은 이후 7차 사건에서 그가 결정적 단서를 찾아
내는 데 크게 일조한다. 실제 이춘재가 화성 연쇄사건 전반에 걸쳐 당
시 화성 진안리 본가 이외에 다른 곳에 거주한 사실이 있는지 밝히는
것도 향후 수사 과제로 남아 있다. 물론 그는 수원의 한 고등학교를
졸업한 인물로 수원에 연고가 있었다.

7차

범인은 8개월 보름 만에 7차 사건으로 다시 모습을 드러냈다. 그런
데 이 9개월 가까운 빈 공간도 의심스럽다. 이춘재가 화성에 머물던
시기에 6개월이 넘는 범행 공백은 이제 훗날 사람이 보기에 그냥 넘
기기 어렵게 됐다. 이사이에 무슨 사건이 또 벌어졌는지, 어쩌면 또 다
른 강간 사건이 있었는지는 향후 밝혀질 것이다. 살인 중독에 대해 알
고 있던 권일용 동국대 교수는 현직 경찰 시절 정남규를 면담하면서
범행을 하지 않는 공백을 어떻게 견디었느냐고 물은 적이 있다. 정남
규는 잡히기 전 340여 일간 냉각기를 가진 적이 있다. 그는 이렇게 대
답했다. "나는 얼마든지 그 인근 지역에, 내가 범행을 저질렀던 장소에
가서 그때 환상을 돌아보면서 범행을 저지를 때의 느낌을, 나는 느낄

수 있다."[25] 하지만 무려 8년이나 되는 장기간에 걸쳐 범행을 이어온 연쇄살인범은 이춘재 말고는 없었다. 어떤 공백은 불가피하게 채워져야 할 것이라면 우리는 그 안을 들여다볼 책무가 있다. 성범죄자였던 이춘재가 그동안 무엇을 했을지에 대한 가장 그럴듯한 설명은 이런 문장이다. "성범죄자는 결코 활동을 완전히 멈추는 법이 없다. 특정 피해자에 대한 행동을 하지 않을 수는 있지만, 계획을 세우거나 새로운 대상을 고르고 다른 피해자를 대상으로 행동하거나 자료를 수집하고 있을 확률이 높다. 성범죄자는 결코 쉬지 않는다."[26]

7차 사건에서 마침내 범인에 대한 구체적인 단서가 나왔다. 1988년 9월 7일 저녁 8시 40분경 54세 여성 안 모 씨는 수원에서 일하다 화성 팔탄면 가재리 집으로 돌아가기 위해 버스를 탔다. 이튿날 식구들이 집에 들어오지 않은 안씨를 찾기 위해 동네 입구에서부터 농수로를 수색하던 중 주변 수풀에서 들깻단에 덮인 안씨의 사체를 발견했다. 안씨는 흰색 블라우스에 쥐색 치마 차림으로 자신의 반팔 내의에 목이 졸린 채 반듯이 누워 있었다. 그것은 범인이 도로 입힌 모습으로 속옷은 사체 주위에서 발견됐다. 또 범인은 피해자의 입 안에 양말을 넣어 재갈을 물리고 그 위에 손수건을 둘러 매듭을 지었다. 양손은 뒤로 돌려져 블라우스 끈에 묶여 있었다.

범인은 4차 사건 때와 마찬가지로 우산 손잡이로 하체 중요 부위를 폭행했고, 그곳에선 범인이 밀어 넣은 복숭아 조각이 여럿 나왔다. 사체 주변에서 피해자의 가방이 발견됐고 피해자의 반지도 그대로 남

---

25) SBS '그것이 알고 싶다' 1184회, 권일용 교수 인터뷰
26) 로이 헤이즐우드, 스티븐 G. 미초드 《프로파일러 노트》(2015, 마티), 79쪽

아 있었다. 누가 봐도 범인은 가학 행위에 상당히 몰두한 모습이었다. 이수정 경기대 교수는 사건의 의미를 이렇게 언급했다. "점차 시간이 많이 드는 방식을 선택했다, 이것은 틀림없다. 피해자를 모욕하는 방식으로, 성적으로 모욕하는 방식으로 지금 시신에 흔적을 남기기 시작한다."[27]

당시 국무총리와 여야 당 대표들이 수사본부를 직접 찾았다. 그만큼 화성 연쇄살인에 국민적 관심이 쏠려 있었다. 6차 사건까지는 사건이 태안읍과 정남면 쪽에 몰려 있었는데 7차 사건은 태안읍에서 서해안 쪽으로 한참을 내려가는 팔탄면에서 일어났다는 점에서 경찰은 허를 찔린 셈이었다. 기존 사건 발생지인 태안읍에서 16킬로미터 정도 떨어진 그곳까지 방범 활동이 미치지 못했다. 6차 사건과 그사이 수원 화서역 여고생 살인 사건, 그리고 7차 사건에서 알 수 있듯이 이 무렵 범인은 경찰의 수사망 전체를 한눈에 조망하듯이 감시가 소홀한 곳을 골라 움직였다. 어쨌든 수원 화서역 사건과 7차 사건은 어떻게든 경찰의 눈을 태안읍이 아닌 다른 곳으로 돌리려는 범인의 의도된 행동에 가깝다. 동시에 자신의 주 무대인 태안읍에서 될 수 있는 한 먼 곳에서 사건을 저지름으로써 자신에게 쏠린 용의점을 피하려는 몸부림이었다.

당시 사건 현장 주변을 둘러보던 하승균은 한쪽 풀들이 길게 눌린 것을 보고 따라가면 범인의 퇴로와 동선이 나올 것이라 짐작한다. 풀들을 헤치고 나아간 끝에는 수원-발안 간 지방도가 나왔다. 하승균은 그곳에서 범인이 수원행 버스를 잡아탔으리라고 보고 해당 버스와 승

---

27) SBS '그것이 알고 싶다' 1184회

차 시점을 역추적해나가기 시작했다. 사건 당일 피해자가 수원에서 버스를 탄 시간, 가재리에 도착해 버스에서 내린 시간, 범인이 범행을 저지르고 현장을 떠나는 데 걸린 시간 등을 계산해 범인은 밤 10시쯤 버스를 탔으리라고 추정했다. 하승균은 수원까지 찾아와 수사망을 좁힌 결과 시외버스터미널에서 마침내 사건 당일 범행 추정 시간에 그 지방도를 지난 버스를 찾아낼 수 있었다. 그리고 운전기사와 안내양은 그날 그곳에서 버스에 올라탄 한 남자를 기억하고 있었다. 두 사람은 맨 앞자리에 앉은 그의 인상착의와 옷차림 등을 상세히 떠올렸다. 살인범을 직접 본 사람이 출현한 순간이다.

버스 앞좌석에 앉은 남자가 운전석 옆에 있는 보닛에 한 발을 올리면서 잠시 다툼이 일었다. 남자는 욕을 잘했다. 차 바닥에 침을 탁 뱉었다. "라이터 있어요?" 운전기사는 운전을 하면서 다른 손으로 라이터를 켜주었다. 남자의 얼굴이 선명하게 떠올랐다. 담뱃불을 붙여줄 때 보니까 남자의 손은 막일이나 농사를 하는 사람의 손이 아니었다. 감촉이 부드러웠다. 새끼손가락에 봉숭아물이 희미하게 배어 있었다.[28]

그들의 입에서 그려지는 범인의 생김새는 하승균의 머릿속에 찍혀 있던 것과 일치했다. 하승균은 그 얼굴을 묘사하면서 '악마의 초상'이라 적었다.

"버스에 탔던 남자는 나이가 25~27세쯤 되어 보였다. 키는 168센티미터 전후로 남자 키는 작은 편이었다. 몸집이 호리호리하고 어깨가 약간 구부정했기 때문에 더욱 왜소해 보였다. 머리 모양은 당시 방

---

28) SBS '그것이 알고 싶다' 800회, 당시 운전기사 인터뷰

위병 정도의 짧은 상고머리였으며, 눈이 날카롭고 코가 오똑했다. 그리고 얼굴까지 갸름한 편이어서 전체적인 인상은 차가웠다."[29]

남자는 신발뿐 아니라 바지도 이슬 젖은 풀숲을 헤쳐 나온 것처럼 무릎까지 젖어 있었고, 오른손 둘째손가락에는 작은 흉터가, 왼손 손목에는 작은 크기의 문신 아니면 점 같은 것이 보였다. 사람들이 익히 알고 있는 범인의 몽타주 수배 전단은 이들 목격자의 진술에서 나온 것이다. 목격한 지 하루 만이었다. 당시 몽타주 설명엔 오른손 새끼손가락에 봉숭아물이 들었던 것으로 적혔는데, 하승균은 훗날 이는 혈흔이었을 것이라며 바로잡았다. 범인은 버스터미널에 다 와서 내렸다. 고등동 버스터미널에서 1987년 연말 수원 화서역 여고생 살인 사건이 벌어진 현장까지는 직선거리로 1.5킬로미터밖에 되지 않았다. 하승균은 당시 범인이 수원 고등동과 화서동 인근에 살고 있었을 거라고 믿었다. 아무튼 하승균은 이 무렵부터 범인의 거주지를 버스 정류장과 연관 지어 생각했다.

수사팀은 수원 시내 동사무소와 화성 태안읍 등 읍사무소를 찾아가 25세부터 35세 사이의 남자 주민등록증 사진을 전부 비디오로 촬영해 대조했다. 하지만 허사였다. 현상금 500만 원에도 불구하고 제보는 한 건도 오지 않았다. 그때 완성한 몽타주가 하승균이 범인에게 다가간 최근거리 지점이었다. 과연 그때 수사팀이 이춘재의 주민등록증 사진을 확인했는지는 알 수 없다.

물론 지금까지의 추정처럼 사건 당일 밤 가재리에서 수원행 버스에 올라탄 남자가 이춘재가 맞는지도 아직 확인되지 않았다. 이씨가

---

29) 하승균 〈화성은 끝나지 않았다〉, 143쪽

전부터 시중에 나돌던 몽타주의 존재를 인지해왔는지도 밝혀지지 않았다. 범인은 그날 밤 왜 수원으로 돌아갔는가? 수원에 어떤 거처가 있었는지는 알 수 없다. 어쩌면 수원행은 경찰 수사에 혼선을 초래하기 위해 이춘재가 꾸민 계략이었는지도 모른다. 어쨌든 이때의 두 차례 수원행이 경찰의 시선을 화성에서 수원으로 돌린 것은 분명해 보인다. 진범의 거주지가 밝혀진 지금 와서 보면 '수원 화서역 여고생 살인 사건'이 화서역 근처에서 발생하고 7차 사건 땐 범인이 수원으로 올라가 버스터미널에서 내리고 역 또한 가까웠다는 점에서, 이씨는 두 사건 모두 범행한 후 수원에서 기차 등을 타고 다시 진안리 본가로 돌아왔으리라는 추정이 더욱 그럴듯하다.[30] 그렇다면 가재리에서 진안리까지 차로 20분이면 가는 거리를 두고 일부러 멀리 한참을 걸려 우회했다는 말이 된다.

8차

7차 사건이 발생하고 고작 아홉 날이 지난 1988년 9월 16일 아침 6시 50분경 태안읍 진안1리 한 가정집에서 딸이 늦도록 나오지 않자 아버지가 깨우려고 방에 들어갔다가 싸늘하게 식은 딸의 주검을 발견했다. 피해자는 14세 여중생 박 모 양이었다. 목에 거먼 멍이 든 채 숨겨 있는 것이 범인의 손에 목이 세게 졸린 모습이었다. 그런데 피해자는 이전 사건에서처럼 양손이 옷이나 소지품 등으로 묶이지도, 얼굴

---

30) 동아일보 2019.10.8. '집근처 → 원정 → 집근처 범행… 이춘재, 꼬리 밟히자 패턴 바꿔 살인', 하승균 인터뷰

에 속옷을 뒤집어쓰지도, 재갈도 물려 있지 않았다. 시체가 발견된 장소도 이전처럼 논밭이나 야산이 아니라 집 안이었으므로 이전까지의 연쇄살인 범행과는 무관한 것처럼 보였다. 피해자의 연령도 이전 피해자들에 비하면 현저히 낮아 피해자 타입도 달랐다. 경찰은 범행 수법이 다르다는 이유로 모방 범죄로 단정했다. 하승균 또한 화성 연쇄살인과는 아무런 관련이 없는 사건이라고 적었다.

다음날 국립과학수사연구원의 부검 결과가 나왔다. '1. 정자 발견, 정액 반응 양성으로 나옴 2. 피해자는 AB형.' 박양이 자던 방은 창호지가 찢겨 있었을 뿐 가재도구나 이부자리는 단정히 정돈된 상태였다. 범인이 범행 후 현장을 떠나면서 피해자에게 블라우스와 운동복 바지를 도로 입히고 이불까지 곱게 덮어둔 것이다. 또 방문의 창호지를 뜯은 사이로 손을 집어넣어 안으로 잠긴 문고리를 따고 들어왔다가 범행하고 밖으로 나가면서 다시 원래처럼 잠가두고 달아났다. 그것은 방 안 구조를 잘 아는 사람의 익숙한 움직임이었다. 다른 방에서 잠자고 있던 가족들이 알아채지 못하도록 아무런 기척도 내지 않고 피해자를 제압한 것만 보더라도 여럿 사건을 거친 노련한 범죄자의 짓이었다. 피해자의 왼쪽 볼이 가격당한 것으로 봐서는 범인이 뭔가를 입안에 집어넣고 목을 졸랐을 가능성이 있었다.

훗날 밝혀지지만 이춘재가 한밤중에 뛰어든 8차 사건의 가정집은 화성 연쇄사건 전체에 걸쳐 자신의 진안리 거처에서 가장 가까운 곳이었다. 피해자의 집은 마을 뒷산 아래 첫 집이고, 이씨는 작은 언덕을 사이에 두고 한두 집 떨어진 곳에 살고 있었다.[31] 즉 그 집에서 연쇄살

31) SBS '그것이 알고 싶다' 1185회

인으로 의심될 만한 사건이 일어났다가는 자신이 용의자로 몰릴 공산이 크다는 점에서 다른 계획을 세워야 했을 것이다. 이춘재가 8차 사건에서만 유독 범행 수법을 달리한 것은 그런 우려와 신분 노출에 대한 자기 검열에서 비롯한다. 쉽게 말해 연극을 한 것이다.

사건 당시 경찰은 피해자의 방에서 범인의 것으로 보이는 체모 여러 점을 찾아냈고 이에 근거해 이듬해인 1989년 7월 옆 동네 농기구 수리센터에서 일하는 청년 윤 모 씨를 범인으로 체포했다. 당시 피해자와 같은 마을에 사는 남자들의 머리카락과 음모를 채취해 국립과학수사연구원에 보냈는데, 그중 윤씨의 것이 현장의 체모와 일치한다는 결과가 나온 것이다. 하지만 이때 사용된 감정 방식은 DNA 분석 기법이 아니었다. 뒤에서 상술하겠지만, 또 국립과학수사연구원의 체모 감정 과정에도 상당한 문제가 있었다. 2019년 11월 15일 경찰은 8차 사건의 진범은 윤씨가 아니라 이춘재라고 공식 결론을 내렸다. 사건이 발생하고 31년 만이었다.

한 가지 덧붙이자면, 피해자 박양의 시신이 숨진 채 발견된 날인 9월 16일은 서울올림픽 개막을 하루 앞둔 날이었다. 다들 기억하겠지만 1차 사건의 피해자 할머니가 사체로 들판에서 발견된 날도 아시안게임 개막을 하루 앞둔 날이었다. 이렇게 날짜가 겹치는 것이 우연인지, 범인이 대규모 국가 행사에 맞춰 생기는 해당 지역 경찰력의 공백을 노린 것인지는 앞으로 밝혀질 것이다. 가학성 성범죄자의 특성인 철저한 사전 계획성을 재차 확인하는 장면 같기도 하다.

9차

이제 화성 연쇄살인 전체에 걸쳐 가장 잔혹했다고 할 수 있는 9차 사건을 보자. 매일 밤 전경과 의경이 태안읍과 정남면, 팔탄면 등 일대 농로와 오솔길을 집중적으로 순찰하는 가운데 범인은 이제 국도 동편 진안리에 남아 남동쪽으로 향했다. 노태우 정권이 범죄와의 전쟁을 선포한 1990년 그해 11월 16일 오전 10시경 태안읍 병점5리 석재 공장 뒤편 야산에서 14세 여중생 김 모 양이 무참히 살해된 모습으로 발견됐다. 8차 사건 이후 2년 2개월 만이었다.

김양은 자신의 스타킹으로 손발이 뒤로 묶여 전신이 활처럼 휘고, 블라우스 조각으로 2번 목 졸린 채 숨진 모습이었다. 입 안엔 브래지어로 재갈이 물려 있고 옷은 벗겨져 하체만 속옷과 거들 차림이었다. 사체는 교복 치마로 덮여 있고, 입고 있던 교복 상의와 내의, 찢어진 블라우스는 사체 옆에 가지런히 포개져 있었다. 교복에서 정액이, 속옷 등에선 머리카락이 검출됐는데 국립과학수사연구원은 검사 결과 용의자의 혈액형을 B형으로 판정했다. 더 나아가 좀 더 정확한 분석을 위해 일본을 세 차례나 방문해 DNA 감식을 진행했다.

사체를 덮은 옷을 치우자 양쪽 가슴에 19차례 칼로 난도질한 상처가 보였다. 경찰은 사체로부터 10여 미터 떨어진 곳에서 범행에 사용한 듯한 연필깎이용 칼을 찾아냈다. 상처 주위에 피가 고이지 않은 것으로 봐서 피해자가 숨진 뒤 범인이 칼을 휘두른 것이었다. 사후 훼손이었다. 끔찍하게도 피해자의 하체 중요 부위에서 범인이 책가방에서 꺼내 집어넣은 볼펜과 포크형 숟가락이 나왔고, 피해자가 숨을 거두기 전에 그곳을 폭행당한 흔적도 나왔다. 중요 부위에 이물질을 삽입하는 행위는 피해자를 극단적으로 대상화한 결과였다. 현장에 달려온 수사관들은 그 극악무도한 악행을 보고 치를 떨었다.

　그 폭력성과 잔혹함은 이전에 범인이 흉기로 피해자의 목이나 등을 찌르고 했던 것과는 차원이 달랐다. 법의학자는 피해자가 오랜 시간 고문에 가까운 가학 행위에 시달리다 죽었을 것이라고 추정했다. "생각한 것보다 훨씬 잔인하고 잔혹하고, 그리고 고통을 주기 위해 이 범행을 저지르지 않았나 (보입니다)."[32] 피해자에게 더 많은 고통을 주는 것이 범행 목적이었다는 말이다. 당시 검시를 진행한 수사팀에게 이 장면은 두고두고 악몽으로 남았다. 하승균은 이때 받은 충격의 경험을 '엽기 살인의 종착점'이라 적었다. 무참히 유린당한 어린 주검을 바라봐야 했던 고통스러운 심정은 현장의 경찰들을 오랜 시간 괴롭혔다. 9차 사건은 '살인의 추억'에 그 피살 현장과 사체를 보여주는 장면이 영화 전체에 걸쳐 가장 긴 분량으로 나온다. 그만큼 수법이 잔인하고 시점이 절망적이었다.

　사체가 발견된 야산은 주변에 논밭이 없어 주민들의 발길이 뜸하고 분지형이어서 밖에서 쉽게 보이지 않았다. 소나무가 빽빽한 오솔길은 한낮에도 으슥해 입구에 저녁 7시이면 의경이 배치되는 곳이었다. 인근 원바리 고개에도 임시검문소가 있으나 밤 10시 이후에만 경찰이 근무해왔다. 범인은 그 시간대를 미리 파악하고 그곳에 숨어들었다. 11월 중순이라 오후 6시경이면 벌써 사위가 어둑어둑했다. 청소 당번이라 하교가 늦었던 피해자는 친구와 병점육교 앞에서 헤어졌다. 피해자 김양은 송산리 중학교에서 출발해 집이 있는 태안읍 능리

---

32) SBS '그것이 알고 싶다' 1184회, 유성호 교수 인터뷰

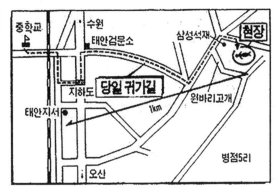

화성 9차 사건 발생 위치와
당시 귀갓길

(현 화성 능동)까지 가려면 병점을 거쳐야 했는데, 그 길목에 있는 야산에서 진안리 쪽에서 내려온 이씨와 부딪쳤던 것이다.

송산리의 중학교는 이춘재가 졸업한 학교이기도 했다. 그리고 2년 전에 살해된 8차 사건의 피해자 박양이 다녔던 학교이기도 해서 한 학교에서 학생 2명이 살인범에게 변을 당한 셈이었다. 이 사실이 알려지자 당시 학부모와 재학생들은 크게 동요했다. 교무실에는 학생들을 일찍 보내줄 것을 부탁하는 학부모들의 전화가 빗발치고 하교 시간에는 학생들을 데리러 온 부모들이 줄을 이었다. 정부가 범죄와의 전쟁을 선포한 후 수사 인력이 거의 조직폭력배 검거에 투입되면서 수사 활동이 중단된 것에 대한 불만도 높았다. 범인은 수사본부가 설치된 이후에도 허술한 수사망을 비웃듯 이때까지 4건의 범행을 더 저지르는 대담성을 보였다.

다만 당시 국립과학수사연구원은 현장에서 채취한 흰 머리카락(새치)을 감정한 결과 비철금속(나트륨, 망간, 아연 등)이 다량 나왔다고 전했다. 수사팀은 이를 두고 당연히 범인의 직업에 대해 생각했는데 정비공이나 기계류를 오랫동안 취급한 사람이라고 추정했다.[33] 범인은 당시 20대 후반이었던 이춘재보다 나이가 든 축에 낀다는 것이다. 그런데 이 흰 머리카락에 대해 언급한 곳은 하승균의 책밖에 없다. 이는 8차 사건 당시 국립과학수사연구원에서 체모를 감정한 결과 높은 수치의 특정 중금속(티타늄, 망간, 알루미늄 등)이 검출된 것과 묘하게 비교된다.

이춘재는 1991년 결혼할 당시 청주의 한 건설업체에서 포클레인 기사로 일하고 있었다. 이춘재가 군에서 제대한 뒤 어느 직종에서 어떤 일을 하며 생계를 꾸렸는지는 앞으로 밝혀질 것이다. 5차와 7차, 9차 등 세 사건의 발생 추정 시간은 모두 오후 6시 반부터 밤 9시 반 사이였다. 이 때문에 최근 수사본부는 이춘재가 당시 낮에는 일정한 직업을 갖고 일을 하고 통근길에 범행했을 가능성이 있다고 봤다.

화성 초등학생 실종 사건

앞에서 8차와 9차 사건 사이에 2년 2개월의 간격이 있다고 했는데, 이제는 다들 예감하겠지만 안타깝게도 그것은 빈 공간이 아니었다. 8차와 9차 사이, 즉 1989년과 1990년에 이춘재의 신상에 많은 변화가 있었다. 우선 이춘재는 8차 사건 직후인 1988년 말부터 1989년 4월까지 화성 연쇄사건의 용의자로 경찰의 집중 조사를 받았다. 이른바 화성 연쇄사건 도중에 받은 경찰의 2차 조사였다. 8차 사건이 다른 사람의 모방 범죄로 결론 나면서 경찰의 감시에서 벗어나게 되는데,

---

33) 하승균 〈화성은 끝나지 않았다〉, 202쪽

그는 그길로 훨씬 잔혹해진 얼굴로 돌아와 범행을 재개했다.

1989년 7월 7일 태안읍 능리에 살던 아홉 살 초등학생 김 모 양이 학교에서 수업을 마치고 귀가하던 중 실종됐다. 하지만 당시 경찰은 시신이 나오지 않았다는 이유로 단순 실종 사건으로 처리하고 종결해버렸다. 같은 해 12월 김양이 실종 당시 입고 있던 치마와 책가방이 태안읍 병점5리에서 발견됐지만, 김양의 시신은 끝내 찾지 못했다. 김양 사건은 실종 이듬해 9차 사건이 발생하면서 언론을 통해 뒤늦게 세상에 알려졌다. 9차 사건 현장이 김양의 유류품이 발견된 곳에서 불과 30미터밖에 되지 않은 점이 심상치 않아 보였던 것이다.

이춘재는 화성 연쇄사건 도중 강도 높은 경찰 조사를 받고 풀려나면 감시를 의식해 어김없이 이전 범행지에서 상당히 벗어난 곳으로 장소를 옮겼다. 1차 조사 후 저지른 '수원 화서역 여고생 살인 사건'이 그랬고, 2차 조사 후 남동쪽 내륙행인 이 '화성 초등학생 실종 사건'이 그랬다. 8차 사건을 수사하던 경찰이 범인으로 다른 사람(윤씨)을 지목해 검거한 때가 같은 해 7월 28일인데 이즈음 이씨가 경찰 수사와 저간의 사정을 파악하고 있었는지는 확인되지 않았다.

훗날 이 사건도 화성 연쇄사건의 연장이라는 것이 밝혀지자 그동안 9차 사건의 김양이 화성 연쇄살인 중 가장 어린 피해자인 줄 알았던 사람들은 경악을 금치 못했다. 8차와 9차 사건의 피해자가 14세로 모두 중학교 1학년이었다는 사실을 보더라도 이씨는 애초부터 아동까지 성폭행을 하는 범죄자였다. 현재 경찰이 조사 중인 미수 사건에서도 아동 피해자가 있을 것으로 전망된다. 이상심리학에선 아동성범죄자의 특성을 '내향적이며 매사에 소극적이다' '사회성이 결여돼 있고 대인관계가 거의 없다' '온순하고 착실한 사람으로 평가를 받는 경우가 많으나 피해자와 단둘이 있을 경우, 매우 위협적인 언어를 사용한다' 등을 꼽고 있는데,[34] 분명 이춘재의 프로필과 맞닿는 면이 있다.

2019년 10월 수사본부의 재조사 과정에서 당시 담당 경찰이 김양의 유골마저 발견해놓고 감춘 사실이 드러났을 때 과거 경찰에 대한 여론은 최악이었다. 사실 이 사건은 애초부터 화성 연쇄사건에 포함됐어야 했다. 양손을 줄넘기로 묶은 범행 방식이나 유골과 유류품이 발견된 현장이 9차 사건과 지척인 점 등 연쇄성이 보였기 때문이다. 뒤에서 상술하겠지만 실제로 당시 경찰은 피해자의 가족들에겐 사실을 감춘 채 이 사건과 화성 연쇄살인과의 연관성을 염두에 두고 1년 동안 자체적으로 탐문 조사를 벌이기도 했다.

태안읍 병점5리, 다시 보면 피해자의 유골과 유류품이 발견된 곳과 9차 사건 현장은 실제론 같은 장소라 할 만하다. 즉 범인은 1989년이 지나도록 이 사건이 탄로 나지 않자 수사기관의 눈을 벗어났다고 판단하고 1990년 다시 이곳을 찾아 범행한 것으로 보인다. 그러니까 '화성 초등학생 실종 사건'이 1989년 말과 1990년 초에 연쇄살인의 하나로 주목을 받았더라면 9차 사건은 지금과는 조금 달랐을 것이다. 사실 두 사건의 피해자는 같은 능리 마을에서 이웃에 살면서 언니 동생하는 사이였다. 두 여학생의 부모도 함께 일을 하며 지낼 정도로 막역했다.[35] 그러다가 이춘재에 의해 초등학생 동생이 살해되고 1년 4개월여 후 같은 장소에서 이번엔 이웃에 살던 중학생 언니가 처참히 살

34) 권일용 《프로파일링 이론과 실제》(2019, 박영사), 105쪽

35) MBC 뉴스 2019.10.24. '1년 뒤 '이웃집 언니'가 당해… "제대로 수사했다면"

해된 것이다. 당시 경찰이 초등학생 실종 사건을 강력사건으로 전환
했더라면 9차 사건은 막을 수 없었을지 몰라도 분명 지금 우리가 아
는 것과는 달랐을 것이다. 9차 사건 현장인 병점5리 석재공장 뒤편 야
산은 이씨에게 익숙하게 조직된 곳, 준비된 곳이었다.

수원 강도예비 사건

2년 2개월이라는 공백엔 '화성 초등학생 실종 사건' 말고도 또 하
나의 사건이 존재한다. 이춘재는 1989년 이 무렵 엉뚱한 사건으로 수
사기관에 붙잡혀 한동안 구치소 등에 갇혀 있으면서 재판까지 받았다.
물론 경찰은 자신들이 잡은 사람이 그동안 그토록 찾아 헤매던 화성
연쇄사건의 '그놈'임을 알아보지 못했다. 그러니까 이춘재는 1989년
9월 26일 오전 1시경 수원 권선구 세류동 한 주택에 칼을 들고 침입해
그곳 방문 앞에서 방 안의 동정을 살피다가 발각되어 강도예비 등 혐
의로 붙잡혔다. 이것이 이제는 어느 정도 대중에게 알려진 이춘재의
'수원 강도예비 사건'이다. 8차 사건에 이은 이춘재의 두 번째 가택 침
입 범죄다. 1989년은 7차 사건 당시 나온 범인의 몽타주가 이미 배포
된 이후 시점이었는데도 아무도 그를 화성 연쇄살인과 연관 짓지 못
했다. 당시 경찰이 이씨를 몽타주와 비교했는지는 확인되지 않았다.
이 사건에서 경찰은 '미리 준비한 흉기인 과도 1개 및 면장갑 1켤레를
휴대하고 대문을 통해 집 안에 침입해 그곳 방문 앞에서 방 안의 동정
을 살피던' 20대 청년에게 강도예비 혐의만 적용했다.

다만 2개월 전에 벌어진 화성 초등학생 실종 사건의 용의자를 쫓

던 수사팀이 이춘재를 다시 한 번 용의 선상에 올렸다가, 이 무렵 그가 '수원 강도예비 사건'으로 구속된 상태인 것을 알고 대면 조사 없이 서류상 검토만 하고 끝내고 말았다. 이것이 이씨가 화성 연쇄살인 사건 도중에 받은 3차 조사다.

이때 이춘재는 강도예비 및 폭행 등의 혐의로만 기소돼 재판을 받았다. 수원지방법원은 1990년 2월 7일 강도예비 및 폭력행위처벌법(폭력행위 등 처벌에 관한 법률) 위반 등의 혐의로 이춘재에게 징역 1년 6월을 선고했다. 이씨는 형이 무겁다고 항소했고, 항소심은 이를 받아들여 집행유예 2년으로 감형했다. 이씨 어머니의 말에 따르면 이 무렵 동네 사람들이 그럴 사람이 아니라며 이춘재를 위해 재판부에 탄원서를 넣기도 했다. 같은 해 4월 19일 열린 2심에서 수원지방법원 재판부는 "낯모르는 청년에게 구타당한 후 그를 쫓다가 피해자 집에 들어간 것일 뿐 금품을 빼앗기 위해 주거를 침입한 게 아니었다"라는 이춘재의 주장을 받아들였다. 그러면서 범행을 저지르기 전에 붙잡혀 피해자가 없었던 점과 이씨의 가정 형편이 딱한 점을 참작했다. 범행 동기가 1심의 '금품을 노린 주거 침입'에서 2심의 '자신을 때린 가해자를 쫓다가 침입한 것'으로 변경됐지만, 이씨가 처음부터 흉기를 소지하고 있었다는 점은 1심과 2심 모두 인정하고 있다. 이춘재가 심야에 흉기를 소지하고 남의 집에 뛰어든 이유를 우리는 성폭행과 연관 짓지 않을 수 없는데 말이다.

이때 한동안 경찰 조사를 받고 기소돼 재판을 받아야 했으니 그사이엔 당연히 움직일 수 없었다. 다시 말해, 이춘재가 이때 수감돼 있는 동안 화성 연쇄살인은 일어나지 않았다. 1심에서 징역 1월 6개월을 선고받았다가 항소심에서 집행유예를 선고받고 풀려날 때까지 구치소 등에 200일가량 갇혀 있었다. 단 2심 선고까지의 구금일 수는 1심 선고 전까지인 130일만 형에 산입됐다.[36]

이춘재가 풀려난 뒤 화성 연쇄살인은 다시 시작됐다. 이씨는 사법기관의 손에서 풀려나자마자 7개월도 안 돼 같은 범행을 저지르기 위해 전력으로 달려갔다. 병점5리 야산, 1989년과 1990년에 걸쳐 그가 범행에 성공한 장소는 그곳밖에 없었다. 그것이 바로 9차 사건이다. 9차 사건의 피해자가 이전 피해자들에 비해 훨씬 잔혹하게 살해된 것은 그동안 쌓이고 쌓였던 충동이 한순간에 터져 나와서였다. 그것은 피에 굶주린 야수가 사정을 두지 않고 전력으로 먹이를 향해 달려든 흔적이었다.

'수원 강도예비 사건'으로 재판을 거치는 동안 자신의 정체가 세상에 일부나마 드러나게 되면서 이춘재는 커다란 충격을 받았을 것이다. 공식적으로 이제 그는 초범이 됐다. 여기서 범행을 계속하다간 꼬리가 잡힐지도 모른다. 이후 그는 자신의 거처와 범행 무대를 화성과 수원에서 청주로 옮길 생각을 한 것으로 보인다. 이때 조사를 받는 중 그는 수사기관에 자신은 직업이 없고 거처는 화성 태안읍이라고 진술했다. 사건이 벌어진 수원 세류동은 이씨가 나온 고등학교에서 3킬로미터 정도 떨어진 가까운 곳이었다. 그만큼 이씨가 잘 알고 있던 지역이었다.

또 이 무렵 구치소를 나온 직후인 1990년 5월 이씨는 포클레인 운

---

36) CBS 노컷뉴스 2019.9.26. '이춘재, 화성 7차 사건 후 200일 구금'. 당시에 항소심의 미결일 수 산입은 임의적이었다. 미결수 신분으로 수감돼 있으면 더 편해서 악의적으로 항소하는 경우가 있었기 때문이다.

전을 처음 배웠다. 훗날 경찰 조사에서 법최면 수사를 받는 도중 이때를 떠올린 그는 "처음이라 무섭고 두렵지만 자신감이 생긴다. 모든 것을 다 할 수 있다는 생각이 든다"고 말했다. 당연히 이때 처음 포클레인으로 땅을 파면서 느꼈던 성취 경험이 직후 일어난 범행에도 영향을 미쳤을 것이다.[37] 9차 사건의 극심한 잔혹성과도 연결되는 지점이다. 이를테면 직업상 고된 육체노동을 하는 중에 칼을 사용하고 피를 보는 살해 방식에 거리낌이 없어지는 경험을 했고, 이것이 9차 사건의 난도질로 이어졌을 가능성이다. 한 가지 덧붙이자면, 이때 한국의 형사사법 제도와 접촉하면서 범죄 관련 지식을 이춘재가 습득했을 가능성도 있다. 구치소에 수감돼 있던 기간 기존의 범행 수법과 다른 기술을 학습했을 수도 있다.

화성 연쇄살인이 1990년대 들어 막바지로 접어들고 10차로 마감된 것을 두고 세간에선 여러 추측이 난무했으나, 그것은 나중에 밝혀지듯이 단지 범인의 이주, 즉 거처의 지리적 이동에 불과했다. 그러니 화성에서 4년 5개월 동안 10건의 살인이 벌어졌다는 그동안의 통계 문장은 미진한 기록이나 다를 바 없다. 거기서 살인 행진이 멈추지 않았다. 오히려 범인은 더욱 찾기 힘든 곳으로 깊이 숨어들었다. 결혼을 하고 이사를 한 것이다(또는 이사를 하고 결혼을 했다). 화성에서 90킬로미터 떨어져 자동차로 1시간 정도 걸리는 청주로 거처를 옮겼다. 서해 바다에 가까운 고향을 떠나 물이 적은 내륙으로 들어간 것이다.

1990년 겨울 해가 짧아 금방 어둑해지면 화성의 학교들 앞은 하교하기 전부터 자녀들을 데리러 온 부모들로 붐볐고, 등하굣길에 학생

---

37) 동아일보 2020.2.18. '이춘재 추가 살인 조사서 거짓말탐지기 "삐~", 법최면 땐 고성'

들은 4~5명씩 짝을 지어 다녔다.

청주 가경동 공사장 살인, 남주동 가정주부 살인 사건

10차 사건 직전에 놀랍게도, 청주에서 저지른 살인 사건 두 건이
더 있다. 9차 사건이 발생하고 70여 일 뒤인 1991년 1월 27일 오전
10시 50분경, 청주 가경동 택지 조성 공사장 하수관 안에서 인근 방
적 공장에 다니던 17세 박 모 양이 쭈그려 앉아 숨진 채 발견됐다. 박
양은 윗도리가 반쯤 벗겨지고 바지는 입은 채였으며 사체 주변엔 박
양의 가죽점퍼와 속옷 등이 널려 있었다. 피해자는 입에 양말로 재갈
이 물리고 그 위에 뜯어진 브래지어가 둘러져 거의 밀봉하다시피 돼
있었다. 양손과 양발은 뒤로 돌려져 속옷 상의로 묶이고, 목엔 속옷이
감겨 있었다. 성폭행을 당한 뒤 피해자의 손에 목이 졸려 죽은 모습이
었다.

전날 저녁 8시 30분경 기숙사에서 나와 집으로 가던 피해자를 납
치해 범인이 끌고 간 곳은 공사장 안 1.5미터 깊이로 매설된 지름
1.2미터의 하수관이었다. 당시 지역 신문은 경찰이 사건 현장에서
200미터 떨어진 굴삭기 옆에 숨어 있다가 달아난 굴삭기 기사를 범인
으로 지목했다. 앞서 말했듯이 이씨는 1990년부터 청주 일대 공사 현
장에서 포클레인 기사로 일하고 있었다. 2019년 이춘재라는 이름이
처음 지상에 공개됐을 때부터 청주 지역의 장기 미제 중에 이 사건이
이씨의 추가 범행으로 가장 유력하게 사람들 입길에 오르내렸다. 누
가 봐도 화성 연쇄살인과 범행 수법이 유사했던 것이다. 당시 경찰은

청주에서도 엉뚱한 사람인 19세 청년을 용의자로 붙잡아 구속했다. 이 사건에 대해선 뒤에서 자세히 다루기로 하자.

그로부터 40일쯤 지난 1991년 3월 7일 오후 8시경 청주 상당구 남주동의 한 단독주택 셋방에서 주부 김 모 씨(29세)가 목이 졸려 숨진 채 발견됐다. 피해자는 양손이 테이프에 묶이고 입에 스타킹으로 재갈이 물려 있었다. 가슴에 여러 차례 흉기에 찔린 자국이 있었는데 이런 모습은 이전 화성 사건에선 볼 수 없었던 점이다. 당시 경찰은 집에서 금품이 사라지지 않고 피해자가 반항한 흔적이 없던 점으로 미뤄 면식범의 소행으로 추정했다. 그러나 피해자의 금품에 손대지 않는(4차 이후부터) 점은 이춘재 범행의 특성이기도 했다. 당시 성폭행 흔적은 발견되지 않았다. 이 사건은 8차 사건과 함께 이씨가 저지른 또 하나의 침입 범죄로 기록됐다.

청주에서 저지른 이 2건의 추가 범행도 현재 남아 있는 증거가 없다. 아마도 이 무렵 이춘재는 청주에 일정한 거처가 있었을 것이다. 가경동은 이춘재가 1994년 처제를 살해했던 장소인 복대동 인근으로 바로 아랫동네이고 남주동은 약간 거리가 있지만 세 곳 모두 청주 서부권이다. 화성에서처럼 청주에서도 이씨는 자신의 거주지 근처에서 범행을 저질렀을 것이다.

10차

이제 마지막 10차 사건을 보자. 한 달쯤 뒤인 1991년 4월 4일 오전 9시 30분경 화성 동탄읍 반송리(현 화성 반송동) 입구 야산에서 69세 여성 권 모 씨가 시신으로 발견됐다. 전날 수원에 사는 아들 집에 다녀오다가 자신의 집을 150여 미터 남겨둔 곳에서 목이 졸려 살해된 것이다. 동탄읍은 화성 연쇄사건 전체에 걸쳐 가장 동쪽이자 내륙으로 깊이 들어간 장소다. 그만큼 경찰은 예상하지 못한 곳이었다. 피해자는 하늘색 한복 차림에 치마로 얼굴이 가려지고 속옷 하의가 모두 벗겨진 모습이었다. 목에 검은 천이 두세 차례 감겨 있었으나 손발을 묶거나 재갈을 물린 흔적은 없었다. 하체 중요 부위에서 피해자의 양말이 나왔는데 여기서 정액이 검출됐다. 혈액형은 감정 결과 O형 또는 B형으로 보였다. 이전 사건들과는 다르게 피해자의 소지품들이 사방에 흩어져 있었다. 화성에서의 마지막 희생자다. 이춘재는 이 사건 이후 청주 처제 살인 사건이 일어나기 전까지 살인 범행이 없었다고 진술했다.

다시 한 번 그것은 살인 질주였다. 이씨는 9차 사건부터 10차 사건까지 5개월가량 동안 무려 4건의 살인을 저질렀다. 구치소에 갇혀서 억제됐던 살인 욕구가 한순간 광기처럼 분출돼 나온 것이다. 1차에서 4차 사건 사이 3개월 동안 4명의 피해자가 나온 것이 첫 번째 살인 질주였다면 이때가 두 번째라 할 수 있다. 전체 범행 중에 시작과 끝이 그랬다. 10차 사건은 이춘재가 건설 현장 포클레인 기사로 일하며 화성과 청주를 오가던 시기에 저지른 것으로 보인다. 10차 사건의 주검이 발견되고 몇 달 후인 1991년 7월쯤 이씨는 건설회사 경리였던 부인을 만나 결혼을 하고 청주에서 살기 시작했다. 그 뒤 화성에선 10차 사건을 끝으로 범인은 공중으로 흔적 없이 사라지듯 종적을 감췄다.

10차 사건과 1994년 1월 청주 처제 살인 사건 사이엔 2년 9개월 정도의 공백이 있다. 청주 처제 살인 사건을 맡았던 형사 김시근은 거기에 대해 "(이씨가) 자신의 아이라는 생명체를 보게 되니까 (살인에 대해) 다시 생각해보기로 한 것 같다"고 짐작했다. 하지만 섣부른 판단이다. 이씨의 추가 범행, 특히 청주에서의 추가 살인 유무는 아직 결론이 나지 않았고 수사본부는 끈질기게 들여다보고 있다. 또 여기에는 숨은 피해자가 있다. 뒤에서 상술하겠지만 이씨의 아내가 그사이 '순응적 피해자compliant victim'로서 죽을 고생을 치른 듯하다. 1994년 1월 청주 처제 살인 사건 당시 만 두 살배기 아이가 있었으니 1991년 쯤에 청주로 생활 근거지를 옮겼으리라는 얘기다. 이씨는 청주 처제 살인으로 15번째 살인 피해자가 생긴 뒤에야 단지 1명을 살해한 혐의로만 경찰에 붙잡혔다.

연쇄 강간살인 | 석 달 새 3명… 동일범 추정

화성 태안·정남 걸쳐… 모두 목 졸려

경기도 화성군의 태안읍과 이웃 정남면 일대 논에서 동일범의 소행으로 보이는 3건의 강간살인 사건이 잇따라 발생, 주민들이 불안에 떨고 있다. 범인들은 지난해 10월부터 밤중에 혼자 귀가하는 20대 안팎의 처녀만 골라 폭행한 뒤 목을 졸라 숨지게 하고 달아났는데, 경찰은 당초 이 사건을 부근 불량배에 의한 단순 강간살인으로 보고 수사에 적극성을 띠지 않아 범인의 유류품은 물론 발자취, 목격자 등 단서조차 확보하지 못해 수사는 원점을 맴돌고 있다.

지난 (1월) 11일 하오 1시께 태안지서에서 2킬로미터 떨어진 태안읍 황계리 황구지천 옆 논 볏짚 속에 이 마을 홍 모 양(19·상고3년)이 입에 재갈이 물리고 양손이 뒤로 묶인 채 목도리로 목이 졸린 숨져 있는 것을 볏단을 옮기던 이 마을 최 모 씨가 발견, 경찰에 신고했다.

또 지난해 10월 23일 하오 2시 50분께 화성경찰서 태안지서에서 1킬로미터가량 떨어진 화성군 태안읍 진안리 논수로에 박 모양(26·송탄시신장동)이 옷이 벗겨진 채 목이 졸려 숨져 있는 것을 이 마을 윤 모 씨가 발견, 경찰에 신고했다.

이 밖에도 12월 21일 낮 12시 30분께 정남지서에서 1.4킬로미터가량 떨어진 정남면 관항리 논수로에 이 마을 이 모 양(21)이 역시 하체에 심한 상처를 입고 목이 졸려 숨져 있는 것을 이 마을 이 모 씨가 발견했다.

경찰은 그간 인근 불량배와 동일 수법 전과자, 변태성욕자, 정신이상자 등 282명을 대상으로 수사를 폈으나 아무런 단서도 찾지 못한 채 세 번째 희생자가 발생하자 지난 11일 뒤늦게 태안지서에 수사본부를 설치하고 호구 조사와 반상회를 통해 수사 협조 전단 5천 장을 배포하는 한편 30여 명의 도경 강력계 수사전담반을 투입했다. 경찰은 용의자 2명의 신원을 확인, 소재 수사를 펴고 있다.

한국일보 1987.1.14. 5차 사건

華城서 5번째 女人피살

野山유기 남편마중 20代主婦 시체로

◇被殺體는 여기에 미에 덮여있었다.

失踪 7일만에 목졸린채
경찰搜査답보… 단서도 못찾아

5번째 희생자가 발견된 台安邑陳매 1里 야산。피살된 씨는 무덤옆 솔가지 머 【華城=高사記者】

◇華城연쇄강간피살사건 현장

화성서 5번째 여인 피살 | 야산 유기, 남편 마중 20대 주부 시체로

실종 7일 만에 목 졸린 채 / 경찰 수사 답보… 단서도 못 찾아

4건의 연쇄강간살인 사건이 일어난 경기도 화성군 태안읍에서 또다시 20대 주부가 살해된 시체로 발견돼 주민들이 불안에 떨고 있다. 5번째 사건 현장은 이때까지 발생한 4건의 현장에서

1.2~3킬로미터 떨어진 동일 범행권으로 경찰이 태안지서에 수사본부를 설치, 다각적인 수사를 펴오고 있는 가운데 빚어져 경찰수사의 허점을 드러내고 있다.

박씨 피살. 지난 9일 하오 7시께 태안읍 진안1리, 수원-오산 간 국도 동쪽 500여 미터 야산 기슭에서 이 동네 박 모 씨(29·여·진안1리)가 실종 7일 만에 상의가 벗겨지고 목과 어깨 등에 상처를 입은 채 목 졸려 숨져 있는 것을 이 동네 전 모 군 등 어린이 5명이 발견, 경찰에 신고했다. 전군은 이날 마을 앞 야산에서 놀다 무덤 옆 솔가지 더미 밑으로 박씨의 발목이 삐져나와 있는 것을 보고 경찰에 신고했다.

숨진 박씨는 상의가 벗겨진 채로 브래지어와 내의, 블라우스 등 세 겹으로 목이 졸려 반듯이 누운 자세였고, 손목에 끈으로 묶인 자국이 있었으며 어깨 등 4군데를 둔기로 맞은 듯한 반점들이 있었으나 팬티와 청바지는 입은 채로 있어 폭행당한 흔적은 없었다. 박씨의 상체는 트레이닝복으로 덮여 있었고 시체를 솔가지 등으로 덮어 위장해놓았는데, 마을 입구 진입로에서 시체가 발견된 지점까지 200여 미터의 밭고랑에 남자 구두 뒤축 자국과 숨진 박씨가 끌려간 발자국이 남아 있었다. 마을 쪽으로 150여 미터 떨어진 곳에 슬리퍼 2개가 벗겨져 있어 마을 입구에서 납치돼 반항하면서 이곳으로 끌려와 살해된 것으로 보인다.

박씨는 지난 2일 밤 11시께 서울 A산업에 근무하는 남편 이 모 씨를 마중 나가기 위해 우산 두 개를 들고 집을 나간 뒤 소식이 끊겼는데, 남편 이씨는 지난 4일 새벽 1시께 귀가, 이 같은 사실을 알고 이날 상오 10시께 연쇄강간살인 사건 수사본부가 차려진 태안지서에 실종 신고를 했다.

경찰 수사. 경찰은 11일 하오 박씨의 사체를 부검, 목이 졸려 질식사한 것이며 난행당한 흔적은 없다고 밝혔다. 또 경찰은 사건 현장 주변에서 발견된 길이 260밀리미터 크기 남자 구두의 족적 모형을 채취하고 박씨의 몸에서 범인의 것으로 보이는 남자 머리카락 3개를 수거, 국립과학수사연구소에 감정을 의뢰했다.

경찰은 ▲ 박씨가 입고 있던 옷가지로 목이 졸려 살해됐고 ▲ 사고 현장이 이전 4개의 사건과 3킬로미터 반경 이내이며 ▲ 옷과 솔가지로 시체를 위장해놓은 점 ▲ 범행이 비 오는 날 인적이 드문 한밤중에 일어났다는 점 등을 들어 지금까지 발생한 4건의 연쇄강간살인 사건과 동일범의 소행으로 보고 수사 중이다.

문제점. 박여인 사건은 4건의 연쇄강간살인 사건 수사본부가 범인의 윤곽조차 파악하지 못한 상태에서 또다시 같은 지역에서 발생, 경찰 수사력의 한계를 노출시켰다. 경찰은 지난 1월 11일 세 번째 사건이 발생한 뒤 수사본부를 태안지서에 설치, 그동안 인접 경찰서 수사 요원까지 지원받아 4개월째 인근 지역 우범자와 정신질환자, 피해자 주변 인물 등에 대해 다각적인 수사를 펴왔다. 그러나 피해자들이 모두 마을 주변에서 발견됐는데도 짧게는 일주일에서 길게는 3개월 뒤에야 시체를 발견하는 등 소극적

인 수사 태도를 보였다. 특히 동일 수법의 사건인데도 실종 신고
가 들어오면 가정불화, 치정 등 주변 상황 쪽으로 형식적인 조사
만 하는 등 안이한 수사 태도를 보여왔다.

한편 불안한 주민들이 방법 순찰 강화와 보안등 설치 등을 건
의해왔으나 태안지서는 지금까지 직원 4~5명이 태안읍·정남면
지역 인구 6만여 명을 담당하고 있는 등 전혀 예방 활동이 강화되
지 않고 있다.

한국일보 1987.5.12. 6차 사건

여고생 또 피살

작년 '화성살인'과 유사

손 묶인 채 폭행당해…

논에서 발견

경기 화성군 부녀자 연쇄강간살인 사건 수사가 공전 중인 가운데 8개월 만에 인근 수원시 변두리 논에서 유사한 수법의 여고생 폭행살인 사건이 발생, 경찰이 수사에 나섰다.

(1월) 4일 상오 11시 30분께 경기 수원시 화서동 김 모 씨의 논바닥 볏짚 사이에 김 모 양(18·수원 S여고3·수원시화서동)이 숨겨 있는 것을 논주인 김씨가 발견, 경찰에 신고했다. 김씨에 의하면 이날 논에 널려 있는 볏짚을 들추는데 엎드린 채 두 손을 뒤로 묶인 김양의 사체가 나왔다는 것. 하의가 벗겨진 김양의 목에는 목이 졸린 흔적과 함께 두 손은 밤색 스타킹으로 뒤로 묶여 있었고, 흰색 러닝셔츠로 재갈이 물려 있었으며, 얼굴에는 자신의 자주색 파커 상의가 덮여 있었다.

경찰은 김양이 (1987년) 12월 24일 하오 11시께 어머니 임 모 씨와 진학 문제로 다툰 뒤 바람을 쐬겠다며 트레이닝복 차림으로 집을 나간 뒤 11일째 소식이 끊겼다는 가족들의 말에 따라 김양이 바람을 쐬러 나갔다가 집에서 500여 미터 떨어진 사고 현장에서 변을 당했을 것으로 추정하고 있다.

경찰은 특히 숨진 김양이 사고 당시 붉은색 계통의 옷차림이었으며 두 손을 뒤로 묶인 채 폭행당했고 겨울철 인적이 드문 논 한가운데 볏짚에 덮여 숨겨 있는 점 등으로 미뤄 화성 연쇄살인 사건과 관련이 있을 것으로 보고 수사를 펴는 한편, 인근 불량배나 동일 수법 전과자 등에 대해서도 수사 중이다.

사고 현장은 경부선 전철 화서역에서 300여 미터 떨어진 논 한가운데로 평소 인적이 드물어 우범 지역이 돼왔다. 숨진 김양은 12월 22일 가톨릭대 간호학과에 응시, 가족들이 28일 합격을 확인했다. 경기도 화성군 태안읍 일대는 지난 86년 10월 23일 박모 양이 폭행당한 채 목 졸려 숨진 이후 지난해 5월 9일까지 모두 5명의 부녀자들이 피살당했는데, 이번에 김양이 피살된 곳은 마지막 범행 장소에서 약 3킬로미터 떨어졌다.

한국일보 1988.1.5. 수원 화서역 여고생 살인 사건

華城서 또 여인被殺體
20代용의자 추궁

화성서 또 여인 피살체 | 20대 용의자 추궁

경기 화성군 태안읍 연쇄강간살인 사건의 수사가 20개월째 원점을 맴돌고 있는 가운데 동일 수법의 범행이 또다시 인근에서 발생했다. 지난 (9월) 8일 상오 9시께 경기 화성군 팔탄면 가재리 소하천 농수로서 안 모 씨(54·여)가 자신의 반팔 내의로 목이 졸린 채 숨져 있는 것을 사촌 시동생 백 모 씨가 발견, 경찰에 신고했다. 백씨에 의하면 지난 7일 안씨가 밤늦도록 귀가하지 않아 식구들이 찾아 나섰다가 이날 아침 농수로에서 안씨가 목 졸려 숨져 있는 것을 발견했다는 것.

안씨는 흰색 블라우스에 쥐색 치마 차림으로 자신의 반팔 내의로 목 졸린 채 반듯이 누워 숨져 있었는데 난행당한 흔적이 있었다. 안씨가 숨진 지점은 5건의 연쇄살인사건이 발생한 화성군 태안읍에서 16킬로미터가량 떨어진 곳이다.

경찰은 9일 김 모 씨(22세·수원시 세류동)가 사건 당일 현장 부근에서 배회했다는 주민들의 말에 따라 김씨의 신병을 확보, 사건 당일의 행적을 집중 추궁하고 있다. 경찰은 김씨의 집에서 오른쪽 무릎 부분에 혈흔이 있는 하늘색 바지를 찾아내고 이 피가 숨진 안씨의 피와 같은지를 확인하기 위해 국립과학수사연구소에 감정을 의뢰했다.

한국일보 1988.9.10. 7차 사건

(9월) 16일 상오 6시 50분께 경기 화성군 태안읍 진안리 박 모 씨 집에서 박씨의 차녀 (14)가 방안에서 숨겨 있는 것을 아버지 박씨가 발견, 경찰에 신고했다. 박씨에 의하면 숨진 박양은 15일 하오 11시 20분께까지 가족들과 안방에서 텔레비전을 보다 자기 방으로 돌아갔는데 이날 늦도록 나오지 않아 방문을 열어보니 목에 멍이 든 채 숨져 있었다는 것.

박양이 자던 방은 창호지가 찢겨 있었을 뿐 가재도구나 이부자리는 단정하게 정돈된 상태였으며 숨진 박양은 보라색 블라우스와 푸른색 운동복을 입은 채 숨져 있었다. 숨진 박양의 집은 연쇄강간살인 사건의 수사본부가 설치된 태안지서로부터 1.5킬로미터가량 떨어진 공말마을로 모두 20여 가구가 살고 있다.

한국일보 1988.9.17. 8차 사건

화성살인범 검거 | 20대 공원 8번째 살해 사건 범행 자백

　화성 부녀자 연쇄살인사건을 수사 중인 경기도경은 (7월) 27일 지난해 9월 8번째 피해자 박 모 양(14) 살해 사건의 용의자로 윤 모 씨(22·염색공·화성군 태안읍)를 검거, 범행을 자백받고 구속영장을 신청했다. 경찰에 의하면 장애인인 윤씨는 자신이 박양을 폭행한 뒤 신체적 특성 때문에 신고되면 쉽게 잡힐 것을 우려, 목 졸라 살해했다고 자백했다.

　경찰은 사건 현장에서 발견된 체모를 국립과학수사연구소에 보내 정밀 감식한 결과 다량의 티타늄(화학 성분)이 포함되어 있는 것이 윤씨의 체모와 같다는 사실을 밝혀내 범행을 추궁했다. 그러나 윤씨의 범행을 입증할 물적 증거는 현장에서 발견된 8개의 체모밖에 없고 체모의 감정 결과를 직접증거로 채택한 사례가 없어 구속하더라도 기소 여부는 불투명하다.

한국일보 1989.7.28. 8차 사건

華城 9번째 부녀자被殺

女中生 야산서 亂刺당한채 발견돼

손발 스타킹묶이고 목졸려

수법등 연쇄살인범과 비슷

"같은 學校서

이제는 경찰

주민들 울분

화성 9번째 부녀자 피살 | 여중생 야산서 난자당한 채 발견돼

손발 스타킹 묶이고 목 졸려 / 수법 등 연쇄살인범과 비슷

86년 9월부터 부녀자 연쇄강간 살해사건이 발생해온 경기 화성군 태안읍에서 (11월) 16일 여중 1년생이 또 흉기로 난자당한 채 목 졸려 숨진 시체로 발견됐다. 숨진 여중생은 9번째 희생자이다. 경찰은 범행 수법이 88년 9월까지 발생한 8건과 거의 비슷해 동일범의 소행으로 보고 수사 중이다. 이번 사건은 연쇄강간살해 사건 수사본부인 화성경찰서 태안지서에서 불과 1킬로미터 떨어진 곳에서 발생했다.

사체 발견. 16일 상오 9시 50분께 화성군 태안읍 병점5리 석재 공장 뒤 야산 소나무 밑에서 김 모 양(14·중1·능리)이 자신의 스타킹으로 손발을 묶이고 블라우스 조각으로 2번 목 졸린 채 숨져 있는 것을 삼촌 김 모 씨가 발견했다. 김양은 양쪽 젖가슴을 흉기로 19군데나 난자당하고 착용했던 브래지어로 입안에 재갈이 물려 있었으며 국부에는 책가방에 있던 볼펜과 포크형 숟가락이 꽂힌 참혹한 모습으로 팬티와 거들 차림으로 발견됐다. 사체는 교복 치마로 덮여 있었고 입고 있던 교복 상의와 내의, 찢어진 블라우스는 사체 옆에 가지런히 포개져 있었다. 경찰은 사체로부터 10여 미터 떨어진 곳에서 범행에 사용한 듯한 15센티미터가량의 연필깎이용 칼을 찾아냈다.

실종. 숨진 김양의 친구 이 모 양(14)에 의하면 15일 하오 5시 께 수업을 마친 뒤 함께 25분가량 걸어 나와 1번 국도 병점육교 앞에서 헤어졌다. 김양의 가족들은 김양이 귀가하지 않자 이날 하오 8시 50분께 태안지서에 신고를 하고 주민 30여 명과 함께 마을을 뒤졌으나 찾지 못했다. 가족들은 16일에도 김양을 찾아 나섰다가 김양 집에 다니러온 삼촌이 사체를 발견했다.

현장. 사체가 발견된 야산은 주변에 논밭이 없어 주민들의 발길이 뜸한 외진 곳이다. 현장은 마을 진입로인 콘크리트 포장도로에서 1백여 미터 거리이나 분지형의 야산이어서 쉽게 보이지 않는 곳이다. 현장에서 5백여 미터 떨어진 원바리고개에는 연쇄살인 사건 발생 이후 임시검문소가 설치돼 있으나 밤 10시 이후에만 경찰이 근무해왔다.

연쇄 피살. 86년 9월 19일 이 모 씨(71)가 실종 5일 만에 하의가 벗겨진 채 목졸려 숨진 채 태안읍 안녕리 풀밭에서 발견된 이래 86년에 3차례, 87년 3차례, 88년 9월 2차례 등 모두 8명의 부녀자가 피살됐다. 피살된 사람들은 당시 14세(8차 범행)부터 71세까지였으며 20대 여성이 4명으로 가장 많았고 10대가 2명이었다.

한국일보 1990.11.17. 9차 사건

김양 피살 전 두 차례 납치 기도 | 20대 남자 탐문 수사

87~88년 '두 여학생 실종'도 수사

　경기 화성군 태안읍 여중생 피살 사건을 수사 중인 경찰은 17일 김양이 살해되기 전인 지난 5일과 14일 귀갓길에 블루진 상의를 입은 20대 남자에게 두 번이나 납치될 뻔했다는 사실을 밝혀내고 탐문 수사를 강화하고 있다.

　김양과 같은 동네에 사는 김 모 양(16·여상1)에 의하면 지난 5일 하오 같이 사건 현장 부근을 지나는데 블루진 상의를 입은

20대 남자가 언덕 위에서 뛰어나와 김양을 납치하려다 마을 쪽에서 자전거를 탄 주민이 다가오자 산 쪽으로 달아났으며 김양은 이날 받은 충격으로 사흘간 결석했다는 것이다. 김양의 학교 친구 서 모 양(14)은 "지난 14일 김양과 같이 집으로 가는데 블루진 상의의 20대 남자 1명이 계속 뒤따라왔으며 김양은 불안한 표정으로 뒤를 돌아보기도 했다"고 말했다.

김양은 이날 이후 가방에 바늘을 가지고 다니며 "남자가 달려들면 머리를 찔러버리겠다"고 말하기도 했다는 것. 경찰은 이 남자에 대한 정확한 인상착의 등을 파악하기 위해 이날 김양이 다니던 A중학교 전교생 700여 명에게 설문지를 돌렸으며 인근 10개 부락 주민들에게는 특별반상회를 열어 사건 관련 제보 등을 해줄 것을 요청했다.

경찰은 이날 김양의 책가방 속에 있던 공책과 도시락 뚜껑에서 지문 12개를 채취했으나 10개는 김양의 것으로 확인됐고 나머지는 크기가 작아 범인 검거의 단서가 되지 못할 것으로 보인다. 경찰은 또 사건 발생 당일 현장 부근에서 주민들에게 목격됐고 얼굴과 목 부위에 손톱으로 할퀸 자국과 무릎에 찰과상이 있는 40대 남자의 행적을 수사하는 한편, 사건 당일 배설한 것으로 보이는 분뇨, 씹다 버린 껌, 모발 등을 수거, 국립과학수사연구소에 감정을 의뢰했다.

한편 경찰은 지난해 7월 7일 하오 1시께 국교생 김 모 양(9)이 실종된 뒤 5개월 만에 이번 사건 현장 부근에서 가방 등 유류품이 발견됐으며, 87년 4월에도 여중생 이 모 양(15)이 등굣길에 실종됐었다는 주민들의 말에 따라 이 부분에 대해서도 수사를 하고 있다.

한국일보 1990.11.18. 9차 사건, 화성 초등학생 실종 사건

30대 하룻밤 새 같은 장소에서 부녀자 연쇄강도·살인

같은 장소에서 부녀자 살해강도 사건이 잇따라 발생, 경찰이 수사에 나섰다. (1월) 27일 상호 10시 50분께 청주시 가경동 택지 조성 공사 현장에 있는 직경 1미터 크기의 콘크리트관 속에 이 마을 박 모 양(17·공원)이 속옷으로 입이 틀어막히고 양손을 뒤로 묶인 채 목 졸려 숨져 있는 것을 청주서부경찰서 형사계 이성기 순경이 발견했다.

발견 당시 박양은 윗도리가 반쯤 벗겨져 있었고 바지는 입은 채였으며 사체 주변에 박양의 검은 가죽점퍼와 속옷 등이 널려 있었다. 청주서부경찰서는 이날 하오 박양 사체 부검 결과, 박양이 성폭행당한 뒤 목이 졸려 숨졌으며 사망 시간은 26일 하오 9~12시인 것으로 밝혀내고 사건 현장에서 범인의 것으로 보이는 머리카락을 수거해 박양 사체에서 수거한 정액과 함께 국립과학수사연구소에 감정을 의뢰했다.

이에 앞서 26일 하오 8시 30분께 같은 장소에서 이 마을 김 모 씨(32·여)가 약을 사가지고 귀가 중 30대 청년에게 붙잡혀 현금 등 12만 원 어치의 금품을 빼앗겼으나 범인이 한눈을 파는 사이 탈출했다.

한국일보 1991.1.28. 청주 가경동 공사장 살인 사건

華城 60代여자 또被殺

「9번째」현장서 15km거리 야산서

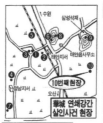

下衣 벗겨진채 목졸려

犯行수법비슷 同一犯추정

화성 60대 여자 또 피살 | '9번째' 현장서 15킬로미터 거리 야산서

하의 벗겨진 채 목 졸려 / 범행 수법 비슷 동일범 추정

화성 부녀자 연쇄피살 사건이 미궁에 빠져 있는 가운데 9번째 사건 현장으로부터 15킬로미터가량 떨어진 야산에서 또 60대 여자가 살해된 채 발견됐다.

(4월) 4일 상오 9시 30분께 경기 화성군 동탄면 반송리 야산

솔밭에서 이 마을 권 모 씨(69·반송리)가 숨겨 있는 것을 권씨의 아들 홍 모 씨가 발견했다. 홍씨에 의하면 지난 3일 아침에 자신의 집에 다니러 왔던 어머니가 하오 6시께 반송리 집으로 떠난 뒤 소식이 끊겨 이날 어머니를 찾다가 집에서 70미터가량 떨어진 야산 솔밭에서 어머니의 시체를 발견했다.

권씨는 집을 나설 때 입고 있던 하늘색 한복 차림이었으나 치마로 얼굴이 가려지고 속옷 하의가 모두 벗겨져 있었으며 목에는 검은 스카프가 둘러져 있었다. 경찰은 3일 밤 8~12시 사이에 권씨가 버스를 내려 150미터가량 떨어진 집으로 가던 중 변을 당한 것으로 보고 있다.

국립과학수사연구소 감식반은 이날 하오 검안 결과 권씨의 직접 사인은 스카프로 목을 졸린 질식사로 추정되나 성폭행 흔적은 발견되지 않았다고 밝혔다. 경찰은 현장에서 모발 5개와 권씨의 옷가지·소지품 등을 수거, 감정을 의뢰하고 5일 상오 국립과학수사연구소에서 사체를 부검키로 했다.

경찰은 권씨의 피살 현장이 이전 사건 현장들과 인접해 있고 귀가길 여성을 대상으로 한 데다 하의를 벗기고 국부에 이물질을 집어넣는 등 변태적 성향이 두드러진 점 등으로 보아 이전 연쇄 피살 사건과 동일범의 소행일 가능성이 큰 것으로 보고 있다. 경찰은 그러나 폭행 흔적이 없고 손발이 묶이거나 입에 재갈이 물려져 있지 않았으며 소지품 등이 사방에 흩어져 있는 등 수법이 다소 달라 변태성욕자나 정신병자에 의한 모방 범죄 가능성도 배제하지 않고 있다.

숨진 권씨는 3남 3녀의 자녀가 모두 서울과 수원에 떨어져 살아 10여 년 전부터 남편과 둘이 이 집에 살아왔다.

한국일보 1991.4.5. 10차 사건

처제 성폭행, 살해유기 30대 영장

청주서부경찰서는 (1월) 17일 처제를 성폭행한 뒤 살해한 이춘재 씨(31·청주시복대동)에 대해 살인 등 혐의로 구속영장을 신청했다. 경찰에 따르면 이씨는 지난 13일 오후 7시께 집에 놀러 온 처제 이 모 씨(20·회사원)를 성폭행한 뒤 둔기로 머리를 때려 숨지게 한 다음 오토바이를 이용, 집에서 1킬로미터 정도 떨어진 철물점 차고 안에 사체를 버린 혐의다.

이씨는 경찰 조사에서 "지난해 12월 18일 가정 불화로 아내가 가출해 혼자 지내는데 처제가 갑자기 찾아와 마구 비난하자 홧김에 이 같은 짓을 저질렀다"고 말했다.

연합뉴스 1994.1.17. 청주 처제 살인 사건

2부

사건들

범행 수법과 시그니처

사건 현장에서 발견되는 범인의 특이한 행동은 범행 수법(범행 방식)과 시그니처로 나눌 수 있다. 화성 연쇄살인 사건에선 사건 당시부터 지금까지 범행 수법과 시그니처에 대한 언급이 많았다. 연쇄 범죄임에도 범인이 남긴 단서가 희박한 중에 장기 미제 국면으로 접어들면서 전문가들의 관심이 여기에 쏠릴 수밖에 없었다. 대체로 공통점이 있는 일련의 사건들이 좁은 지역 범위 안에서 일어나고 간격도 그리 길지 않은 것을 파악하고 나면 수사는 연쇄 범죄인지를 판단해야 한다. 연쇄 범죄를 가려낼 때 분석 대상으로 삼는 범죄 행동은 한둘이 아니다. 범행 시간대, 범행 장소, 범행 중 행동, 피해자 조우 방법, 공격 횟수, 범행 도구, 범행 소요 시간, 피해자 특성(성별, 나이, 직업 등), 범행 도구 준비성, 신원 은폐 여부, 증거인멸 행위, 범행 후 도주 행동 등이다.[38] 그중에서도 범행 수법이 우선적으로 고려된다. 그 어둠의 흔

---

38) 최대호, 이주현, 이상경 〈한국의 프로파일링〉, 79쪽

적을 탐색하는 과정에서 '범인은 어떤 사람인가'가 눈에 들어오며 그 때 범인을 쫓는 수사관은 성격 특성을 가진 존재로서 범인을 처음 만나게 된다.

범행 수법(MO: modus operandi, method of operating)은 범죄가 이뤄진 방법을 뜻하고 이는 범죄 실행을 종결짓기 위한 필요한 선택과 행동으로 구성된다.[39] 즉 범인 자신의 정체를 보호하고, 범행을 성공적으로 마치고, 용이하게 도주하기 위한 선택과 행동이다. 수사 현장에선 짧게 '엠오'라고 발음한다. 이제 수사팀은 파악해둔 범행 수법을 공유함으로써 용의자 상을 그려내고 사건 해결의 계기로 삼는다.

화성 연쇄살인의 범행 패턴은 일정했다. 여성을 성폭행한 뒤 엽기적인 방식으로 살해했다. 피해자는 대부분 목이 졸린 채 숨졌고, 시신의 중요 부위에서 복숭아 조각이 나온 경우처럼 난행과 폭행이 자행됐다. 범행 도구로는 스타킹이나 속옷 같은 피해자의 옷가지가 이용됐다. 현장에서 정액과 체모 등이 공통적으로 발견된 점도 특이했다. 범인은 주로 밤늦게 귀가하는 여성들을 노렸다. 논둑이나 길가 풀숲, 소로 등에 숨어 있다가 범행했으며, 인적이 드물어지는 야간 시간대에만 움직였다. 또 사람들의 야외 활동이 많아지는 여름철을 피했다('화성 초등학생 실종 사건'만 예외적으로 7월이었다). 이러한 신원 은폐 기술도 범행 수법이다.

결박과 목조름에 의한 질식사는 화성 연쇄사건의 범행 수법에서 상수였다. 초기인 1차와 2차 그리고 8차에서만 액살(손으로 목을 졸라

---

39) Brent E. Turvey, *Criminal Profiling: an introduction to behavioral evidence.* Academic Press, 2002. 229쪽

살해함)이 이뤄졌고, 3차부터는 줄곧 도구를 이용해 목을 졸라 살해하는 교살이 행해졌다. 그 도구는 모두 피해자가 당시 입고 있거나 소지하고 있던 물품 중에서 선택했다. 스타킹과 털목도리, 브래지어, 블라우스, 검은 천이었다. 범인은 8차와 10차를 제외하곤 일관되게 결박을 했는데 양손을 묶었고 묶을 때는 스타킹과 블라우스 조각을 이용했다. 9차 때는 범인이 피해자의 발까지 묶은 점 때문에 기존 사건들과 다르다는 주장이 있었다. 3차부터는 양말과 손수건, 브래지어, 속옷 등으로 재갈을 물렸다.

그런데 정반대의 의미에서 범인 또한 자신의 범행 수법을 의식한다. 살해를 목적으로 한 연쇄사건의 범인일수록 잡히지 않고 계속 범행을 저지르기 위해 점차적으로 범행 수법을 바꿔나간다. 무사히 경찰의 수사망을 벗어나는 횟수가 늘어나면서 스스로 더욱 잔인한 방법을 터득하고 다듬어나가기도 한다. 우리는 범행 수법의 지독한 변모를 화성 연쇄사건에서 무섭도록 목도하게 된다. 오윤성 교수는 그 일반적인 변화 과정을 이렇게 적었다.

"범인은 범행을 하고 난 후에 자신의 범죄 수법에 대해 반성을 하기도 한다. 예컨대 더욱 시간을 오래 끌었어야 했다든지, 범행 과정에 있어서 자신의 미숙한 행위에 대해 앞으로 더 잘할 수 있을 것이라는 환상으로 시간을 보낸다. 이러한 경험적 요소는 더욱 정교해지고 대담해지며, 자신감과 여유를 가질수록 더욱 다듬어질 수 있다. 반면에 과도한 자신감 충만으로 자신을 과신한다든지, 범행이 점차적으로 복잡해지고 피해자의 수가 증가함에 따라 모든 상황을 통제하기 어려운 여건이 되면 정신 상태가 복잡해지게 된다. 따라서 범행 초반에 증거를 남기지 않기 위해 자신에 대해 엄격했던 조심스러움이 범죄 횟수가 증가하고 점차적으로 체포되지 않을 수 있다는 자신감이 커짐에 따라 여러 뒷마무리를 소홀히 해 현장에 많은 증거를 남기거나 완전범죄를 추구하는 행동이 무뎌지는 등 범행 수법의 퇴행을 보이기도 한다."[40]

특히 범인은 피해자를 범행 현장에서 놓치는 미수 사건, 즉 범행 실패를 겪는 과정에서 자신의 행동을 되새기기도 했다. 앞서 언급했듯이 1986년 11월 미수 사건을 거친 후인 3차 사건 때부터 범행에서 암매장이 나타나고 지독한 음부 폭행이 자행되는 등 한층 잔인해졌다. 현장에서 피해자를 빠른 시간에 제압하는 길을 찾고 범행 동기에 더욱 집중한 것이다. 4차 사건 피해자의 경우 귀금속 목걸이가 그대로 남아 있었던 것도 그런 이유에서일 것이다. 이후 사건들에선 피해자의 돈과 귀금속이 그대로 남아 있는 경우가 많아졌다.[41]

시그니처(서명 행동)는 범행 수법과는 구별되는 개념이다. 그것은 범행을 성공적으로 끝내는 데 꼭 필요한 요소가 아니며 범인 개인의 충동이나 심리적 욕구에 따라 저질러지는 독특한 행동을 가리킨다. 차라리 가해자 측면에서 접근하자면 범행을 저지르는 범행 동기에 가깝다. '시그니처'라는 개념을 창안하고 평생 천착한 FBI 프로파일러 존 더글러스는 "시그니처는 한 개인의 깊숙한 내면에 숨어서 절대로 변하지 않는 정적인 것이다. 나는 이 시그니처를 유동적인 범행 수법

---

40) 오윤성 '연쇄살인 사건에 있어서 범인상 추정에 관한 연구', 94쪽

41) SBS '그것이 알고 싶다' 1184회

과 대조되는 개념으로 사용할 것이다"고 나눴다.[42] 잡힌 스포츠도박사에게 범행 동기를 물었더니 범인이 더글러스에게 했다는 대답, "우린 원래 이렇게 생겨먹은 거예요"라는 표현에서 시그니처의 요체를 알 수 있다. 범인 마음과 영혼 속에 존재하는, 특정 방식으로 범죄를 저지르게 하는 유전적인 잠재 요소, 즉 시그니처는 그래서 범인의 정체성과 관련한 것이라고 한다. 더글러스의 표현을 그대로 가져오면 '범인이 자기 자신의 정체성을 성취하기 위해 저지르는 행위'다. 어떤 범죄 상황에서도 범인이 어쩔 수 없이 되풀이하는 행동이다.

더글러스는 은행 강도가 은행 안 사람들의 옷을 벗기고 사진을 찍는 행위를 예로 들어 범행 수법과 시그니처의 차이를 설명한다.

"가령 텍사스의 한 은행 강도의 경우를 보자. 그는 은행 안에 있던 모든 사람의 옷을 벗긴 뒤 섹스하는 자세를 취하게 하고 사진을 찍었다. 이것은 분명 그 범인의 시그니처다. 그런 외설스러운 사진을 찍는 것은 은행털이에 도움도 되지 않고 필요하지도 않다. 사실 그런 사진을 찍으려면 은행에 그만큼 더 오래 머물러야 하고 그러다 보면 체포될 위험에 더 많이 노출된다. 그런데도 범인은 그렇게 할 수밖에 없는 것이다.

또 다른 예로는 미시간 주의 그랜래피즈의 은행 강도를 들 수 있다. 이 범인 역시 은행 안에 있던 모든 사람들에게 옷을 벗으라고 했다. 그러나 사진을 찍지는 않았다. 그가 옷을 벗긴 것은 알몸이 된 사람들이 당황한 나머지 범인의 얼굴을 못 보게 하여 나중에 정확한 인상착의를 기억하지 못하게 하려는 목적이었다. 이것은 은행털이를 성

---

42) 존 더글러스, 마크 올셰이커 〈마인드헌터〉(2017, 비채), 102쪽

공적으로 수행하려는 방법이었고 그렇기 때문에 MO가 된다."[43]

그런데 시그니처의 문제는 좀 더 정교한 접근이 필요하다. 왜 연쇄 사건에서 프로파일러와 범죄심리학자들은 그토록 시그니처 분석에 매달리는가. 현장에선 사건마다 범행 수법이 조금씩 다르다는 이유로 동일범의 소행이 아니라고 단정하는 일이 생긴다. 8차 사건을 모방 범죄로 단정하고 연쇄살인에서 제외한 것도 특정 범행 행위의 유무에 용의자 프로파일링이 고착됐기 때문이다. 유영철은 경찰 수사에 혼선을 주기 위해 의도적으로 한강을 건너 서울 강북과 강남을 오가며 범행을 저질렀고, 초기엔 노인 살해에 집중하다가 자신의 뒷모습이 찍힌 CCTV 화면이 언론에 보도된 후 성매매 여성을 자신의 숙소로 불러들여 살해하는 수법으로 범행 수법을 바꿨다.

"유영철은 주택에 침입하여 살인 범죄를 저지르는 것으로 시작하여 노상에서 성매매 여성을 거주지로 유인하여 살해하는 방식으로 수법이 변화되었고, 정남규는 노상에서 귀가하는 여성을 대상으로 범죄를 저지르기 시작해 문이 열린 집에 침입해 범행하는 방식으로 수법이 변화되었다."[44]

그럼, 이제 범행 수법이 바뀌었으니 다른 범인의 소행으로 봐야 할까. 이렇게 끊어진 연쇄의 고리를 찾는 숙제 앞에서 시그니처 분석은 힘을 발휘한다. 이제 대답은 복잡한 현장 뒤에 도사린 범인의 진짜 얼굴을 찾아내려는 노력에서 나온다. 범인의 범행 수법 변경은 어떤 동일한 맥락에서 해석돼야 하는데 이를테면 이런 질문들이다. "살인범

---

43) 존 더글러스 〈마인드헌터〉, 380쪽

44) 권일용 〈프로파일링 이론과 실제〉, 170쪽

은 어느 때 살인을 하고 싶어 하는가? 살인범에게 살인을 하게 하는 특정 상황은 무엇인가?"[45] 즉 범행 수법을 바꾼 이유를 찾으려면 범인의 마음속으로 걸어 들어가는 길밖에 없다. 유영철과 정남규를 긴 시간 면담했던 권일용 교수는 그들이 범행 수법을 바꾼 건 자신들의 심리적 장애 요인을 극복하기 위해서였다고 했다. 유영철은 CCTV 화면에 찍힌 것이 마음에 걸려 4개월간 범행을 멈췄고, 평소 언론 보도를 살폈던 정남규는 피해자가 사망하지 않았거나 수사상 목격자가 있다는 보도를 접하고 수법을 바꿨다. 그러니까 시그니처는 동일하게 반복되는 특정 행위를 찾는 작업 그 이상이다. 연쇄살인 사건에서 일관되게 나타나는 것은 범행 수법이 아니라 시그니처라는 말은 그런 의미에서 곱씹어볼 만하다.

더글러스는 '포즈posing'와 '연극staging'의 차이를 설명하면서 범행 수법과 시그니처의 함의에 대해 좀 더 상술한다. 1990년 시애틀에서 일어난 존 러셀 2세 사건에서 3명의 여성이 살해된 3건의 살인이 동일범의 소행이라는 것을 설명하는 대목이다. 여성들은 피살 당시 모두 알몸에다가 도발적이고 음란한 포즈를 취하고 있었다.

"연극은 범인이 경찰의 수사 방향을 흐트러뜨려 실제 벌어진 일을 오판하도록 유도하는 것이다. 가령 강간범이 강도 사건으로 위장하는 것이 좋은 예다. 이처럼 연극을 꾸미는 것은 MO다. 하지만 일부러 이런 포즈를 취하게 한 것은 시그니처라고 봐야 한다."[46]

더글러스는 살인 행위와 아무런 관련이 없는 외설적인 포즈를 보

---

45) 존 더글러스 〈마인드헌터〉, 140쪽

46) 존 더글러스 〈마인드헌터〉, 386쪽

고 세 살인 사건이 같은 범인의 소행이라고 파악했다. 변호사 측이 범행 수법이 서로 다른 세 살인 사건(거리 폭행, 액살, 가택 침입 등)을 도저히 동일인에 의해 저질러진 범죄라고 볼 수 없다고 주장하는 상황에서, 더글러스는 반복되는 '시리즈성 포즈'가 세 사건을 연결한다고 설명했다. 즉 그는 상이한 범행 수법이 아니라 시그니처를 통해 동일범 소행 여부를 단정했다. 사람들이 연결점을 찾지 못하는 피해자들의 포즈에서 더글러스는 독특하고 명확한 메시지를 읽어낸 것이다. 더글러스의 생각을 요약하자면 이렇다. "범죄자는 그 범죄로부터 어떤 것을 얻어내려 하지만 얻기 위한 수단은 서로 다른 것이다."

이춘재가 8차 사건에서 수사에 혼선을 주기 위해 다른 사람이 범행한 것처럼 범행 수법을 바꾼 것, 즉 연극 행위는 범행 수법에 해당한다. 그렇다면 더글러스가 그것은 시그니처에 해당한다고 간파한 '포즈'가 화성 연쇄사건엔 없었을까.

피해자의 얼굴에 속옷이나 거들, 청바지 등을 씌우는 모습이나 계속 반복된 음부 폭행 등도 시그니처로 볼 수 있을 것이다. 하지만 이 책에선 2차 사건 때부터 꾸준히 등장한 매듭지은 스타킹 등 결박을 시그니처로서 주목하고자 한다. "범인들이 무엇을 하며, 어디서 시간을 보내는지, 무엇을 가져가고 어떤 것을 더럽히는지, 자신들의 존재를 알리고 싶어하는지 등"이 시그니처에 속한다는 브렌트 터비와 존 사비노의 논의처럼 말이다.[47] 특히 범행 중 '어디서 시간을 보냈는지'를 살펴봄으로써 범인의 동기나 감정 상태 등과 연결된 시그니처를

---

47) 존 O. 사비노, 브렌트 E. 터비 〈성범죄 수사 핸드북〉(2015, 교육과학사), 653쪽

찾을 수 있다.

이춘재는 왜 밧줄이나 탄탄한 끈을 준비하지 않고 범행 도구로 피해자의 스타킹을 사용했을까. 단순히 살해가 목적이 아니었다는 말이다. 범죄심리 전문가들은 그런 스타킹에서 범행 도구 말고도 다른 가능성을 봤다. "어떻게 보면 굉장히 비효율적인 도구다. 밧줄을 쓰면 금방 할 수 있는 일을…. 신축성 있는 스타킹은 사실 (범행) 도구로는 그렇게 좋은 도구가 아니다."[48]

이씨는 살인 14건 모두에서 피해자의 목을 졸라 살해했다. 심지어 청주 처제 살인 사건에서마저 머리를 내려치던 둔기를 중간에 멈추고 끝내 손으로 피해자의 목을 졸라 목숨을 빼앗았다. 이러한 목조름 살해에 대한 편벽을 두고 전문가들은 대체로 이씨를 성범죄자 중 피해자를 통제하는 데서 자존감을 느끼는 타입이라고 규정한다. "외국의 연쇄살인범들도 액살이나 교살을 하는 게, 피해자가 바로 죽지 않고, 피해자가 죽는 시간을 자기가 조절할 수 있고, 피해자의 삶을 통제하는 권한을 자기가 갖고 조절하는 거거든요. 내가 신이 되는 듯한 느낌, 신이 되는 거죠."[49]

즉 목조름 살해 중독은 익히 알려진 대로 연쇄살인범의 특성인 '지배, 조종, 통제'에 대한 집착과 맥이 닿아 있다. 존 더글러스는 성범죄의 특성을 다음 세 단어로 요약했다. "조종manipulation, 지배domination, 통제control. 이것이 모든 성범죄자의 핵심 용어다, 그들이 스토커이든

---

48) SBS '그것이 알고 싶다' 1184회, 이수정 교수 인터뷰
49) SBS '그것이 알고 싶다' 1185회, 박지선 교수 인터뷰

강간범이든 살인자이든 간에."[50] 그러면서 이는 연쇄살인범에게도 해당한다고 적었다. "지배, 조종, 통제. 이것은 연쇄살인범의 특징을 단적으로 설명해주는 세 가지 핵심 용어다. 그들은 희생자를 마음대로 지배, 조종, 통제할 수 있을 때에만 자신의 삶이 보람 있다고 생각한다. 그래서 그들의 모든 생각과 행동은 그것을 성취하기 위한 쪽으로 주파수가 맞춰져 있다."[51] 이제 성범죄자의 피해자 지배 욕구는 익숙한 공식이다.

그런데 칼이나 망치 등을 사용했다가 피해자가 죽음에 이르는 시간이 비교적 짧고 금방 끝나버린다면 살인범으로선 그런 감정을 기대하기 어렵게 된다. 살해 도구로 매듭지은 스타킹을 쓰는 이유가 여기에 있다. 죽음에 이르는 시간을 지연시키고 궁극적으로 피해자의 생사를 자신의 손 안에 두기 위해서다. "일단 매듭을 사용했다는 것은 많은 시간 피해자가 (범인 자신과 함께) 살아 있어야 한다라는 의미와 밀접한 관련이 있다."[52] 단순히 통제하는 데서 더 나아가 '피해자가 죽는 시간을 자기가 조절해' 피해자를 장시간 통제하기 위해서다. 살인범은 피해자가 고문에 가까운 고통에 몸부림치며 죽어가는 모습을 최대한 오래 지켜보기 위해 그런 짓을 선택한 것이다. 물론 여기엔 가학성 성도착이 엿보인다. 범인이 매듭과 매듭 사이, 마디와 마디 사이에서 한계를 시험하는 동안 피해자는 생사의 갈림길에서 발버둥을 쳤다.

50) John Douglas and Mark Olshaker, *Obsession*. Pocket Books, 1998. 2장

51) 존 더글러스 〈마인드헌터〉, 169쪽

52) SBS '그것이 알고 싶다' 1184회, 권일용 교수 인터뷰

비슷한 예가 2006~2008년 경기 서남부 지역에서 7명의 여성을 살해한 연쇄살인범 강호순이다. 그도 6명의 피해자를 스타킹을 사용해 목을 졸라 살해했다. 붙잡힌 뒤 그가 살던 빌라의 옥상에선 포장을 뜯지 않은 스타킹 70여 개가 발견됐었다. 강호순은 전부, 이춘재는 대부분의 범행에서 교살을 선택했다. 대부분의 범행이 성폭행 후 살인으로 이어졌다는 점에서, 스타킹을 주요 살해 도구로 사용했다는 점에서 둘은 닮았다. 이춘재는 스타킹을 사전에 준비하지 않았으므로 피해자의 옷차림과 소지품에 따라 스타킹이 되기도 했다가 블라우스 조각이나 목도리로 대체되기도 했다.

강호순 또한 스타킹을 살해 도구로 사용할 때 생기는 시간 지연에 대해 알고 있었다. 강호순을 면담했던 범죄심리학자는 그 소름끼치는 순간을 이렇게 적었다. "강간 후 피해자를 살해할 때는 잠시 피해자와 대화를 나누며 한눈을 팔게 한 후, 피해자가 착용했거나 자신이 사전에 준비한 스타킹으로 목을 졸랐는데 스타킹이 신축성이 있어서 피해자가 숨을 거두기까지 시간이 걸렸다. 그사이 그(강호순)는 차에서 내려 담배 한 개비를 태워 물곤 했다. 피해 여성이 마지막 순간에 겪었을 고통과 공포를 담배 한 개비로 외면할 정도로 그는 잔인한 살인마였다."[53] 피해자가 죽어가는 과정을 보고 싶었던 것이다. 강호순은 죽이는 것 자체보다는 죽어가는 과정을 지켜보기 위해 스타킹을 선택했다.

매듭지은 스타킹을 사용하는 이유가 살해 순간의 지배적 위치 확

---

53) 이수정, 김경옥 《사이코패스는 일상의 그늘에 숨어 지낸다》(2016, 중앙m&b), 47쪽

보에 있다는 점에서 그 시그니처로서의 면모는 이춘재의 범행 전체에 걸쳐 가장 오랜 시간이 걸린 사건, 즉 청주 처제 성폭행 살인 사건에서 극적으로 드러난다. 이전 사건들과 달리 야외가 아니라 자신의 집 실내에서 범행하면서 이씨는 충분한 시간을 확보할 수 있었다. 과연 우리가 알고 있는 것 그 이상의 무슨 일이 벌어졌을까.

당시 이씨의 신문조서엔 의미심장한 대목이 있다. 진술한 순서대로 정리하면 이렇다. 처제가 숨진 것을 확인한 이씨는 얼굴을 검은 비닐로 싸고 피해자의 스타킹으로 목을 감았다. "처제의 스타킹을 벗겨 내어 한 개로 목 부분을 두세 번가량 돌려 감아 두 손으로 매듭을 져 묶고…"[54] 그리고 나서 식탁에서 물을 마시며 유기할 장소를 궁리했다. 곧이어 처제의 스타킹과 허리띠, 핸드백 끈, 속옷 등을 모두 이용해 시신을 결박했다. 마지막으로 처제의 가방에 들어 있던 또 다른 청바지를 꺼내 얼굴에 씌웠다. 그 뒤 아들이 사용하던 유모차에 처제의 시신을 옮겨 싣고 집에서 800여 미터 떨어진 철물점 천막 안에 유기했다.

여기서 이씨가 스타킹으로 피해자의 목을 감는 지점을 보자. 숨진 것을 확인한 후에 피해자의 목에 스타킹을 감았다. 말 그대로 살해한 후라 이씨는 군이 다시 피해자의 목에 스타킹을 감을 필요가 없었다. 불필요한 행동이다. 그렇다고 결박을 위한 행위도 아니었다. 순서에 따르면 그것은 이씨가 시신을 결박해 유기하기로 결심하기 전에 벌어진 일이다. "몸을 조그맣게 만들기 위해 여러 군데를 묶었는데"라는 진술처럼 나중에 유기를 위해 몸을 묶은 스타킹과 그전에 목을 둘러

---

54) SBS '그것이 알고 싶다' 1185회, 이춘재 신문조서 내용

감은 한 개 스타킹은 별개의 행동이다. 박지선 숙명여대 교수의 다음 분석은 지극히 날카롭다.

"지금 목에 감은 스타킹 부분은 (이씨가) 시신 유기를 고려하기 전이에요. 그 스타킹으로 목을 두세 번 감아서 매듭을 지었다는 진술이 굉장히 자연스럽게 나오거든요. 그 어떤 범행 과정에서 피해자의 제압을 용이하게 하기 위한 과정도 아니고, 본인의 어떤 내적 동기에 의해 상당히 습관화된 결박, 매듭 이런 형태가 나타난다는 것은 이 사람의 시그니처로 충분히 볼 수 있어요."[55]

범인의 내적 동기에 의해 드러나는 습관화된 결박이나 매듭, 그것은 아무리 해도 감출 길 없는, 내적인 욕구가 범행에 자연스레 묻어난 서명 행위였다.

---

[55] SBS '그것이 알고 싶다' 1185회, 박지선 교수 인터뷰

가학성 성도착

이씨가 자백한 범행 44건은 모두 성범죄였다. 살인으로 이어졌든 이어지지 않았든, 그가 자백한 범행 모두는 여성을 성폭행하거나 성폭행 미수에 그쳤던 사건이다. 그가 연루된 성범죄들을 꿰뚫는 키워드는 그중에서도 '성도착'이다. 성도착paraphilia은 성적 일탈을 가리키는 정신의학 용어로, 성적 가학증, 관음증, 성적 피학증, 복장도착증, 페티시즘, 전화외설증, 노출증, 소아기호증, 시체기호증 등이 여기에 해당된다.[56) 성도착 환상을 가진 범죄자들이 자신의 환상을 실현하는 방식은 다양하나 이씨는 그중 피해자에게 끔찍한 고통을 가하는 방식, 즉 성적 가학증과 성적 결박(본디지) 두 가지를 보였다.

부산 지역의 한 언론은 2016년부터 2년간 이씨와 함께 부산교도소에서 수감 생활을 했다는 지인의 인터뷰를 실으면서 이춘재가 여성 사진과 잡지를 광적으로 모았다는 증언을 소개했다. "이씨가 여성 사

56) 로이 헤이즐우드 〈프로파일러 노트〉, 66쪽

진과 잡지 등을 수집하는 데 집착을 보였다. 이씨가 사물함에 여성 사진을 보관해둔 것은 수감자들 사이에서 공공연한 비밀이었다."[57] 평소 잘 베풀고 온화하다가도 남들이 사진에 손을 대면 무척 화를 냈다고 한다. 사진은 주로 여성의 하체나 음부를 가까이서 찍은 것이었다.[58] 이런 보도들이 나간 뒤 이수정 교수는 한 라디오 인터뷰에서 이씨가 성도착자일 가능성을 언급했다. "음란물 사진이 교도소 안에선 다 금지돼 있다. 굉장한 위험 부담을(모범수의 지위를 잃을 정도의) 안고서도 그걸 보존을 했다는 얘기는 그만큼 성도착에 해당하는 가학적인 성적 욕망이 강렬하다, 이렇게 볼 수밖에 없다."[59] 이씨는 교도소 안에서도 여전히 성적으로 왜곡된 생각을 버리지 못했던 것이다.

전문가들은 이씨의 성도착증이 범행을 거치며 점차 심화됐을 것이라고 봤다. 이씨가 처음부터 살인을 저지른 게 아니라 강간 등 성범죄를 거듭하는 중에 살인을 저질렀고, 이후 살인이 주는 '자극'에 집착하기 시작했다는 분석이다. 이수정 교수는 이런 진단을 내놓았다. "이씨의 성도착증도 처음에는 관음증 수준이었을 것이다. (도착증이) 진화되고 학습되니까 성폭행도 하게 됐을 것이다. 여기에 붙잡히지 않으니까 계속 범행을 저지르고 중독되는 수준에 빠졌을 것이다." 재수사를 맡은 수사본부도 성도착증이 범행 동기일 수 있다고 보고 이씨의 성도착증 형성 과정에 주목했다. 그러다 접견 조사를 하던 중 이씨로

---

57) 부산일보 2019.9.19. '이춘재 친화력 강해 리더로 불렸지만 여성 사진 수집하는 데 집착'

58) SBS '그것이 알고 싶다' 1185회, 이춘재의 교도소 지인 인터뷰

59) CBS 라디오 '김현정의 뉴스쇼' 2019.9.20., 이수정 교수 인터뷰

부터 "초등학생 때 처음으로 성관계를 가졌다"는 진술을 확보했다. 과연 그의 성도착증은 어린 시절의 성 경험에서 영향을 받았을까? 반드시 관련이 있다고 볼 수는 없지만 성장기 시절의 성 경험이 이후 그가 동기화되는 과정에서 일정한 자극 요인이 될 수 있다.

그런 점에서 연쇄살인이 10차 사건으로 중단된 건 그의 결혼과 관련이 깊어 보인다. 이씨는 청주의 한 건설회사 포클레인 기사로 일하다 그 회사 경리로 있던 여자와 결혼해 청주에서 자리를 잡았다. 그러다 건설회사가 부도나면서 이씨가 실직했고 부인이 돈을 벌기 위해 며칠씩 집을 비우면서 부부 관계가 틀어졌다. 여기에 가정 폭력 같은 문제가 생기면서 1993년에 부인이 집을 나갔다. 부인은 자신의 동생이 살해된 일로 경찰 조사를 받을 당시 내내 울면서 남편의 성도착 증세에 대해 진술했다. "강제로 성행위를 시킨다든지, 구타당해서 하혈까지 할 정도였다." 이를 보면 이씨는 그동안 키워왔던 성적 환상을 자기 부인과의 성관계에도 계속 대입해왔을 가능성이 크다.[60] 그런 이씨의 폭력을 여과 없이 받아내야 했을 부인의 고통은 어땠을지 상상이 되지 않는다. 이씨의 아내 역시 이 기간 숨겨진 피해자 중 하나다.

연쇄살인 전체에 걸쳐 성폭행이 살인까지 이어졌으며, 살인 형태는 모두 피해자의 목을 졸라 숨지게 하는 액살과 교살이었다. 이러한 가학적 측면은 정남규의 범죄에서도 나타났다. 정남규는 2006년 프로파일러(범죄행동분석관)와의 면담 과정에서 "목을 졸라 살해할 때 피해자가 정말 애잔한 눈빛으로 나를 보는 것이 나는 정말 좋았다"고

---

60) SBS '그것이 알고 싶다' 1185회, 오윤성 교수 인터뷰

진술했다.[61] 정남규는 범행 초기에 밤늦게 귀가하는 여성들을 노렸는데, 단 한 차례도 뒤에서 공격한 적이 없었다. 어두운 골목길이 아니라 가로등 불빛 아래서, 피해자를 전부 돌려 세워놓고 얼굴을 보면서 칼로 찔렀다. 그런 범행 패턴은 일반적이지 않았다. 왜 그랬느냐는 프로파일러의 질문에 정남규는 "나는 피해자들이 너무 고통스러워하는 표정을 보는 것이 즐거웠다"며 범행 동기를 밝혔다.[62]

이춘재도 살인 자체가 목적이 아니라 실제로는 피해자를 괴롭히면서 비정상적인 쾌락을 얻어내기 위해 살인을 저질렀다. 여러 사건에서 피해자들이 살해되기 직전에 난행이나 오욕 행위 같은 육체적 고문을 당한 흔적이 이를 증명한다. 그렇다면 피해자들에게 고문을 가하면서 피해자들의 고통스러운 비명 소리를 듣고 즐거움을 느끼는 가학 행위가 이씨의 진짜 시그니처였다고 할 수 있다. "범인이 피해자를 조종하고, 고통을 가하고, 피해자에게서 살려달라는 애원을 받아내는 재미로 범행을 저지른다면 그것은 시그니처가 된다. 즉 살인범의 성격을 드러내는 특징이 된다."[63]

이를 보더라도 성적 가학증은 좀 더 정확히 규명될 필요가 있다. 우리는 강간범이 성적 욕망을 분출하기 위해 범행을 한다고 생각하기 쉽지만, 모든 성범죄자가 같은 이유로 범행을 저지르는 것은 아니고 성폭행으로부터 얻고자 하는 것도 서로 다르다.[64] 특히 가학적 성범죄자의 범행 동기는 성적인 것에 있지 않고 힘의 행사에 있다. 피해자를

---

61) SBS '그것이 알고 싶다' 1185회, 권일용 교수 인터뷰

62) TBS '색다른 시선, 김지윤입니다' 2019.7.24., 권일용 교수 인터뷰

63) 존 더글러스 〈마인드헌터〉, 380쪽

64) 존 사비노, 브렌트 터비 〈성범죄 수사 핸드북〉, 631쪽

지배하고 제어하며 힘을 행사하는 데서 만족감을 얻는다. 성폭력을 공격 수단, 즉 자신의 힘을 과시하거나 분노를 표하는 수단으로 쓴다는 말이다. 좀 더 정확히 말하면 그들의 욕구는 힘을 행사해 피해자의 고통을 보기 위한 것이다. "전혀 모르는 낯선 사람이 내가 원하는 대로 움직이는 황홀함the rush of having a total stranger do what you want."[65] 존 더글러스의 동료이자 FBI에서 성범죄 분야의 최고 전문가로 일해온 로이 헤이즐우드의 자세한 분석을 보자.

"원래 성적 가학증은 제대로 이해되지 못하고 있다. 사람들은 잔인함을 성적 가학증이라고 착각하는 경우가 많다. 성적 가학증자는 고통을 '가함으로써' 흥분한다는 생각은 잘못된 것이다. 성적 가학증자를 흥분시키는 것은 피해자의 '괴로움'이다. 성적 가학증자sexual sadist가 육체적 혹은 정신적 고통을 이용해서 괴로움을 유발하는 것은 사실이지만, 이들에게 가장 중요한 것은 괴로움 그 자체다."[66]

이춘재는 범행 후 피해자에게 다시 옷을 입혔다. 범행 후 피해자의 옷을 전부 다시 입히거나 일부만 다시 입히는 행위를 어떻게 바라봐야 할까. 2차 사건에서만 사체에 다시 옷을 입히지 않았고, 그 외 사건에선 옷을 원래 상태로 입게 했거나 살해한 후 도로 사체에 상의나 하의 중 일부를 입혀놓았다. 이씨는 훗날까지 피해자의 사체에 남긴 옷의 범위를 낱낱이 기억했다. 사건 당시 범인의 이런 버릇과 습관을 눈여겨본 이는 없었지만, 이씨의 자백이 나온 이후 8차 사건의 진범을

---

65) 로이 헤이즐우드 〈프로파일러 노트〉, 54쪽

66) 로이 헤이즐우드 〈프로파일러 노트〉, 43쪽

두고 벌어지는 논란에서 중요한 단서로 작용했다. 2019년 11월 수사본부가 진범을 가르는 기준 중 하나로 받아들인 것은 바로 이씨가 살해한 후 벗긴 속옷 하의를 다시 입혀놓는 장면이었다.

잔혹한 범행을 저지른 차가운 성격의 소유자가 왜 현장에 이런 모습을 남겼을까. 면식범이나 지인이 저지르는 범죄 중에 간혹 사후에 죄의식이 들어 피해자의 얼굴을 가리거나 흙으로 덮는 경우가 있는데 이와는 해당되지 않는다. 물론 이씨도 6차 사건과 '수원 화서역 여고생 살인 사건', 9차 사건에서 범행 후 떠나면서 사체 위에 피해자의 옷을 덮어둔 적이 있다. 그것은 범인이 시신 위에 시트나 담요를 덮어두고 떠난 모습을 두고 존 더글러스가 한 분석처럼, 시신을 감추려는 행동이 아니라 피해자에게 최소한의 인간적 대우를 해주려는 작은 노력일 수 있다.[67] 하지만 그것은 피해자를 지독히 모욕하고 경멸하는 난행을 저지른 뒤의 가식적인 행동이었다.

SBS '그것이 알고 싶다'에서 화성 연쇄사건 분석을 의뢰한 한 프로파일러는 범인이 범죄 현장에서 피해자를 묶거나 옷을 다시 입히는 행위를 두고 '인형을 갖고 노는 것과 거의 같다'고 했다.[68] 즉 이 또한 피해자의 인격을 인식하지 못하는 모습, 지배와 조종, 통제에 사로잡힌 모습이라는 것이다. 범인 자신을 위한 연출 행위였다는 말이다.

또 가학성 성범죄자들은 늘 사전에 범죄를 세세한 부분까지 계획하는 경향이 있다. 모든 이상 범죄자 중에서 의식적 가학성 성범죄자

---

67) John Douglas and Mark Olshaker, *The Anatomy of Motive*. Pocket Books, 2000. 26쪽

68) SBS '그것이 알고 싶다' 800회, 데브라 서먼 커플린 박사 인터뷰

들이 가장 수완이 좋고 파괴적이고 수사망을 잘 빠져나가는 것은 그 때문이다. "가학성 성도착증자는 뜻밖의 일이나 모든 종류의 즉흥성을 싫어한다. 가능하다면 그는 자기가 저지를 범죄의 전 단계를 반복적으로 미리 연습해보고 실패 가능성을 줄이기 위한 다양한 방법을 취한다."[69] FBI 행동과학부에선 로버트 레슬러와 존 더글러스가 활동할 때부터 범죄자들을 환상을 행동으로 옮길 때 사용하는 방식에 따라 '조직적organized/비조직적'이라는 두 유형으로 구분했는데, 여기에 헤이즐우드는 '의식적ritualistic/충동적impulsive'이라는 좀 더 알기 쉬운 분류를 추가했다. 말하자면 조직적, 의식적 범죄자는 '생각하는' 범죄자다. 이춘재는 잠재적인 위험을 고려하지 않고 충동적으로 뛰어드는 타입이 아니라, 자신의 신원을 감출 수 있는 곳에서 미리 선택한 대상을 노리며 주의를 기울인 경우였다. 우리는 그러한 예를 3차와 4차 사건에서 무섭도록 목도했다. 그렇다면 이춘재가 범행을 계획하면서 모두 피해자가 소지한 물품을 이용해 범행을 저질렀다는 점은 어떻게 설명될까. 그것은 자신감의 표현이었다. "피해자의 물품을 사용했다는 것은 굉장한 자신감과 오만함이 드러난다. 내가 어떻게든 피해자를 제압하고 살해할 수 있다는 자신감과 오만함이 담겨 있다."[70] 범행 수법을 통해 범인의 범죄 기술과 자신감 등을 짐작할 수 있다는 것. 달리 보면 이는 이춘재가 자신의 정체가 탄로 날 수 있는 물건은 처음부터 피했던 용의주도한 '조직적' 범죄자라는 말이기도 하다.

그럼에도 이춘재는 8차 사건을 저지른 경위를 말하면서 '우발적으

---

69) 로이 헤이즐우드 〈프로파일러 노트〉, 117쪽

70) SBS '그것이 알고 싶다' 1184회, 이수정 교수 인터뷰

로 한 행동'이라고 주장했다. "동네 구멍가게에서 술을 마시고 집으로 가다가 대문이 열려 있는 집이 보였다. 방문 창호지에 난 구멍으로 안을 들여다봤는데 남자가 있었으면 그냥 가려고 했지만, 여자가 자고 있어서 들어갔다." 우리는 이씨의 진술을 그대로 믿기 어렵다. 행동 방식이나 사건 요소가 우발적이었는지를 판단하려면 사전 계획을 암시하는 행동 방식이나 요소가 있었는지를 따져야 한다.

앞서 말했듯이 당시 모두 20여 가구가 살던 마을에서 이춘재는 희생자의 집에서 한두 집 건너 살았는데 여기엔 숨은 의미가 있다. 이씨는 범행 실행 전 스토킹 단계에서 평소 피해자의 집을 유심히 지켜봤을 가능성이 크다. 일정한 거리를 두고 지켜보고 관찰하면서 범행 대상을 노릴 때를 기획했을 것이다. 만약 이춘재의 전체 범행에 걸쳐 치밀하고 계획적인 면모(얼마나 범죄를 사전에 철저히 계획했는지)에 대해 추가로 조사하면 뜻밖의 지점에서 연쇄사건의 다른 국면이 조명될 수 있으리라 본다.

또 이춘재의 8차 사건에 대한 진술 중 남의 집에 들어가 방 안을 들여다봤다는 부분에 주목할 필요가 있다. 이러한 남의 집 훔쳐보기는 1989년 9월 '수원 강도예비 사건'에서도 모습이 보인다. 이춘재는 그때도 수원 한 주택에 칼을 들고 침입해 그곳 '방문 앞에서 방 안의 동정을 살피다가' 발각됐다. 사실 남의 집 훔쳐보기나 남의 집 기웃거리기는 강간 범행으로 이어지기 전 나오는 전조 행위다. 훔쳐보기에서 집 안 침입으로, 또는 성폭행으로 넘어가는 이러한 과정은 이춘재의 범행 초기나 연쇄 살인 이전에 일어났을 법하다. 이 점에서도 추가 수사가 필요하다.

그런데 이미 경찰의 수사망을 비웃듯 수차례 살인 행각을 반복한 1988년과 1989년에 이르러서도 남의 집 훔쳐보기가 남아 있는 것을 보면, 그것은 가택 침입 범죄시 준비하는 범행 매뉴얼 중 하나였던 셈이다. 즉 8차 사건에서 범인이 창호지 문을 따고 방 안으로 침입하는 모습은 이전 유사한 유형의 범죄를 반복하면서 강화되고 능숙해진 요인이다. 또 다른 유사 범행이 있었는지는 확인되지 않았지만, 8차 사건에 대해 '우발적인 행동'이라고 한 이춘재의 자백은 그래서 터무니없다.

1989년 7월 발생한 화성 초등학생 실종 사건과 관련해서도 이춘재는 우연히 초등학생과 마주쳤다가 살해했다고 주장했다. "그냥 살기 싫다는 생각이 들어서 자살하려고 야산에 올라갔는데 여학생을 만나 몇 마디 대화를 하다 성폭행 후 살해했다. 목을 매려고 들고 간 줄넘기로 여학생의 양 손목을 묶고 범행했다"고 진술했다는 것이다. 그런데 앞서 분석했지만 그 야산은 병점5리 마을 어귀의 분지형 야산으로 1990년 11월 9차 사건이 발생한 현장이기도 하다. 능리에 살던 같은 마을 이웃이었던 두 피해자는 그 야산 오솔길로 통학을 하다가 하굣길에 이춘재와 부딪쳤다. 이춘재는 그 야산에 빈번히 나타났을 가능성이 있다. 이를테면 9차 사건의 피해자는 사건 열흘 전 하굣길에 사건 현장 인근을 지나는 중 갑자기 언덕에서 나타난 '블루진 상의를 입은 20대 남자'에게 납치될 뻔한 적이 있었다.[71] 사건 전날에도 그 20대 남자가 나타나 집으로 돌아가는 피해자를 계속 뒤따라왔다. 물론 그 남자의 정체는 아직까지 밝혀지지 않았다. 정리하자면, 8차

---

71) 한국일보 1990.11.18. '김양 피살 전 두 차례 납치 기도, 20대 남자 탐문 수사'

와 9차 사건의 두 피해자 모두 같은 중학교를 다녔고 이춘재 역시 이 학교 졸업생이라는 점에서, 또 초등학생 피해자와 9차 사건 피해자가 통학길을 공유했다는 점에서 이춘재와 일정한 연관이 생긴다.

이처럼 이춘재는 처음부터 살인 의도를 갖고 범행을 계획한 사실을 계속 부인하고 있다. 청주 처제 살인 사건과 연결해 생각해보면 그것이 그가 지금까지 사형 집행을 면하고 징역을 살 수 있었던 이유이기도 하다.

강간 및 미수 사건

"이춘재는 수줍음을 많이 타고 여자 같은 성격이었다. 친구들과 싸운 적도 없었다. 내성적이고 순한 타입이었다. 지인이 운영하는 동네 다방에 일주일에 사오일씩 가서 다방 아가씨들과 살다시피 했다. 고스톱을 치고. 친구들과 만나 술 한잔하며 노는 것보다 다방 여성들과 더 자주 어울렸다. 직장 다니다가 퇴근하고 와서 노는 거죠."[72]

수사본부는 2019년 12월 추가 입건하면서 이춘재가 자백한 34건의 강간 및 미수 중 9건(미수 포함)을 그의 범행으로 특정했다. 나머지 사건도 계속 수사 중이다. 다들 알다시피 이씨의 살인은 모두 '강간살인'이었으므로 사건 당시에도 언론들은 '연쇄살인'이 아니라 '연쇄강간살인' 사건으로 적었었다. 우리로선 이씨가 자백한 살인 외 범행 '강간 15, 미수 19' 중 '미수 19'가 어디까지 강간미수이고 살인미수인지는 아직 알 길이 없다. 화성 1차 사건 이후에 벌어진 미수 사건이라

---

72) JTBC '이규연의 스포트라이트' 214회(2019.9.26.), 이춘재 지인 인터뷰

면 살인미수라는 말이 적합하겠지만 그것도 특정 사건에 대한 구체적 수사 내용이 없이는 두리뭉실하다. 그런 의미에서 앞에서 다룬 2차와 3차 사건 사이의 미수 사건은 살인미수로 간주돼야 한다. 강간 및 미수 사건에 대한 경찰 수사가 속도가 나지 않은 것은 진술의 구체성이 떨어지기 때문이다. 살인에 비해 횟수가 많고 오래된 사건들이라 이씨는 제대로 설명을 못 하고 있다. 물론 이씨가 자신의 범행에 대한 기록을 남긴 것도 아니다. 게다가 강간 등은 당시 친고죄여서 피해자의 고소·고발이 없었다면 아예 수사 자체가 이뤄지지 않았을 가능성이 높다.

1986년 2월부터 그해 8월까지 화성 태안읍에서 일어난 7건의 연쇄강간을 이춘재의 범행으로 단정하기엔 아직 이르다. 그럼에도 한국의 매스미디어 대부분이 이를 이씨의 소행으로 꼽았다. 제대 후 1차 사건 직전까지의 7개월 동안과 맞물린다는 것이다. 또 10대~40대 여성 7명이 모두 손과 발이 결박되고 입에 재갈이 물리고, 피해자의 소지품이 이용되는 등 범행 수법이 화성 연쇄살인과 유사하다.

SBS '그것이 알고 싶다'에서 2011년 화성 연쇄살인 사건에 대해 취재를 하는 중에 연쇄살인 이전에 인근 지역에서 발생한 강간 사건에 대한 경찰 자료를 입수했다. 오윤성 교수는 같은 해 그 자료에 기초해 연쇄살인 사건과의 연관성을 검토하는 논문을 작성했다. 오교수는 결말에서 "연쇄살인 사건은 1986년 9월 1일부터 발생한 것이 아니라 이미 7개월 전인 1986년 2월부터 여러 가지 징후를 드러내고 있었

다"고 조심스레 적었다.[73]

첫 번째 강간 사건의 피해자는 1986년 2월 8일 밤 태안읍 진안리를 지나가던 20세 회사원이었다. 사건 현장이 진안리 쪽에서 내려오는 원바리 고개의 묘지 근처라면 그곳은 이춘재의 거처와 멀지 않다. 따지고 보면 화성 9차 사건 현장인 병점5리의 야산과도 그리 멀지 않은 곳이다. 첫 번째 강간 사건이 이씨의 범행이 틀림없다면 9차 사건과 '화성 초등학생 실종 사건'의 현장인 원바리 고개와 병점5리 야산 일대는 애초부터 이씨의 심리적 안전지대(comfort zone)이자 출발점이었다고 할 수 있다. '그것이 알고 싶다'에서 화성 연쇄사건의 심리적 분석을 의뢰한 미국 범죄심리학자 팻 브라운 박사는 이렇게 말했다. "저에게 범인이 어디 사는지 지목하라고 한다면 처음 강간당한 여자가 사는 곳 근처라고 말하겠어요. 왜냐하면 첫 번째 범죄는 (범인의) 집 근처에서 이뤄지죠. 생각할 여유가 없어요. 그냥 여자를 덮치는 거죠." 이씨의 범행이 맞다면 박사의 추정은 틀리지 않았다.

범인은 검정 장갑을 끼고 있었고, 피해자의 상의 폴라티로 재갈을 물리고 하의 조각으로 손발을 결박했다. 그리고 범행하는 중간에 "네 서방 뭐 해?" "네 새끼가 몇 살이야?" 같은 질문을 하고 쌍욕을 퍼부었다. 피해자들은 범인의 인상착의에 대해 23~25세, 165센티미터가량의 호리호리한 체격의 청년이라고 진술했다. 현금 갈취는 일곱 번째 사건까지 계속됐다.

두 번째 사건의 피해자는 3월 20일 저녁 황계리 논둑을 지나가던

73) 오윤성 '연쇄살인 사건에 있어서 범인상 추정에 관한 연구', 114쪽

22세 회사원이었다. 뒤에서 나타난 범인은 칼로 피해자를 위협해 150미터가량 논 아래로 끌고 갔고, 스타킹으로 피해자의 양손을 뒤로 묶고 범행했다. 범행 과정에서 칼로 피해자의 몸 20여 군데를 찔렀다.

세 번째 사건의 피해자는 4월 3일 밤 황계리 입구에서 버스를 내려 농로 길을 걷고 있던 27세 여성이었다. 칼로 피해자를 서너 차례 찌르면서 끌고 갔고, 기저귀 천으로 양손을 뒤로 묶고 범행했다. 손에 장갑을 끼고 있었다.

네 번째 사건은 4월 25일 39세 식당 직원이 병점5리 진입로에서 개천둑과 병점 느티미 다리를 지나가던 중 발생했다. 범인은 칼로 피해자의 옆구리를 7~8회 찔러 길 옆 논에 쓰러뜨린 뒤 팬티스타킹으로 손을 뒤로 묶고 발까지 묶었다. 양말로 재갈을 물리고 머리에 속옷을 뒤집어씌운 다음 피해자를 어깨에 메고 300미터 정도 옮긴 후 범행했다.

다섯 번째 사건은 5월 8일 43세 가정주부가 진안리 입구 쌍무덤 묘소 앞을 지나가던 중 일어났다. 이곳은 화성 6차 사건이 일어난 장소와 가깝다. 범인은 피해자의 옆구리 등 19개 곳을 찌른 뒤 치마 안단을 찢어 양손을 뒤로 묶고 나서 범행했다. 범행 중간에 "네 서방 뭐해, 이년아?" "애가 몇이야?" 같은 예의 질문과 욕설을 했다.

여섯 번째 사건은 5월 14일 48세 여성이 병점리 산업도로둑 비상 활주로를 따라 걷던 중 발생했다. 범인은 치마 내피를 찢어 피해자의 양손을 뒤로 묶고 범행했으며, 검은색 가죽장갑을 끼고 있었다.

7월 중순엔 황계리 경부선 철로 부근을 지나던 19세 여성이 같은 수법의 범인에게 당했다. 이곳은 화성 5차 사건이 벌어진 곳과 가깝다. 범인은 파란색 천으로 입을 막고 스타킹으로 양손을 뒤로 묶은 뒤 범행했다. 일곱 번째 사건의 피해자는 범인의 손이 부드러웠으며 챙이 긴 모자를 쓰고 있었다고 진술했다. 이춘재는 여름철을 피해 범행을 저질렀는데 이 강간 사건은 여름에 발생했다는 점이 눈길을 끈다.

범행 중간에 흉기로 찌르고 쌍욕을 하며 피해자에게 모욕감을 주는 데서 드러나듯 범인은 피해자가 고통스러워하고 복종하는 모습에서 희열을 느끼는 성적 가학성을 보였다. 또 범인이 범행 중에 피해자에게 신상과 관련한 질문("네 서방 뭐 해?" 등)을 자주 한 것이 눈에 띈다. 이를 두고 전문가들 사이에서 몇 가지 해석이 나왔다. 오윤성 교수는 해당 논문에서 이러한 신상 질문을 인간적 '지배 관계'를 공고히 하려는 시도로 봤다.

범인은 왜 피해자 남편의 직업, 피해자의 나이, 피해자 자녀의 연령 같은 신상 부분을 알고 싶었을까. 권일용 교수는 '시기의 감정'에서 비롯한 것이라 봤다. "이런 것들에 대한 끝없는 궁금증은 이런 범죄가 왜 벌어졌는지를 알려주는 단서가 된다. 그러니까 성적인 만족감을 추구하기 위해서만 성범죄를 저지르는 게 아니고, 어떤 삶의 파괴와 상처, 회복될 수 없는 가족 간의 고통, 이런 것을 전달하려는 의도를 갖고 있었다. 그게 뭐냐 하면 시기의 감정이다."[74] 자신이 갖지 못하는 것들을 소유한 타인의 것을 파괴함으로써 고통을 주려는 감정. 남의 가족관계를 파괴하고 가정을 붕괴하려는 의도에서 범행을 저질렀다는 분석이다. 그것은 실상 존 더글러스가 말한 '보복의 감정'과도 일맥

---

74) SBS '그것이 알고 싶다' 1184회

상통한다.

"대부분의 성 관련 흉악범들은 환상에서 현실로 옮겨가기까지 몇 단계의 증폭escalation을 거치게 된다. 포르노그래피, 병적인 동물 학대, 여자에게 하는 잔인한 행동 등이 그것이다. 여자에게 잔인한 행동을 하는 것은, 그들로서는 부당한 대우를 받은 것에 대한 일종의 '보복'이다."[75]

아직 연쇄강간 사건에 대한 수사본부의 수사 결과가 나오지 않아 섣부르지만, 이러한 단계와 과정을 보면 이춘재가 평소 지나치게 말수가 적고 내성적인 성격 탓에 주변 친구들 사이에서 따돌림을 받으면서 앙심을 품은 것이 성범죄로 이어졌다고 추정하게 된다. 물론 이 씨가 연쇄강간 사건의 범인으로 지목되는 가장 큰 이유는 범행 지역 대부분이 멀리 떨어져 있지 않으면서 화성 연쇄사건의 사건 현장과 겹치기 때문이다. 1986년 9월 이씨의 첫 번째 살인 행각이 시작되자 같은 해 7월까지 같은 지역에서 계속돼온 강간 사건이 소리 없이 종적을 감춘 것도 이런 추정에 힘을 더한다. 결국 이 모든 범행이 한 사람의 짓임을 방증하는 게 아닐까.

범행 순간에 나온 범죄자의 말도 범인의 독특한 흔적이라 시그니처가 된다는 점에서 신상 질문을 시그니처 관점에서 볼 수도 있다. 오윤성 교수는 연쇄강간 첫 번째와 다섯 번째 사건에서 나온 가족 사항 질문 중 '서방'이라는 표현이 반복된 것에 주목했다. 범인은 성장 과정에서 자기 주위의 여성, 즉 어머니나 할머니가 남편을 일컫는 용어로 이 말을 사용하는 것을 자주 접했을 가능성이 높다는 것이다. 이러

---

75) 존 더글러스 〈마인드헌터〉, 171쪽

한 특이한 언동은 범인이 피해자를 칼로 위협하며 하는 말들('꼼짝 마' '움직이면 죽어' '가만 있어' 등)이 칼과 함께 범행을 용이하게 수행하는 데 필요한 범행 수법에 가깝다는 점에서 구별된다. 오교수는 더 나아가 통상 일반인들이 잘 쓰지 않는 표현인 '서방'이 화성 연쇄사건 중 하나인 1986년 11월 미수 사건에서도 나온 것과 연결 지어서 이 시기 연쇄강간 사건과 연쇄살인 사건의 범인은 동일인이라고 추정했다.

청주 처제 성폭행 살인 사건

이춘재가 지금까지 인정한 범행 중 마지막 사건이다. 먼저 1994년 당시 현장 감식 요원으로 참여했던 수사관 이 모 씨로부터 사건의 전말을 들어보자. 수사관 이씨는 2019년 6월 충북의 한 경찰서에서 정년퇴직했다.

25년이라는 시간이 흘렀다. 사건을 기억하는지.

"당시 청주서부경찰서 형사계 감식 담당자로 수사에 참여했다. 아주 또렷하지는 않지만 시신 유기 장소와 방식이 특이했던 것으로 기억한다. 당시 화성 연쇄살인범과 수법이 비슷하다는 말이 돌았다는 얘기는 금시초문이다."

사건 개요는.

"1994년 1월 이춘재(당시 30대 초반)가 청주 흥덕구 복대동 자신의 집으로 처제(20세)를 불러 주스에 수면제를 타 먹인 뒤 성폭행했다. 처제가 깨어나 울자 망치로 머리를 때리고 목을 졸라 살해한 뒤 아들 유모차에 실어 880여 미터 떨어진 철물점 야적장에다 버렸다. 다음날 인가 철물점 주인이 물건을 덮어놓는 파란색 천막 안에서 시신을 발견해 경찰에 신고했다. 이씨는 1심과 2심에서 사형 선고를 받았다가 파기환송심에서 최종 무기징역을 받은 것으로 기억한다."

발견 당시 시신은.

"어린이나 여성들이 잠잘 때 안고 자는 대형 쿠션 안에 시신이 들어 있었다. 검은 비닐로 얼굴을 싸고 그 위에 청바지를 뒤집어 씌워놓았던 것 같다. 피가 안 나도록 하려고 한 것 같았다. 당시 시신에서 질액을 채취해 국립과학수사연구원으로 보냈다."

범행 동기는 밝혀졌나.

"이씨의 경제 능력이 없어 부부간 사이가 안 좋았다고 한다. 사건이 일어나기 한 달 전쯤 부인이 집을 나갔다. 혼자 있던 이씨가 처제에게 빵 굽는 토스터기를 줄 테니 놀러 오라고 꼬드겨서 집으로 부른 것으로 안다."

특별히 기억에 남는 게 있나.

"사건 직후 곧바로 유력 용의자로 이씨를 붙잡았다. 그런데 경찰 조사 때와 달리 나중에 이씨가 범행 일체를 부인하는 바람에 검찰이 공소 유지하는 데 제동이 걸렸다. 그래서 범행을 입증할 단서를 찾으러 다시 현장 탐문을 하다가 인근 주민에게서 사건 당일 이씨 집에서 새벽까지 물소리가 났다는 얘기를 듣고 이씨 집 욕실을 다시 찾았다. 정밀 조사를 하다가 세탁기를 고정하려고 받침대 밑에 고여놓은 장판지 조각에서 희미한 혈흔을 발견했다. 거기서 피해자의 유전자를 검출하는 데 성공해 혐의를 입증할 자료로 썼다. 당시 유전자 검사가 활성화하지 않은 시기였는데, 충북에서 DNA를 결정적 증거로 채택한 첫 사례였다. 그래서 더욱 기억에 남는다."

당시 현장 감식 수사관의 말 중에서 '새벽 물소리'를 기억해두자. 수사 과정에서 이씨의 범행을 입증할 귀중한 단서가 됐다. 또 한 사람, 당시 사건 재판을 담당했던 판사와 연락이 닿았다. 청주 처제 사건에서 항소심 주심 판사를 맡았던 성낙송 전 사법연수원장(법무법인 평안)은 25년이 지났는데도 사건을 또렷이 기억했다. 그는 신문 지상에서 이춘재라는 이름을 보는 순간 선고한 지 한참 지난 그 사건이 불쑥 떠올랐다고 한다. 자신이 드물게 내린 다섯 차례 사형 선고 중 하나여서 그랬기도 하지만 그만큼 죄질이 극악했다. "사형을 내릴 수밖에 없었다"는 말에는 진심이 묻어났다. 다른 선택이 없었다는 말이다. 1994년 9월 대전고등법원에서 처제를 강간하고 살인한 뒤 시체를 유기한 혐의를 인정해 이씨에게 1심에 이어 사형 선고를 내렸을 때를 이렇게 기억했다.

"통상 항소를 기각하면 판결문을 간단히 쓰지만 이 사건은 그렇게 할 수가 없었다. (이춘재는) 범행 방식도 그렇고, 법정에서 임하는 자세에도 반성의 기미가 없어 보여 사형으로 갈 수밖에 없다고 생각했다. 사형에 필요한 명확한 결론을 보여줘야겠다 싶어 밤을 새워가며 아주 자세히 썼다. 또 항소심에서 피고인 변호를 맡았던 변호사가 아주 강하게 무죄를 주장했는데, 이를 반박하기 위해서라도 피고인의 행위 하나하나를 판결문에 구체적으로 언급했다. 그러다 보니 판결문이 20여 페이지에 달했다."

어쩌면 당시 판결문은 이춘재의 치밀한 범행 과정을 살펴볼 수 있는 유일한 재판 기록이 될지도 모른다. 지금 봐서는 이씨가 더는 기소되지 않을 가능성이 높기 때문이다.

이씨는 처제 강간 살인 사건으로 확정판결을 받을 때까지 총 다섯 차례 재판을 받았다. 1심과 2심은 그의 행위를 반인륜 범죄로 규정해 사형을 선고했으나 대법원이 사형은 지나치다며 파기환송하면서 최종적으로 무기징역을 선고받았다. 1994년 5월 청주지방법원, 같은 해 9월 대전고등법원에서 연속으로 사형 선고를 받았다. 당시 그는 경찰 조사에서부터 법정에서까지 일관되게 자신의 범행을 부인했다. "평소 처제들이나 처가와 원만한 관계를 유지했고, 부인에게 앙심을 품고 처제를 죽일 이유가 없다"고 주장했다. "처제가 집에 온 것은 맞지만 30~50분 후에 집에서 나갔다"며 혐의를 극구 부인했다.

그러나 1심과 2심은 이런 항변을 인정하지 않았다. 법원은 "이씨가 평소 아들과 아내를 무차별로 구타한 사실이 있다. 또 가출한 아내가 돌아오지 않는 것에 극도의 증오감을 가진 것으로 추정되어 범행 동기가 있었다고 볼 수 있다"고 판단했다. 그러면서 사망한 처제를 묶은 스타킹이 이씨 부인의 것이라는 점, 사망 추정 시간 직후 이씨가 매우 이른 시간인 아침 6시 집 안 물청소를 한 점(증거인멸), 피해자의 몸에서 나온 체액과 이씨의 유전자형이 일부 일치하는 점, 사체 유기 장소가 이씨 집에서 멀지 않은 점 등을 감안해 이씨를 진범으로 인정했다. 특히 2심 재판부는 "모든 증거들이 정황증거이기는 하나, 이씨의 행적이나 거짓 진술 태도 등에 비춰 이씨가 처제를 살해했다고 인정된다"고 판단했다.

이 사건은 결국 대법원 판단을 받게 됐고, 대법원은 '사형이 부당하다'는 이씨의 항변을 받아들였다. 1995년 1월 대법원은 사형은 부득이한 경우에만 적용돼야 할 궁극의 형벌이라면서 "이씨가 처제를 살해하기로 사전에 계획했다고 볼 만한 직접적 자료가 없다"고 밝혔다. 우발적 범행으로 보인다는 판단이었다. 대법원이 우발적 동기를 검토해보라며 사건을 파기 환송함에 따라 사건을 다시 넘겨받은 대전고등법원은 그해 5월 이씨에게 무기징역을 선고했다. 파기환송심 재판부는 이씨가 처제를 성폭행하고 살해한 후 시신을 유기했다는 점은 충분히 인정된다면서도 사전에 살해할 계획을 세웠다고 보기는 어렵다고 판단했다. 무기징역 판결은 두 달 후인 그해 7월 대법원에서 확정됐다.

이씨는 내성적인 성격이었으나 한번 화가 나면 부모도 말리지 못할 정도였다. 구타와 발길질은 상습적이었다. 아들을 방 안에 가두고 마구 때려 멍들게 하는 등 학대하고, 자신의 동서가 있는 자리에서 자신을 무시하는 말을 했다는 이유로 아내에게 재떨이를 집어 던지며 손과 발로 무차별 구타했다. 1993년 12월 아내가 처음 가출했다가 돌아왔을 때는 주먹으로 아내의 얼굴과 목, 아랫배 등을 마구 때려 하혈

하게 만든 적도 있다. 곧바로 다시 가출한 아내가 며칠 뒤 집에 전화했을 때 이씨는 "내가 무서운 음모를 꾸미고 있다는 것을 알아두라"는 의미심장한 말을 꺼냈다. 아내는 무슨 짐작이 있었는지 자신의 가족에게는 피해를 주지 말라고 부탁하나 상관하지 말라는 답만 돌아온다. 1994년 1월 초 동서 앞에서 아내와 이혼은 하겠지만 쉽게 이혼하지는 않겠다며 다른 남자와 다시는 결혼하지 못하도록 아내의 몸에 문신을 새기겠다고 말한다.

이씨는 마침내 앙심을 품고 범행을 실행한다. 1994년 1월 13일 오후 2시 20분경 청주의 한 교육기관 총무과에 근무하는 처제에게 전화를 걸어서 자신의 집에 들러 토스트기를 가져가라고 한다. 처제를 끌어들일 미끼였다. 이씨는 처음 경찰 조사에서 처제가 오후 5시 40분경 집에 들렀다가 오후 6시 10분쯤 약속이 있다며 떠났다고 진술했다. 당시 TV에서 본 프로그램 이름을 대면서 오후 6시 뻐꾸기시계 소리를 들은 기억이 난다고 했다. 자신은 피해자가 실종될 무렵 만난 사실이 있을 뿐이고 집을 나간 뒤의 행적은 자신과 무관하다고 했다. 하지만 재판 도중 피해자가 당시 오후 6시 26분경 이씨의 집에서 친구와 전화 통화했다는 사실이 드러나자, 떠난 시간이 오후 6시 20분 아니면 30분이었다고 말을 바꾸었다.

이씨는 오후 6시 50분경 피해자를 성폭행했다. 7시경 피해자가 자신을 원망하자 범행이 알려질 것이 두려워 순간적으로 살해하기로 마음먹고 집 안에 있던 망치로 피해자의 뒷머리를 네 차례 내리쳐 실신시킨 뒤 양손으로 피해자의 목을 졸라 살해했다. 이러한 시간은 피해자가 친구와 전화한 시간이 6시 28분이고 마지막 식사 시간이 4시

50분경에서 3시간 후인 7시 50분 사이라는 사실에서 비롯해 여러 사정을 종합한 끝에 추정된 것이다. 친구는 전화 통화를 할 때 피해자가 평소와는 다르게 매우 힘이 없는 목소리여서 이상히 여겼고 전화를 끊을 때는 옆의 누군가와 무슨 말을 하는 것 같았다고 증언했다. 재판부는 피해자가 이춘재의 집에서 친구한테 전화해 30분쯤 후인 7시 5분에 버스 정류장에서 만나기로 해놓고 약속 장소에 나타나지 않았고, 그사이에 다른 곳에 들렀다가 실종됐다고 보기 어려운 점을 들어 그 집에 있다가 사망한 것으로 판단했다.

저녁 7시 10분쯤 또 다른 처제의 전화를 받은 이씨의 목소리는 쉬어 있었다. 이씨는 그날 밤부터 다음날 오전 10시경까지 초인종 코드를 빼놓고 전화 수화기를 내려놓았고, 자정쯤 처제가 걱정돼 집을 찾아온 동서가 현관문을 두드리고 사람을 불러도 문을 열어주지 않았다. 불길한 밤이었고 가족들의 예감은 틀리지 않았다. 사체는 사건 당일 밤 11시 40분경 철물점에서 발견됐다.

김시근은 1994년 1월 사건 당시 이춘재를 잡은 청주서부경찰서(현 청주흥덕경찰서) 강력5반 형사였다. 감식 요원과 함께 제일 먼저 사체 유기 현장에 임장했다. 시신의 모습을 보는 즉시 "죽일 놈"이라는 욕이 목까지 치밀어왔다. "시신을 비닐봉지와 스타킹 등으로 꽁꽁 싸고 묶은 뒤 커다란 베개 껍데기(커버) 안에다 딱 넣어뒀어요. 어찌나 꼼꼼히 쌌던지 피 한 방울도 안 떨어지게 해두었더라고요." 철물점 야적장에서 덮개를 펼쳤다가 주인이 여자 사체를 발견했다. 그 옆에는 유기하는 데 이용한 것으로 보이는 유모차가 있었다. 몸통이 스타킹과

가방 끈 같은 피해자의 물품으로 칭칭 감겨 있었다. 머리는 비닐봉지와 청바지를 뒤집어쓰고 두 손은 찢긴 속옷으로 묶여 있었다. 스타킹은 매듭이 12마디 정도 지어져 있었는데 그 간격이 일정해서 엉성한 솜씨가 아니었다.[76] 몸통을 감은 스타킹은 나중에 이씨의 아내가 쓰던 것과 같은 종류의 제품인 것으로 밝혀졌다. 시신을 스타킹으로 묶고 싸는 모습은 화성 연쇄사건과 여러모로 닮았다. 두피가 찢어진 곳은 둔기에 맞은 형태였지만 피해자가 그 충격으로 사망한 것이 아님을 얼굴에 나타난 울혈과 일혈점으로 알 수 있었다. 범인은 둔기로 피해자의 머리를 가격하고 바로 목을 졸라 살해한 것이다.

김시근은 피해자의 몸에 방어흔, 즉 외부 공격에 저항한 흔적이 없는 걸로 봐서 면식범의 소행이라고 판단했다. 수사팀은 그길로 가족들을 탐문하기 위해 다들 모여 있는 피해자 부모의 집을 찾았다. 김시근은 슬픔에 빠져 통곡하는 가족들 사이에서 무표정한 얼굴로 서 있는 큰형부라는 사람을 금방 알아봤다. 보는 순간 그가 범인이라는 것을 직감했다. "20명쯤 가족과 주변 사람들이 모여 얘기하는데 형사 입장에서 메모하면서 보니까 딱 한 사람, 유독 이춘재만 아무 표정 없이 눈만 멀뚱히 뜨고 있더라고요. 작은형부는 '우리 처제, 누가 죽였어?'라며 눈물 콧물로 얼굴이 범벅됐는데, 큰형부라는 사람은 덤덤해요." 김시근은 일부러 이씨를 차에 태워 사건 현장으로 향했다. 이씨가 차에 앉아서 무릎을 덜덜 떠는 것을 보고 그가 범인임을 거의 확신했다.[77]

76) SBS '그것이 알고 싶다' 1185회, 김시근 인터뷰
77) 중앙일보 2019.10.5. "'3대 아닌 4대라니까' 처제 내리친 횟수까지 기억한 이춘재'

이씨는 48시간 넘는 경찰 조사 끝에 처제를 살해했다고 자백했다. 그러나 사건이 검찰과 법원으로 넘어가자 '강압에 의한 허위 진술'이 라며 다시 혐의를 부인했다. 이씨는 수사와 재판 과정에서 수시로 진술을 바꿔 수사팀을 흔들어놓기도 했다. 범행을 자백했다가도 결정적인 물증이 없다고 판단되면 다시 범행을 부인하는 식이었다. 엄청난 심리전이었다. 당시 수사팀은 말을 바꾸는 이씨의 범행을 입증할 단서를 찾느라 상당히 애를 먹었다. 추가 단서를 찾기 위해 탐문에 나섰다가 이웃에게서 '새벽 물소리'를 듣고 다시 정밀 감식을 벌인 끝에 이씨 집 세탁기 받침대에서 피해자 혈흔을 채취한 것도 이때였다.

범행 다음날인 1월 14일 아침 6시경 옆집에 사는 한 이웃은 자신의 집 보일러를 고치러 나갔다가 이씨 집 욕실에서 5분 동안 바가지로 물을 떠서 물을 좍좍 뿌리는 소리를 들었다. 그때 이웃은 평소 안하던 짓을 하는 걸 보니 어딘가 가려는가 보다고 생각하고 말았지만, 탐문하던 경찰은 그 물청소가 증거인멸임을 알아챘다. 욕실을 정밀 감식한 끝에 가까스로 욕실 손잡이의 커버와 배수구, 세탁기에 밑받침으로 괴어둔 장판지에서 혈흔이 검출됐다. 범죄를 증명할 결정적 증거가 나오면서 꼬리가 잡힌 것이다.

이씨가 범행을 감추기 위해 자신의 집에서 피해자의 흔적을 없애려는 노력은 지독했다. 집 안을 쓸었던 테이프 뭉치에도 피해자의 혈액형과 같은 A형의 머리털이 5점 붙어 있었다. 범행 현장에 남은 피해자의 모발을 없애기 위해 테이프 뭉치로 바닥을 닦고 진공청소기를 돌린 것이다. 오전 11시엔 검은색 비닐봉지 두 뭉치에 달하는 쓰레기를 버렸으며 혹시 남아 있을지 모르는 흔적을 없애기 위해 자신의 깨끗한 오리털 잠바를 세탁소에 맡겼다. 오후 4시경 이씨의 집을 찾은 동서의 증언에 의하면 작은방에 많은 양의 빨래가 널려 있었다. 이즈음 처가에선 딸이 퇴근 후 돌아오지 않자 경찰에 실종 신고를 했는데 이때 이씨도 태연히 따라나섰다.

1월 15일 처형으로부터 처제가 사망했다는 연락을 받고 동서의 차로 처가에 가면서도 이씨는 어떻게 죽었는지 묻지 않고 담담한 모습을 유지했다. 경찰의 집요한 심문 끝에 범행을 자백했지만 그것은 끝이 아니었다. 구속된 아들을 찾아간 어머니에게 '자신은 범인이 아니다'는 말을 하기는커녕 "집 살림살이 중 태울 수 있는 것은 장판까지 모두 태워버려라"고 부탁했다. 여기에 별도의 의도가 있었는지는 밝혀지지 않았지만 증거인멸의 몸짓은 집요했다.

수사 과정 중 수사팀은 이춘재의 치밀하고 빈틈없는 모습에 몇 번이나 혀를 내둘러야 했다. 이런 에피소드가 있었다. 이씨는 당시 처제를 성폭행한 뒤 깨어난 피해자의 머리를 둔기로 때려 살해했는데, 시신의 머리에서 함몰된 부위는 3곳으로 확인됐다. 그런데 이씨는 이를 두고 "분명히 4번 내리쳤다"고 빡빡 우겼다. 김시근은 부검 결과를 받아보고 깜짝 놀랐다. 맨눈에는 보이지 않는 상처가 하나 더 있었다. 결국 한 번은 둔기에 빗맞은 것으로 드러났다. 이씨의 기억이 정확했던 것이다. 당시 이씨를 심문하다가 부검 결과를 받아본 순간을 김시근은 잊을 수 없었다. "수사팀이 눈으로 확인한 건 세 방이었는데, 이씨는 끝까지 네 방이라고 우겼다. 근데 정말 네 번 때린 걸로 나왔다. 사람을 잔혹하게 살해하는 과정을 어떻게 이토록 정확히 기억할 수 있을까라는 의문과 함께 '참 무서운 놈이구나' 하는 생각이 들었다." 이씨는 조사받는 내내 덤덤했다. 둔기를 내려친 횟수를 정확히 기억한다는 것은 범행 순간 감정이 동요되지 않았다는 방증이기도 했다.

그런데 왜 이씨는 수사 과정에서 자신이 둔기를 휘두른 횟수를 굳이 바로잡으려 했을까. 충북지방경찰청 관계자는 "최종적으로 목을 졸라 살해한 사실을 감추고, 끝까지 우발적인 범행으로 위장하려 한 것 아닌가 추측된다"고 했다. 살인을 우발적 범행으로 꾸미기 위한 용의주도한 계획이 여기에 숨어 있다. 이씨는 경찰 조사에서 성폭행은 인정하면서도 살인은 우발적이었다고 시종일관 주장했다. "이씨가 조서를 받다가 힘들면 '김형사님, 잠깐 밖에서 봅시다'라고 말한 뒤 화장실에서 담배를 얻어 피웠다. 서로 긴장이 풀어진 상태에서 이춘재는 내게 다가와 '강간만 했습니다' '살인은 안 했습니다'라고 했다. 이씨가 솔직한 척하면서 살인 혐의를 부인하려는 의도였다고 생각했다. 그래서 이씨가 더 의뭉스럽다고 봤다."[78]

이러한 빈틈없는 면모는 자연히 높은 계획성을 떠올리게 만든다. 부검 결과 피해자의 몸에서 독실아민염이라는 수면제 성분이 발견됐고 정액 반응이 나왔다. 국립과학수사연구원과 대검찰청 유전자 감식실에서 감식을 진행한 결과 이씨의 유전자와 일치한다는 결론이 나왔다. 그런데 사체에서 검출된 독실아민의 농도는 1리터당 4밀리그램으로 그 정도면 20여 알을 먹였을 때 나오는 독성 농도였다. 사전에 시중 약국에서 수면제 수십 알을 사서 준비한 피고의 입에서 나온, 우발적 범행이라는 주장을 법원은 어떻게 받아들였을까.

---

78) 중앙일보 2019.10.5. "'3대 아닌 4대라니까' 처제 내리친 횟수까지 기억한 이춘재", 김시근 인터뷰

역시 사법부 판단의 핵심 쟁점도 계획범죄 여부였다. 대법원은 살인에 대해 피고인이 피해자를 살해할 것까지 사전에 계획했다고 볼 만한 직접적 자료는 찾아볼 수 없다면서 원심을 파기환송했다. 피고인이 수면제의 약효가 나타나 피해자가 항거할 능력이 없을 때 강간을 저지르려 했는데, 약효가 나타나기도 전에 친구와의 약속이 있다며 떠나려 하자 이를 저지하면서 강간을 저지르고 그 과정에서 피해자가 반항하자 살해까지 한 것이 아닌가 의심이 든다는 것이다. 그러면서 검출된 수면제의 양이 치사량 이상이었는지를 살펴보면 살인의 계획성을 밝힐 수 있다고 했다. 파기환송심은 이에 따라 수면제 복용량을 추가 조사했고, 음료수의 맛을 유지하면서 넣을 수 있는 양을 고려하면 많아야 십수 개이므로 피해자에게 음료수에 타 먹인 수면제의 양은 치사량에 이르지 못한다고 판단했다. 우발적 살인임을 인정받아 이씨가 사형을 면하는 순간이다.

그런데 이씨가 화성 연쇄사건의 진범이라는 사실이 밝혀진 이후 이 사건의 계획범죄 여부는 수면제 양에 대한 고려에서 그치지 않았다. 전문가들은 다른 의견을 제시하고 있다. 먼저, 범행이 방이 아니라 욕실에서 이뤄진 것을 보면 범인은 애초에 혈흔을 남기지 않고 쉽게 없앨 수 있는 곳을 범행 장소로 설정했다는 분석이다. 집에서 피해자의 혈흔이 발견될 가능성을 사전에 차단했다는 것이다.[79] 유영철 또한 후기에 여성들을 자신의 집으로 끌어들여 살해할 당시 범행 장소가 모두 욕실이었다. 평소 주변을 잘 정돈하던 성격의 범죄자로선 욕실을 고를 수밖에 없었을 것이다.

---

79) SBS '그것이 알고 싶다' 1185회, 표창원 의원 인터뷰

또 이 사건에서 살해에서 시신 유기까지 걸린 시간은 총 4시간 20분 정도였다. 이번에 사건을 분석한 권일용 교수는 우발적 범행이라면 이렇게 범행 소요 시간이 짧을 수가 없다고 했다. 우발적 충동으로 벌어진 살인 사건들의 경우 살인 사건이 벌어지고 시신을 유기하기까지 시신을 처리할 방법을 고심하느라 통상 6시간 이상 걸린다는 것이다. "만약 살인을 저질렀을 때 내가 얼마든지 증거를 없앨 수 있다는 것이 자기 계획 안에 포함돼 있다, 이렇게 봐야 한다."

끝으로 바뀐 범행 도구를 살펴보자. 이씨는 화성 연쇄살인에서 날카로운 흉기를 주로 피해자 제압용으로 사용한 것과 달리 이번엔 둔기를 썼다. 날카로운 흉기에서 둔기로 바꾼 것은 그만큼 자신의 흔적을 철저히 지우려고 의식한 결과로 볼 수 있다. 물론 이러한 범행 도구 변경은 '환상의 증폭escalation'과 관련 있다.[80] 모든 연쇄살인범은 범행이 거듭됨에 따라 환상의 강도가 높아지면서 이전 범행 수준에 머물지 못하고 더욱 큰 자극을 주는 범행으로 나아간다. 권일용 교수의 설명을 보자. "범죄자들은 특히 살인, 그다음에 성범죄, 방화 범죄들은 자극이 일정한 곳에 머물러 있지 않고, 점차 크게 발전하게 된다. 그래서 작은 도구에서 점차 큰 도구로 바꾸고, 또 상처를 더 많이 줄 수 있는, 위협적인 도구로 점차 바꿔가기 때문에 그런 시점이 되면 '아, 이 범인은 지금까지의 자극보다 더 큰 자극을 원하는 단계로 넘어갔구나' 이런 점을 포착하게 된다."[81] 정남규의 경우 2006년 3월 '관악 방화 살인 사건'에서 노상 살해에서 가택 침입으로 범행 수법을 바

80) 존 더글러스 〈마인드헌터〉, 141쪽

81) TBS '색다른 시선, 김지윤입니다' 2019.7.24., 권일용 교수 인터뷰

꾸면서 범행 도구도 이전에 쓰던 날카로운 흉기 대신 둔기로 바꿔 들었다. 대담하게 다음 단계로 넘어가는 모습이었다.

그렇다면 이씨의 둔기 사용도 환상의 증폭과 연관해 봐야 할까. 여기서 이전 범행에선 볼 수 없었던 수면제를 사용하는 모습까지 고려해보자. 그것은 상대를 항거 불능 상태로 만들려는 제압 용도 그 이상이었다. 이전의 노상 범죄에선 늘 시간에 쫓겨 이루지 못한 삐뚤어진 욕망, 오랫동안 꿈꿔온 성적 환상을 실현하려는 의도였다고 볼 수 있다. 이춘재는 처음으로 긴 시간, 자신의 거처에서 처제를 대상으로 자신의 환상을 마음껏 발산했을 것이다. 살인 계획은 이 모든 고려에서 빠질 수 없는 핵심이지 않았을까.

그럼에도 이 범행에는 허술한 구석이 있다. 무엇보다도 자신의 집에서 범행을 저질렀다는 것은 어떻게든 흔적이 남을 여지가 있다는 점에서 범인에겐 무장해제에 가깝다고 할 수 있다. 권일용 교수도 지적하지만 또 유기 장소가 집에서 그렇게 멀지 않았다. 서로 모르는 사이가 아니라 가족관계에 있어서 시신의 신원이 밝혀지면 금방 범인의 신원까지 탄로 날 상황에서 이춘재는 피해자의 시신을 크게 훼손하지 않았을 뿐 아니라, 이웃 사람들의 눈에 띌 위험이 큰데도 동네를 벗어나지 않은 장소에 유기했다. "수법도 너무 허술하다. 찾는 과정, 자기를 신고하는 과정, 그다음에 시신을 유기하는 거리나 방법이 너무 허술하다. (화성 연쇄살인을) 저질러온 자라고 수사팀에서 생각하지 못할 정도로 허술하다."[82]

82) SBS '그것이 알고 싶다' 1185회, 권일용 교수 인터뷰

물론 이런 허술함이 살인은 계획하지 않았다는 방증이 될 수도 있지만 여기에선 나르시시즘을 살펴볼 수 있다. 로이 헤이즐우드는 성범죄자에게 가장 흔하게 나타나는 성격 요소는 나르시시즘이라 했다. "성범죄자들에게서 가장 흔히 나타나는 인격 장애는 자기애성 인격 장애, 즉 나르시시즘이며, 심지어 반사회성 인격 장애(사이코패스)보다도 흔한 것 같다."[83] 브렌트 터비와 존 사비노도 범행 수법이 격하될 때의 요인으로 '자만과 자기중심성이 낳은 부주의'를 꼽았다.[84]

즉 이즈음 이춘재는 한 번도 수사기관에 걸리지 않은 범죄 성공을 통해 절대적인 자기 만족감에 빠져 있지 않았을까 추정해볼 수 있다. 자신의 완전범죄에 취하면 아무리 조직적 성범죄자라 하더라도 자신의 정체가 발각될 위험이 큰 행동을 감수하려 든다. 그런 나르시시즘적 욕구가 이씨의 발목을 잡았을 것이다. 헤이즐우드의 저서에 이런 상황을 설명하는 대목이 있어 여기에 인용해본다. "법 집행관은 자기애성 인격 장애에 깊이 감사해야 한다. 자기애성 인격 장애야말로 연쇄 성범죄자의 아킬레스건이기 때문이다. 방탄조끼 증후군bulletproof syndrome이 자리 잡고 나면 범죄자는 불필요한 위험을 감수한다고 확신해도 좋다. 범죄자는 지루함 때문에 더욱 큰 위험을 감수하며 한계를 뛰어넘으면서 얻어지는 더 큰 기쁨을 갈구한다."[85]

이씨가 이전에 저지른 범행 중 가장 큰 위험을 감수한 때는 바로 8차 사건이었다. 그때 이씨는 피해자의 집과 100미터도 떨어지지 않

---

83) 로이 헤이즐우드 〈프로파일러 노트〉, 89쪽

84) 존 사비노, 브렌트 터비 〈성범죄 수사 핸드북〉, 645쪽

85) 로이 헤이즐우드 〈프로파일러 노트〉, 100쪽

은 곳에 살지 않았던가. 그리고 이번엔 그마저도 줄어들어 범행 장소가 자신의 집이 되고 말았다. 그것도 8차 사건 때의 연극과는 달리 범행 수법도 그렇게 많이 바꾸지 못했다. 그렇게 보면 이씨 또한 다른 연쇄살인범들처럼 충분한 거리를 유지한 노상의 안전지대에서 범행을 시작했다가 점차 자신의 거주지를 향해 다가왔고 비좁은 골목을 돌아 마침내 최종적 현장인 자신의 거주지 안으로 제 발로 걸어 들어온 것이라 할 수 있다. 마치 스스로 자신의 목을 조르듯이, 치명적인 자만과 나르시시즘에 잠식됐다.

3부

과거

혈액형이 B형이 아니라 O형이었다

　바야흐로 화성 연쇄살인 사건이 33년이나 끌게 된 배경이 조금씩 밝혀지고 있었다. 유력 용의자가 청주 처제 살인 사건의 범인이라는 사실이 알려지고 며칠 뒤 생각지도 않던 논점이 부상했다. 항소심 판결문에 이춘재의 혈액형이 O형으로 나와 있었던 것이다. 판결문에 따르면 당시 수사기관은 이씨의 혈액형을 상당히 구체적인 설명을 곁들여 O형으로 특정하고 있다. 이번 국립과학수사연구원의 재감정에서도 유전자 감식 결과와 함께 나온 유력 용의자의 혈액형은 O형이었다.

　즉 경찰은 그동안 4차, 5차, 9차, 10차 사건 때 확보한 정액과 혈흔, 모발 등에 근거해 범인 혈액형을 B형이라 판단해왔는데 이와 다른 것이다. 어찌 된 일인가 하고 사람들은 술렁거렸다. 경찰은 화성 연쇄사건을 수사하는 과정에서 줄곧 용의자의 혈액형을 B형으로 특정해왔다. 당시 화성 연쇄사건 수사 관계자들 사이에선 범인의 혈액형이 B

형임을 확신하는 분위기가 강했다. 실제 '살인의 추억'의 봉준호 감독은 2013년 10월 영화 개봉 10주년을 기념해 열린 '관객과의 대화' 행사에서 당시 수사기록을 토대로 "현재 50대인 1971년 이전에 태어난 B형 남성이 유력한 용의자일 것"이라고 말할 정도였다.

이런 우여곡절을 거쳐 화성 연쇄살인 진범의 실제 혈액형이 O형인 것이 드러나자 경기남부지방경찰청은 과거의 판단에 문제가 있었다고 인정했다. 반기수 수사본부장은 당시 경찰이 현장 증거물에서 용의자의 혈액형을 특정한 것은 1990년 11월 9차 사건 이후라고 했다. 당시 피해자의 옷에서 용의자의 정액으로 보이는 흔적이 발견됐고 그로부터 혈액형이 B형이라는 감식 결과가 나왔다. "이후엔 (당시) 수사본부 형사들 사이에 용의자의 혈액형이 B형이라는 인식이 확산된 상태에서 수사가 진행됐다. 당시 수사에 참여한 경찰관의 진술로도 일부 확인된다." 8차 사건 당시에도 혈액형에 근거해 모방범을 잡았다고 생각한 경찰은 이후 용의자의 혈액형에 주목했다. 더욱이 10차 사건 때 'B 또는 O형'이라는 감식 결과가 나오자 경찰은 9차 사건과 겹치는 B형에 더욱 집중했다. 당시 경찰이 B형에 집착하는 사이 이춘재는 번번이 용의 선상을 벗어났다.

경찰의 혈액형 특정에 문제가 있다면 초동수사의 허점을 드러낸 것으로, 200만 명이 넘는 인원을 동원하고도 장기 미제 사건으로 남겨 두는 원인을 제공했다는 비난을 피하기 어려웠다. 물론 사건이 장기화한 배경에는 당시에는 현장 증거물에서 DNA를 검출해 분석하는 등 과학수사 기술이 없었다는 점이 작용했다. 현재는 DNA를 통한 혈액형 분석법이 개발됐다. 수사본부 관계자는 당시 B형일 거라고 판단해 수사를 진행한 것은 맞지만, 혈액형은 동일인 여부를 확인하는 데 극히 제한적인 판단 기준이라고 했다. "당시 혈액형 판단에 사용한 혈흔 등이 피해자의 것인지, 용의자의 것인지, 제3자의 것인지 불확실한 상황이었다. 혈액형 자체가 나오지 않은 사건도 있었다."

이정빈 교수는 이 문제와 관련해 한 라디오 인터뷰에서 혈액 검사에서 생기는 수혈 사고 가능성을 언급했다. 즉 혈액이나 DNA에서 밝혀낸 혈액형이 아니라 증거물에서 간접적으로 검사한 혈액형이라는 점에서, 당시 현장의 증거물에 묻은 피를 채취해 옮겨 오는 과정에서 잘못됐을 수 있다는 것이다. "혈액형 타이핑(ABO typing)이 잘못될 경우도 있다. 병원에서 충분한 양의 혈액을 갖고 타이핑을 해도 이런 수혈 사고가 일어날 수 있는데, (유류물) 옷에 묻어 있는 적은 양의 피를 갖고 검사하면 그보다 더 미스타이핑mistyping이 될 확률이 높아진다."[86] 깨끗한 곳에서 피의자의 혈액을 바로 뽑아 혈액형을 검사해도 수혈 사고가 나는데, 하물며 사건 현장에서 그것도 피해자 등 타인의 피와 섞인 것을 채취하면 결과가 어떻겠느냐는 말. 특히 성폭행 과정에서 피해자의 체액과 범인의 체액이 섞인 뒤에 채취하면 피해자의 혈액형이 나오기도 한다.

또 하나의 가능성은 변질이다. "혈액형 검사가 항원 항체 반응인데, 혈액이 바깥에 나와 있으면 변질이 일어난다. 그래서 옷에 묻어 있는 게 변질됐을 경우 거기에 단백질 변질이 일어나 혈액형 타이핑이 잘못될 가능성도 배제할 수는 없다."

여기에 1980년대 후반 과학수사 수준이라면 오류의 가능성은 더

---

86) YTN 라디오 '노영희의 출발 새아침' 2019.9.20., 이정빈 교수 인터뷰

커진다. 유전자 분석에 20년 넘게 땀을 쏟은 임시근 성균관대 교수도 그 시절을 증언했다. "사건이 처음 발생한 1986년은 증거물을 수집하는 절차도, 분석하는 기술도 설익은 시절이었다. 당시 기술로는 O형인 용의자의 체액이 A형인 피해자의 체액과 섞이면 A형으로만 보였다."[87]

그럼에도 전문가들은 당시의 기술적 한계와 혈액형 타이핑 문제가 DNA 증거에 대한 불신으로 이어질 가능성을 사전에 차단했다. DNA는 절대 거짓말을 하지 않는다는 것. 이정빈 교수는 유력 용의자로 특정된 이춘재를 두고 진범일 가능성이 99.999퍼센트에 이른다고 확언했다. "지금 나와 같은 유전자를 가진 사람이 우리나라에 있을 확률은 인구 수십억 명을 검사했을 때 한 명 나올 수 있는 정도다. 수십억분의 일의 가능성이다. 이는 우리나라 인구가 5000만 명인 걸 감안하면 우리나라에는 나와 같은 유전자를 가진 사람이 없다는 말이 된다. 어떤 혈액을 검사했는데 나랑 똑같은 형이라고 하면 그건 나한테서 나왔다고 할 수밖에 없다." DNA는 과학수사 증거 가운데 가장 높은 신뢰도를 자랑한다.

혈액형의 진짜 문제는 초동수사에 그치지 않았다. 용의자의 혈액형을 B형으로 특정한 데서 더 나아가 B형이 아닌 사람들을 배제하는 방식으로 수사를 전개한 것이다. 혈액형에 관계없이 모든 가능성을 열어놓고 수사를 벌였어야 할 경찰이 이를 잘못 추정한 혈액형에 집착한 나머지 결국 핵심 용의자를 놓치는 결과로 이어졌다. 이로써 그

---

87) 동아일보 2019.10.1. '문제는 DNA 기술 아닌 법… '화성의 恨' 더 빨리 풀 수 있었다'

동안의 경찰 수사는 잘못 추정한 혈액형에 집착한 꼴이 됐다.

이춘재는 화성에서 태어나 줄곧 살아왔고, 몇 차례 주소지를 바꿨지만 화성 태안읍을 벗어나지 않았다. 화성 토박이다. 그러니까 사건 발생 당시 이춘재는 현장 근처에 살고 있었다. 10건의 사건이 발생한 1986~1991년 내내 이곳에 거주했다. 그러다가 1991년 청주에서 여자를 만나 결혼하고 1993년 4월 청주로 주소지를 옮겼다. 당시 경찰이 '용의자의 혈액형은 B형'이라는 내용을 적시하지 않았더라면 용의자와 비슷한 연령대인 이씨가 경찰의 집중 수사 기간 동안인 1993년에 청주로 주소지를 옮기기는 쉽지 않았을 것이다. 화성 연쇄 첫 사건은 1986년 9월 15일, 10차 사건은 1991년 4월 3일에 발생했으니 이 기간 이춘재의 나이는 23~28세였다. 경찰이 당시 용의자의 나이를 24~27세로 추정했다는 점에서 이춘재는 당연히 용의 선상에 오르고 타 지역으로 거주지를 옮긴다면 관심 대상이 돼야 했지만 그러지 않았다. 이씨가 이렇게 용의 선상을 벗어나게 된 데에는 혈액형 불일치가 크게 작용했다.

또 청주 처제 사건 직후 이춘재가 화성에 연고가 있다는 걸 파악하고도 청주 경찰과 화성 경찰 사이에 제대로 협조가 이뤄지지 않아 초기에 검거할 수 있었던 결정적 시기를 놓친 것이 아니냐는 것이다. 청주 처제 살인 사건 당시 청주 경찰은 이씨를 검거하고도 곧바로 화성 연쇄살인과 연결 짓지는 못했다. 무엇보다 피해자가 지인이고 가족관계에 있다는 점에서 야외에서 모르는 여성을 상대로 저지른 기존 화성 연쇄살인과는 큰 차이가 났다. 수면제를 먹이고 둔기를 사용한 점 등 범행 수법도 달랐다. 또 청주 처제 사건에서 3년쯤 전 화성에서 일어난 사건인 화성 연쇄살인을 떠올리기는 어려웠다.

그럼에도 이춘재의 본적지가 경기 화성군 태안읍 진안1리인 데다 화성 연쇄살인 당시 화성에 거주했다는 것은 분명 핵심 단서였다. 청주 경찰은 체포한 즉시 화성 본가에 대해 압수수색을 하기 위해 이씨와 함께 화성 본가로 향했다. 이씨가 범행 당시 화성으로 이사할 생각으로 일부 짐을 옮겨뒀기 때문이었다. 이 내용을 화성 수사본부 측에도 알려두었다. 청주 경찰이 화성 본가에서 압수수색을 벌이고 있을 때 화성 수사본부 측에서 찾아왔다. 당시 화성 수사본부에서 이씨의 얼굴까지 확인했다. 그러면서 화성 연쇄살인 사건과 수법이 유사해 이씨를 조사할 필요가 있으니 데려와달라고 요청했다. 당시 담당 형사 김시근은 당시를 이렇게 회고했다. "이춘재를 (화성 본가 현장에) 입회시켜놓고 의류품을 압수하고 있는 상황에서 화성 수사본부에서 왔다. 우린 지금 의류품 압수하러 왔으니까, 필요하시면 청주로 와서 필요한 서류 열람하고 조사하시라고 했다."[88] 하지만 화성 수사본부에서 이씨에 대한 수사를 추가로 요구하지 않으면서 공조가 되지 않았다. 만일 1994년 당시에 수사 공조가 이뤄졌더라면 공소시효가 끝나기 전에, 초기에, 25년 전에 진범을 잡을 수 있었을 것이다.

그런데 당시 화성 수사본부는 왜 좀 더 적극적으로 나서서 신병을 확보하거나 이씨를 대상으로 추가 수사를 벌이지 않았을까. 수사 관할권 문제 때문이기도 하겠지만, 용의자의 혈액형이 B형일 것이라는 추정에 집착한 나머지 이씨의 혈액형이 O형이라는 점을 파악한 뒤 신병 확보에 적극적이지 않았을 것이라는 추론이 가능하다. 진범을

---

88) JTBC '이규연의 스포트라이트' 214회, 김시근 인터뷰

코앞에 두고 잡지 못한 셈이다. 화성 연쇄살인 전체에 걸쳐 이씨를 잡을 마지막 기회를 놓치는 순간이었다.

경찰이 초동수사 미비로 우왕좌왕하는 사이 이춘재는 청주 처제 사건으로 무기징역을 선고받고 1995년 10월 부산교도소에 수감됐다. 그는 교도소의 빈방에 앉아 묵묵히 자신의 사건 공소시효가 지나는 것을 지켜봤다.

과거에도 세 차례 용의자로 올랐었다

이춘재의 과거 행적이 하나둘씩 드러났다. 이씨가 당시 수사 선상에 올랐는지는 당시 수사에 참여했었던 전직 경찰 관계자들 사이에서도 입장이 분분했던 사안이다. 초동수사가 적절했는지를 두고 여러 말이 오가자 현 수사본부도 당혹스러워했다. 2019년 9월 26일 경기남부지방경찰청 화성연쇄살인사건 수사본부는 당시 수사 내용을 확인해본 결과 과거 수사 당국이 이씨를 세 차례 수사했었다고 밝혔다. 용의자를 코앞에 두고 33년을 헤맨 셈이다. 놀랍게도 그가 수사망을 빠져나간 것은 혈액형과 신발 사이즈가 다르다는 이유에서였다. 이씨는 1987년, 1988~1989년, 1990년 이렇게 세 차례에 걸쳐 강간 및 실종 사건 용의자로 수사 선상에 올랐었다.

6차(1987년 5월 2일) 사건이 벌어지고 두 달 뒤인 1987년 7월 경찰은 이씨가 1986년 8월(1차 사건 직전)에 발생한 별개 강간 사건의 용의자라는 제보를 받았다. 이미 여섯 차례 살인 사건이 발생해 범인을 잡는 데 총력을 기울이던 시기라 경찰은 이때 이씨의 학교와 직장, 이웃 주민을 상대로 1년 전 이씨의 행적에 대해 탐문 수사를 벌였다. 이후 이씨를 불러다 대면 조사까지 한 당시 수사팀은 지휘부에 이씨가 연쇄살인의 유력 용의자라고 보고했다. 하지만 현장 증거가 없고 이씨가 범행을 저질렀다는 증거가 확보되지 않아 결국 이씨의 혐의를 입증하지 못했다. 즉 경찰은 화성 연쇄살인 도중에 이춘재를 대면 조사까지 하고도 연쇄살인과 연결 짓지 못하고 돌려보냈다는 말이다.

이후 7차와 8차 사건까지 계속 일어나자 경찰은 이씨에 대한 수사가 미진했다는 이유로 다시 그를 수사 선상에 올렸다. 그러나 8차 사건 이후인 1988년 말부터 1989년 4월까지 진행된 2차 조사에서도 이씨가 범인이라는 증거를 찾아내지 못했다. 8차 사건 현장에서 체모를 확보한 경찰은 용의자들의 체모를 채취하는 과정에서 이씨의 체모도 채취해 비교하는 작업에 나섰다. 하지만 당시 경찰이 범인을 B형 혈액형인 남성으로 특정한 상황에서 체모의 형태까지 달랐기에 혈액형이 O형인 이씨는 자연스레 후보군에서 배제됐다.

1990년 초에 진행된 3차 조사에서도 이씨는 신발 사이즈가 6차 사건 현장(고추밭)에 찍힌 용의자의 것과 다르다는 이유 등으로 배제됐다. 앞서 살폈듯이 6차 사건 당시 발견된 족적은 비에 테두리가 무너져 크기가 줄어든 상태였다. 이후 이씨는 용의 선상에 오르지 않고 추가 조사도 받지 않았다. 즉 경찰은 대면 조사 등을 거쳐 '이춘재가 화성 사건의 유력 용의자'라고 지휘부에 보고해놓고도 범인의 혈액형이 B형이라는 이유로 O형인 이씨를 수사 선상에서 배제했다.

이렇게 경찰 수사망을 유유히 빠져나간 이춘재는 결국 1994년 1월 청주에서 자신의 처제를 강간한 후 살해했다. 수사본부도 이씨를 수사에서 배제한 이유를 설명하면서 당시 수사가 미흡했다는 점을 어느 정도 인정했다. 투입한 경찰 병력 연인원 200만 명 이상, 조사 대상자만 4만여 명에 이르고 수사 서류만 15만 장에 이른다면서도, 경찰은 정작 이씨를 용의자에서 배제한 이유에 대해선 이렇다 할 답변을 내놓지 못했다. 당시 경찰의 엉성한 수사에 대해 좀 더 파고들 필요가 있었다.

우리가 입수한 경찰 자료에 따르면 화성 연쇄사건과 관련해 현재 경찰이 보관하고 있는 증거물은 총 7박스 138점이다. 연쇄살인을 10차례로 치면 한 사건당 평균 증거물 수는 14건인 셈이다. 당시 과학수사라는 개념도 없고 분석 기술력도 낮으며, 사건 유형마다 차이가 있다지만 경찰 내부에서조차 증거물이 '없어도 너무 없다'며 혀를 내두를 정도다. 증거물이 턱없이 부족한데 당시 수사가 제대로 이뤄졌겠느냐는 게 일선 형사들의 푸념이다.

실제 20년 이상 재직한 베테랑 형사 4명에게 물어본 결과 통상 살인 사건의 경우 피해자의 겉옷(상·하의), 속옷(상하), 신발(모양, 사이즈), 양말, 손톱(10개 손가락), 성폭행 여부, 혈흔, 현장 반경 3~4미터에 있는 족적, 체모 등만 해도 최소 20개가 넘는다고 했다. 그러니 화성 연쇄살인 사건은 성폭행 살인 사건의 경우치고 증거물의 수가 크게 부족하다는 것이다.

"독극물 사건의 경우 두세 개에 불과할 때도 있고, 실내에서 발생한 사건은 증거물이 많지 않을 수 있다. 사건에 따라 증거물이 다르게

경기남부지방경찰청 자료에 따르면 현재 경찰이 보관하고 있는
화성 연쇄사건 관련 증거물은 총 7박스 138점에 불과하다. **사진 오지혜**

나올 수 있다. 당시는 과학수사나 DNA 등에 대한 인식이 부족했을
때라 지금처럼 많은 증거물을 수집하지는 못했을 것이다. 그래도 화
성 연쇄살인처럼 야외에서 발생한 성폭행 관련 사건인 경우엔 과거나
지금이나 기본적인 증거물만으로도 최소 20개는 넘을 텐데 왜 그것
밖에 없는지 이해되지 않는다."

　더욱이 증거물이 최소 28년에서 33년 이상 된 상태이다 보니 온전
한지도 의문이다. 사정이 이렇다 보니 현재 수사를 진행하고 있는 경
찰들도 혀를 내둘렀다.

　이춘재를 놓친 경찰은 화성 사건 수사에서 엉뚱한 사람들을 용의
자로 몰았다. 지금까지 한국 강력사건 수사의 오점으로 꼽힌다. 당시
경찰은 1987년 1월 5차 사건이 발생하고서야 화성경찰서 태안지서
에 수사본부를 차리고 본격 수사에 나섰다. 그래도 사건이 이어지자
이후 아예 경기도경찰국 차원으로 수사본부를 격상했다. 현장 보전도
실패하고 과학수사 기법도 없었던 시기였다. 그러니 남은 방법이라곤
조금만 의심스럽다 싶으면 일단 무조건 불러다 조사하고 족치고 보는
방식을 썼다. 이 과정에서 2만여 명이 넘는 대상자를 상대로 한 저인

망식 싹쓸이 수사가 진행됐다.

하지만 조급증이 너무 심했다. 여러 수사팀 사이에서 범인을 우리가 잡겠다는 성과에 대한 경쟁심까지 가세했다. 당연히 수사 과정은 진술을 강요하고 폭행에 고문까지 일삼고, 무리한 수사를 하는 헛발질의 연속이었다. 전날까지 의기양양하게 진범을 잡아 자백을 받아냈다고 밝혔다가 다음날 혈액형 등이 일치하지 않아 곧바로 석방하는 일도 있었다.

1986년 12월 4차 사건 다음에는 한 심령술사가 어떤 사람을 용의자로 지목했다. 반신반의하던 경찰이 그 용의자를 추적했지만 이내 혐의 없음 처분을 내렸다. 그런데 그 용의자를 다른 경찰이 또 범인이라며 체포하는 일이 일어났다. 무슨 일인지 알아봤더니 고문에 의한 허위 자백이었다. 수원 화서역 여고생 살인 사건이 발생한 직후인 1988년 1월엔 용의자로 체포돼 조사받던 20대 청년이 고문으로 뇌사에 빠져 사망하는 일까지 벌어졌다. 이 때문에 수사를 진행하던 형사 3명이 오히려 구속되고 직속상관이 직위 해제되기도 했다. 하승균은 이때를 아프게 기억한다.

사회적으로 가장 큰 주목을 받아던 9차 사건 직후 1990년 12월엔 19세 윤 모 군을 검거해 자백을 받았다고 밝혔다. 하지만 현장검증에서 윤군은 경찰의 강압 수사를 못 이겨 허위 자백을 했다며 범행을 부인했고, 동료들도 사건 발생 당시 함께 통근버스를 타고 퇴근하고 있었다고 결백을 주장했다. 이런 가운데 경찰이 자신들이 쓴 조서에 손도장을 찍으라고 강요하고 폭행한 사실이 드러나면서 비난 여론이 들끓었다. 결국 윤군은 일본에서 진행된 유전자 감정 결과 범인이 아니라는 회신을 받으면서 혐의를 벗어날 수 있었다.

가장 불행했던 사람으로는 1991년 10차 사건 이후 용의자로 몰렸던 김 모 씨가 꼽힌다. 그는 경찰의 강압적 수사에 시달렸는데 경찰이 김씨를 몰아붙인 근거는 딱 하나, 재미교포 제보자가 꿨다는 '꿈'이었다. 경찰은 수사망을 바짝 죄었지만 나중에 알고 보니 이 제보자에게 정신질환이 있는 것으로 밝혀졌다. 경찰은 김씨에 대한 수사를 접었지만 이미 김씨는 심신이 망가질 대로 망가진 뒤였다. 수사 도중 자신이 범인이라고 거짓 자백을 해야 할 정도로 수사기관의 가혹 행위에 시달렸던 것이다. 수사망에서 벗어난 뒤 술로 날을 지새우던 김씨는 1997년 그 후유증으로 숨졌다. 이후 억울한 피해자를 줄이기 위해 경찰이 유전자 감식 기법을 수사에 도입했기에 역설적으로 화성 연쇄살인 사건이 한국 과학수사 발전에 기여한 결과가 됐지만 그 대가는 혹독했다.

어머니와 고교 시절 사진

이춘재의 본적지인 화성 진안동(전 화성 태안읍 진안리) 지역은 충격에 휩싸인 모습이 완연했다. 진안동 주민들도 한결같이 "믿기지 않는다"며 충격적이라는 반응을 보였다. 진안동의 노인정에서 만난 80대 노인 한 분은 할 말을 잃어버린 듯 말끝을 흐렸다. "같은 동네에서 살아서 (이씨의) 얼굴이 기억이 난다. 이씨 엄마를 잘 안다. 이씨 엄마뿐 아니라 아빠도 참 좋은 사람이고 다른 가족들도 아주 착한 사람들인데, 이씨가 소문으로만 듣던 그 사건 용의자라니…." 다른 진안동 주민들도 별안간 불거진 이씨 관련 뉴스에 관심을 보이면서 불안해했다. 상점마다 뉴스 채널을 틀어놓고 화성 연쇄살인 관련 소식을 보며 혀를 차는 이들이 적지 않았다. 주민들은 과거 대부분 논밭이던 사건 현장이 도시 개발로 아파트와 주택가로 변했다면서 과거 기억을 반추해가며 사건 현장을 설명했다. 이씨 가족이 살던 집터는 주택가와 레미콘 공장 사이에 위치한 공터로 변해 원래 모습을 찾아볼 수는 없었다.

화성 시내 한 병원에서 어렵게 만난 이씨의 어머니는 충격이 심해 믿기지 않는다는 얼굴이었다. 아들이 유력 용의자로 지목됐다는 소식을 듣고도 "착한 우리 애가 그랬을 리 없다"며 애써 현실을 외면하려 했다. "걔(이씨)는 진짜 착한 애였어. 나는 믿어지지도 않아. 꿈결인지 잠결인지도 지금 모르겠어." 옆에 있는 간병인은 "다른 아들이 손주와 손녀를 데리고 병문안을 자주 오는 편"이라고 했다.

"어, 우리 큰애(이춘재)와 비슷하고 많이 닮은 것 같은데…." 과거 화성 연쇄사건 당시 곳곳에 뿌려진 용의자 몽타주를 보여주자 어머니의 입에서 나온 첫마디였다. 몽타주에 나온 범인의 얼굴을 뚫어져라 바라보며 놀라는 표정을 감추지 못했다. "이거 큰애 아니야?"라고 하기에 우리가 "아들과 많이 닮은 것 같으냐"고 되묻자 "그렇다"며 고개를 끄덕였다.

몽타주는 경찰이 7차 사건(1988년 9월) 당시 범인의 얼굴을 목격한 버스 운전사와 안내양의 진술에 토대해 만든 것이다. 당시 화성 지역은 물론 신문과 방송 등을 통해 전국에 배포됐다. 하지만 어머니는 몽타주가 담긴 수배 전단은 이번에 처음 봤다고 말했다. "(몽타주가) 만들어진 것도 오늘 처음 알았다. (다른 데는 몰라도) 당시 우리 마을에 이런 전단 같은 건 돌아다니지 않았다. 마을 주민 아무도 못 봤는데, 만약 누군가 봤으면 우리 집으로 달려와 따지고 그랬겠지."

어머니는 진안리에서 오래 살았다. 화성 연쇄 사건으로 전국이 떠들썩했던 그 당시 분위기도 세세히 기억했다. 마을 사람들 서넛만 모이면 화성 연쇄사건을 얘기했는데 자신들과는 무관하다고 생각해 별 신경을 쓰지 않았다고 했다. '내가 죄지은 것도 없는데 오거나 말거나 무사태평이지 뭐'라며 대수롭지 않게 여겼다는 것이다. 경찰이 연쇄살인 수사와 관련해 자신의 집으로 찾아온 적도 없었다고 했다. "동네 경찰들이 마을에 쫙 깔리고 집집마다 문을 두드리는가 하면, 아주 그냥 살다시피 했었다. 하지만 전단을 들고 우리 집에 온 적은 단 한 번도 없었다. 그때 나는 물론이고 이웃들 역시 '설마 우리 마을에 범인이 있을까' 하는 상상조차 못 했었다."

그런 어머니였기에 아들이 유력 용의자로 지목됐다는 말조차 쉽게 믿으려 하지 않았다. "얼마 전에 갑자기 기자들이 찾아와 아들이 범인으로 지목됐는데 아냐고 물어서 깜짝 놀랐다. 부모를 먼저 배려하는 착한 아들이었기에 절대 그럴 일은 없을 것이다."

어머니에게 이춘재는 여전히 착한 아들이었다. 아들의 학창 시절 얘기를 하던 중 "착한 아들, 순한 아이라 그런 일을 벌일 아이가 아니다. 정말 그랬다면 내가 낌새를 챘을 텐데 그렇지 않았다"고 재차 강조했다. 화성 연쇄살인이 다시 불거진 것에 대해서도 불만을 나타냈다. "(청주) 처제 사건이라면 몰라도 그 당시에 있었던 거 여태 갖고 있다가 왜 끄집어내냐. 꿈에서 헤매는 건지, 정신이 하나도 없다."

다가온 현실 앞에서 아들을 감싸고 싶어 하는 어머니의 마음은 혼란스러워 보였다. "지금 세월이 몇 년이 지났는데 지금 와서 얘기하는 건 너무 잔인한 것 같다. 나도 죽고 싶은 생각밖에 없고 동네 사람들 볼 낯이 없다. 정말 죄송하고 미안하지만, 그것보다 우리 아들이 그럴 리가 없다고 믿는다. (만약 사실이라면) 법대로 처벌을 받아야 하지 않겠느냐."

2019년 9월 25일 우리는 이춘재의 사진을 입수했다. 사진은 한국일보 독자가 제공한 것으로 그가 졸업했던 수원 한 고등학교의 졸업 앨범에 담긴 것이다. 사진 아래에는 이춘재라는 이름이 적혀 있다. 이 씨는 1983년 2월 수원의 고등학교를 졸업하고 같은 해 군에 입대했다. 화성에서 같은 중학교를 나온 동창생들은 그가 상위 20퍼센트에 들 정도로 공부를 잘하는 편이어서 당시 시험을 봐서 수원 쪽 고등학교에 들어갔다고 했다. 수원은 그에게 낯설지 않은 공간이었다.

우리는 사진을 공개하기로 했다. 경찰이 화성 사건뿐 아니라 당시 발생한 다른 미제 사건들도 재조사하는 상황에서, 화성 연쇄사건은 물론 여전히 풀리지 않은 다른 사건들을 해결하는 데 도움이 될 수 있다는 판단에서였다. 얼굴이 알려지지 않은 채 몽타주만으로는 부족하다.

고교 시절 사진과 몽타주를 비교해보면 전체적으로 닮았다. 쌍꺼풀이 없고 눈동자가 검은색으로 또렷하다. 또 이마가 넓고 얼굴은 달걀형으로 턱이 뾰족한 것도 흡사하다. 오른쪽 눈썹이 원형이고, 왼쪽 눈썹은 일자형에 가깝다는 점도 비슷하다. 다만 왼쪽 눈썹이 사진 속에서는 절반 정도 없어 보이는 반면 몽타주는 짙게 표현돼 있다. 눈꼬리도 양끝으로 가늘게 찢어졌고, 입술 모양도 일자 형태로 일치했다. 머리카락이 가려져 귀가 잘 보이지 않지만 귀 아랫부분이 둥글게 생긴 모양도 몽타주와 흡사했다.

우리는 이씨 어머니한테도 사진을 들고 가 사진 속 인물이 아들이 맞는지 재차 확인을 받았다. "코가 많이 닮았다"는 말에 어머니는 "내 아들이니까 당연히 닮았지"라고 했다.

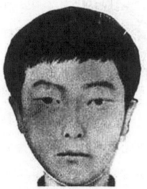

⊙ 용의자 몽타즈

이 춘 재

전면에서 그린 몽타즈

한국일보가 단독 입수한 이춘재의 고교 졸업 사진(왼쪽).
화성 사건 몽타주와 전체적인 이미지는 물론 쌍꺼풀이 없고 넓은 이마, 눈매 등이
매우 흡사하다. 이씨의 어머니한테 이씨가 맞다는 사실을 확인했다. **사진 독자 제공**

1989년 10월 수원 강도예비 사건으로 수감됐을 당시 이춘재의 재소자 신분카드.
사진 JTBC 뉴스 화면 캡처

화성연쇄살인사건의 용의자를 찾습니

현상금 500만원

◎ 용의자 몽타즈

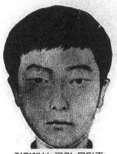

전연에서 그린 몽타즈

옆에서 본 머리모양

① 검정색 전지손목시계
② 시계알에 문신
③ 우측 새끼손가락에 봉숭이
④ 우측 둘째손가락에 물린듯

◎ 용의자 인상특징
○ 나이 : 24~27세 가량 　　　○ 신장 : 165~170cm 가량
○ 머리 : 스포츠형 　　　　　○ 코가 우뚝하고 눈매가 날카로움.
○ 얼굴 : 갸름하고 보통체격 　○ 평소 구부정한 모습

◎ 협 조 사 항
○ 위와 같은 사람을 알고 계시거나 보신분
○ 위와같은 사람이 최근에 이사를 갔거나 행불된 것을 아시는 분
○ 기타 이 사건에 수사에 도움이 될만한 사실을 알고 계신분
○ 88년 9월 7일 밤 9시 30분에 조암에서 출발하여 수원으로 오는
　외딴버스에서 위와같은 인상을 가진자가 가재리에서 승차하는것을
　신분
○ 위 내용을 신고하여 범인검거에 결정적 제보를 하여 주신분어
　비밀 유지는 물론 현상금을 지급하겠습니다.

1988년 9월 7차 사건 발생 직후 경찰이 만든 화성 연쇄살인 사건 용의자 몽타주

이춘재가 범행에 사용한 매듭지은 스타킹의 모습. **사진 SBS '그것이 알고 싶다' 화면 캡처**

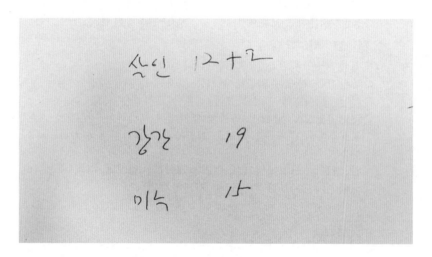

검찰 조사 서류에 포함된 이춘재의 자백 당시 글씨. **사진 박준영 변호사 페이스북**

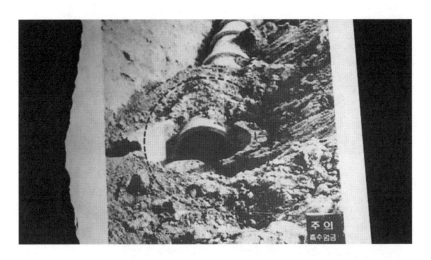

1991년 1월 청주 가경동 공사 현장에서 피해자가 발견된 하수도관. **사진 SBS 뉴스 화면 캡처**

1994년 1월 청주 처제 살인 사건 직후 경찰 조사에서 범행을 자백한 이춘재(오른쪽). **사진 YTN 뉴스 화면 캡처**

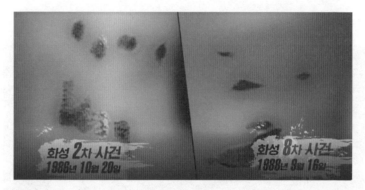

화성 2차 사건과 8차 사건에서 피해자의 목 주위에 남은 상처 · 흔적 비교. **사진 SBS '그것이 알고 싶다' 화면 캡처**

화성 5차 사건 현장인 태안읍 황계리 수로 둑길

화성 6차 사건 현장인 태안읍 진안리 야산

4부

자백

이춘재의 자백은 어떻게 보면 시간문제였다. 현재 DNA 분석 기법에서 오류는 거의 불가능하다. 그런데 그토록 빨리, 일주일이라는 시간 만에 자백이 나올 줄은 몰랐다. 자백 내용은 더욱 충격적이었다. '14건 살인, 30여 건 강간 및 미수'라는 구체적인 범행 건수는 우리가 그동안 알고 있던 화성 연쇄살인을 뛰어넘고 있었다. 놀랄 일은 거기서 그치지 않았다. '8차 사건도 내 소행'이라고 했을 때 이번에는 경찰이 당혹감을 감추지 못했다. 엉뚱한 사람이 감옥살이를 한 것이 돼버리는 상황도 난감했지만 과거 경찰의 강압 수사에 대한 의혹을 부담스러워했다. 이후 '화성 연쇄사건 외 4건'의 내용이 경찰에 의해 전부 공개될 때까지는 또 열흘 넘는 시간이 흘렀다. 실종 사건인 줄 알았던 '화성 초등학생 실종 사건'이 뜻밖에 여기에 포함됐다는 사실이 알려졌을 때 사람들은 경악을 금치 못했다. 화성 연쇄사건과의 연관성을 수사하고 피해자의 유골까지 발견했던 당시 담당 경찰이 끝내 피해자를 '가출인'으로 분류한 행태는 큰 실망감을 주었다. 한때는 '영원한 미제'라 불리던 최악의 장기 미제가 막을 내리는 순간 전혀 생각지도 않은 흐름이 일어났다.

14건 범행, '내가 화성 진범이다'

수사본부가 이춘재의 거주지였던 화성 일대의 사건은 물론 결혼 후 생활했던 청주의 사건들까지 파헤치던 중, 부산에서 기다리던 소식이 날아들었다. 이춘재는 그동안 계속된 교도소 접견 조사에서 혐의를 완강히 부인하며 자신은 화성 연쇄살인과 아무런 관계가 없다는 태도를 굽히지 않았다. 그러던 중 10월 1일 이날 진행된 9차 대면 조사에서 결국 심리적 방어막을 내려놓았다.

이씨는 '화성 연쇄사건을 포함해 모두 14건의 범행'을 저질렀다고 경찰에 자백했다. DNA가 나온 4건뿐 아니라 DNA 증거가 나오지 않은 다른 사건들, 거기에 미제 사건들까지 모두 자백한 것이다. 마침 이날 5차, 7차, 9차 사건에 이어 4차 사건 증거물에서도 그의 DNA가 검출됐다는 국립과학수사연구원의 감정 결과가 나왔다. 이 결과를 전해 듣기 전에 그는 결심했다. 전국에 자신의 얼굴이 공개되고 당시 사건에 대한 목격자의 추가 증언 등 새로운 증거가 속속 등장하는 데다,

화성 연쇄사건 이외 범죄에 대한 추적도 이어지고, 무엇보다 DNA 감식이라는 결정적인 증거가 자신을 범인으로 지목하고 있는 상황에 부담이 커져간 것이다. 공소시효가 지난 사건들이라 적어도 형량이 추가될 일은 없다는 점도 영향을 끼쳤을 것이다. 1994년 이전에 저지른 살인 사건들이니 공소시효는 2009년에 모두 만료됐다.

그동안 프로파일러들은 휴일도 반납한 채 지속적으로 이춘재와 접촉하고 공감대 형성 작업에 집중해왔다. 수사본부는 이씨를 외부 상황과 차단시킨 뒤 접견 조사에 베테랑 프로파일러들을 투입했다. 이춘재가 머무는 교도소 독거실엔 TV가 연결되지 않았고 신문도 관련 기사는 검열을 거쳐 삭제된 상태로만 볼 수 있었다. 바깥세상에서 벌어지는 경찰 수사의 진전이나 여론 추이 등의 정보가 차단된 상태에서 오직 면담하는 프로파일러들과의 대화만이 창구가 됐다.

경기남부지방경찰청 소속 3명에다 전국에서 차출된 프로파일러 6명까지 추가 투입됐는데 이들 중에는 2009년 연쇄살인범 강호순 사건 당시 심리분석 작업을 맡아 자백을 이끌어냈던 공은경 경위도 포함됐다. 프로파일러로서는 추가로 의뢰한 DNA 감식의 결과를 기다리며 이춘재와 꾸준히 접촉해 신뢰 관계를 형성하는 데 집중하는 것 말고는 길이 없었다. 프로파일링에서는 '라포르rapport(정서적 친밀감과 신뢰) 형성'이라고 한다. 공팀장은 2009년 강호순 수사 당시 투입된 지 이틀 만에 범행에 대한 자백을 이끌어냈었다. 당시 공팀장은 강호순과 친밀감을 형성하기 위해 "식사는 하셨어요?" "어디 불편한 데는 없으세요?" 같은 일상적인 질문에서 이야깃거리를 만들어 대화를 풀어나갔다고 한다.

이 무렵 7차 사건 당시 용의자와 마주쳐 몽타주 작성에 참여했던 버스 안내양 엄 모 씨가 경기남부지방경찰청에 나와 법최면 조사를 받았다. 당시의 버스 기사는 이미 사망했다. 법최면은 폐쇄회로 TV 영상 등 직접증거가 없는 사건에서 용의자의 얼굴이나 행동, 발언 등을 복원해 수사의 실마리를 제공한다. 이 과정에서 경찰이 이춘재의 사진을 보여주자 엄씨는 '기억 속의 용의자가 이 사람이 맞다. 당시 목격한 용의자의 얼굴과 일치한다'는 취지로 진술했다.

접견 조사 횟수가 늘어나면서 이씨도 조금씩 흔들리기 시작했다. 이씨는 9월 24일~27일에 이뤄진 4~7차 대면 조사에서 처음 입을 열었다. 그전까지는 프로파일러의 질문에 대체로 답을 하지 않고 화성 연쇄살인과의 연관을 부인했다. 이때 이춘재는 한 여성 프로파일러의 손을 뚫어지게 쳐다보더니 불쑥 그런 말을 했다고 한다. "손이 참 예쁘시네요. 손 좀 잡아봐도 돼요?" 이에 프로파일러는 매몰차게 대하지 않고 "조사가 마무리되면 악수나 하자"고 편한 톤으로 대답했다. 이씨의 요구를 완곡히 거절하면서도 라포르를 깨뜨리지 않아야 했다. 이런 장면에서 알 수 있듯 이수정 교수도 여성 프로파일러와 얘기하는 자리가 생겼다는 게 이춘재가 계속 면담에 나온 이유라고 봤다.

"이춘재는 성도착증으로 연쇄 성폭행 살인을 저지른 사람이다. 그렇게 성적인 관심이 많은 사람이 20여 년간 교도소에 있었다. 그러다 수사관을 떠나 여성과 말을 할 수 있는 자리가 생기니 그것만큼 흥분되는 일이 없었을 거다. 그렇게 자리에 나오기 시작하면서 말린 거다. 결과적으로… 그런 부분을 수사팀이 굉장히 열심히 분석하고 준비해서 공략한 게 성공한 것 같다."[89]

이러한 신문 전략을 수립하고 친밀감을 유지한 끝에 자백을 끌어내는 분위기가 만들어졌다. 갈등하던 이춘재는 순간 "DNA가 나왔다니 어쩔 수 없네요"라고 하더니 "언젠가는 이런 날이 올 줄 알았다"며 자백을 시작했다. 화성 연쇄살인 사건이 재조명되면서 모범수 자격으로 가석방을 노려볼 가능성이 사라진 마당에 프로파일러들의 회유와 압박이 더해지자 이춘재는 모든 범행을 자백하기로 마음을 굳혔을 것이다. 그야말로 33년 만에 DNA 검출에 이어 이춘재의 자백으로 마지막 퍼즐이 끼워지면서 화성 연쇄살인의 전모가 드러나는 순간이었다. 경찰이 DNA를 재분석해 이씨를 5차, 7차, 9차 사건의 범인으로 지목한 지 13일 만이다.

자백 건수가 14건이라면 10차례의 화성 연쇄살인에서 8차 사건을 빼고도 5건이나 많았다. 경찰은 이때만 해도 '14건'이 어떤 사건들인지 구체적으로 밝히지 않았다. 물론 사람들은 이춘재가 그 내용까지는 아직 자백하지 않은 상태라고 생각했다. 그러나 며칠 뒤 밝혀지듯이 이춘재는 자백 당시부터 모든 것을 상세히 털어놓았는데 경찰이 자세한 내용을 세상에 공개하지 않았던 것이다(처음 입을 열 때부터 이춘재는 '12+2'라고 적었다). 다만 5건의 여죄는 화성 연쇄사건을 전후해 저지른 3건, 청주에서 처제를 살인하기 전까지 저지른 2건이라는 경찰 관계자의 말 정도가 새어나왔다. 그 말 자체는 틀린 말은 아니었지만, 그때 사람들은 8차 사건이 '14건'에 포함됐으리라곤 상상조차

89) 동아일보 2019.11.5. "'이춘재가 자백한 이유? 여자 좋아하다 휘말려서…'", 이수정 교수 인터뷰

하지 못했다. 그러니 나중에 이춘재가 8차 사건도 자신의 범행이라고 시인했다고 경찰이 말을 바꿨을 때 다들 믿기 어려워했다.

이춘재가 자백했지만 자백의 신빙성을 확인하고자 경찰은 다시 수사기록 등을 살펴보며 검증 작업을 벌여야 했다. 자칫 수사에 혼선을 주기 위해 허위로 진술한 것이거나, 자포자기 상태에서 단순히 경찰이 제시하는 범행을 시인한 것일 수도 있어서다. 추후 진술을 번복할 가능성도 있었다. 이씨가 진술하지 않은 범죄가 더 있을 수도 있고, 반대로 자백한 범죄가 이씨의 소행이 아닐 수도 있다. 실제로 전에도 그런 사례가 있었다. 유영철은 21건의 범행을 했다고 자백했는데 나중에 기소 단계에서 그중 1건은 그의 범행이 아니라 정남규의 범행으로 밝혀졌다. 자백하는 마당에 본인의 범행을 좀 더 부풀림으로써 과시하려는 경우라 할 수 있다.

수감된 지 24년이 넘은 이춘재가 이제 와서 털어놓은 여죄라면 그 나머지 5건은 범인의 윤곽조차 파악되지 않은 장기 미제 사건일 가능성이 높았다. 사람들은 여죄의 내용이 궁금했다. 그간 많은 범죄 전문가들이 지적해왔듯 연쇄살인범의 가장 큰 특징은 '살인을 멈출 수 없다'는 살인 중독에 있으므로 '화성 이후'에 대해 온갖 추측이 난무했었다. 특히 범죄 흔적이 없는 휴지기, 즉 10차 사건 이후부터 청주 처제 살인 사건 전까지 기간에 과연 이춘재가 가만히 있었을까 의구심을 품었다. 그런데 이렇게 청주에서 추가 범행을 저질렀을 거라는 예상이 맞아떨어지자 이제 숨겨진 범죄가 더 나와도 놀라지 않을 분위기였다.

사람들의 관심이 추가로 자백한 사건들에 쏠리자 언론들은 경찰 관계자의 언질에 따라 화성 연쇄사건 당시 인접한 곳에서 일어난 사건, 특히 범행 수법이 비슷한 사건을 추려나갔다. 일단 자백 직전 수사본부가 유사하다는 이유로 주목했던 사건은 수원 일대에서 발생한 두 건, 즉 1987년 '수원 화서역 여고생 살인 사건'과 1989년 7월 3일 실종된 17세 여고 2학년 정 모 양 사건이다. 정양은 귀가 중 실종된 지 엿새 만인 7월 9일 오후 3시쯤 수원 오목천동의 농수로 바닥에서 숨진 채 발견됐다. 가슴과 등을 흉기로 찔렸고 알몸 상태였다. 시신 부근에는 흰색 양말 한 짝과 흰색 구두 한 켤레가 있었지만 옷은 없었다. 사건 현장은 화성 4차 사건(1986년 12월)이 벌어진 정남면 관항리에서 10킬로미터 정도 떨어진 곳이다.

과거 화성에서 일어난 두 실종 사건도 다시 주목을 받았다. 당시 화성 태안읍에선 8차와 9차 사건 사이에 한 건의 실종, 10차 사건 이후에 또 한 건의 실종이 있었다. 1989년 7월 7일 오후 1시경 화성 태안읍에 사는 아홉 살 김 모 양이 학교 수업을 마치고 귀가하던 중 실종됐다. 당시 경찰은 두 차례에 걸친 김양 아버지의 수사 요청에도 불구하고 이를 단순 실종 사건으로 처리하고 목격자 등에 대한 조사만 한 뒤 수사를 종결했다. 하지만 실종 5개월여 뒤인 그해 12월 실종 당시 입고 나갔던 치마와 책가방이 태안읍 병점5리에서 발견됐다. 이곳은 9차 사건 현장에서 불과 30여 미터 떨어진 지점이다.

화성 10차 사건이 발생하고 7개월 뒤에는 30대 여성이 실종되는 사건이 있었다. 1991년 11월 태안읍 D전자에 다니는 30세 가정주부 고 모 씨가 출근길에 실종된 것이다. 고씨의 회사는 화성 연쇄살인 사건이 발생했던 지역과 인접한 곳이다. 경찰은 고씨의 평소 생활이 성실했다는 가족 등의 진술을 확보하고 성폭행을 당한 뒤 살해된 것은 아닌지, 즉 화성 연쇄살인과 연관이 있는 건 아닌지 수사를 벌였다. 하지만 이 사건이 화성 연쇄살인은 물론 다른 범죄와 관련 있는지, 만약 살해됐다면 범인을 검거했는지, 아니면 무사히 귀가했거나 단순 실종 처리됐는지 등에 대해선 확인되지 않았다.

한편 화성 연쇄살인 사건 기간 중인 1988년 한 해 동안에만 화성에서는 모두 50여 건의 가출인 신고가 있었는데, 그중 절반가량은 15~30세 여성인 것으로 드러났다. 이쯤 되자 사람들은 화성 연쇄살인 사건의 숨어 있는 피해자가 더 늘어날 것이라고 생각했다.

살인 여죄 2건이 1994년 1월 청주에서 처제를 살해하기 전이라는 이춘재의 자백에 따라 청주에서 당시 발생했던 미제 사건들도 다시 조명을 받았다. 자백 직전 수사본부는 청주흥덕경찰서와 청주청원경찰서 문서고에서 10차 사건 발생 시점인 1991년 4월 이후부터 이씨가 검거된 1994년 1월까지의 사건 기록을 찾았고, 또 그중 1990년대 초 청주 지역에서 일어난 미제 사건의 기록도 확보했었다.

실제 청주로 거주지를 옮긴 뒤에도 이춘재의 주변에선 살인 사건이 끊이지 않았다. 그 시기 청주에서는 화성 연쇄살인과 흡사한 성폭행 및 살인 사건이 연이어 발생했다. 이 무렵 충북지방경찰청 관계자는 1991년 1월부터 이춘재가 잡힌 1994년 1월까지 청주에서 모두 5건의 미제 살인 사건이 발생한 것으로 파악했다.

1991년 1월 27일 오전 10시 50분쯤 청주 가경동 택지 개발 공사 현장 콘크리트 하수관에서 인근 공장의 노동자 17세 박 모 양이 속옷으로 입이 틀어막히고 양손을 뒤로 묶여 숨진 채 발견됐다. 하루 전날 1월 26일 저녁 8시 50분쯤에는 같은 공사장 인근을 지나 귀가하던 마을 주민 32세 김 모 씨가 귀가하던 중 20, 30대로 보이는 남자에게 납치돼 하수관으로 끌려가 스타킹으로 손발을 묶이고 현금과 반지 등을 빼앗겼으나 범인이 한눈을 파는 사이 손발을 풀고 달아났다. 수사에 나선 경찰은 당시 현장 인근에 살면서 상습 절도 혐의를 받고 있던 박 모(당시 19세) 군을 잡아 범인으로 몰았다. 범행 일체에 대해 자백을 받아 재판에 넘겨졌지만, 이후 박군은 재판 과정에서 무죄를 선고받았다. 이 사건은 뒤늦게 미해결 살인 사건으로 분류됐다.

1992년 4월 23일 오전 8시 20분쯤 청주 강내면 경부고속도로 학천교 확장 공사장에서 20대 여성이 숨진 채 암매장된 것을 굴삭기 기사가 발견했다. 시신은 알몸에 화성 연쇄살인 피해자들처럼 스타킹으로 양손이 뒤로 묶여 있었다. 당시 경찰은 이 여성이 숨진 지 서너 달 된 것으로 보고 수사에 나섰으나 신원 파악도 하지 못했고, 끝내 사건은 미제로 남았다.

이보다 닷새 전인 4월 18일 청주 봉명동에서는 30대 술집 여종업원이 식당 주차장에서 살해된 채 발견됐다. 당시 경찰은 수사본부를 꾸리고 27명의 형사를 투입했지만 사건 실마리조차 찾지 못했다.

같은 해 6월 24일 청주 복대동에서는 가정주부 28세 이 모 씨가 자택에서 피살된 채 발견됐다. 당시 피해자는 하의가 벗겨진 채 목이 전화기 줄에 묶여 있었다. 이곳은 이춘재가 살던 복대동 집에서 직선거리로 400미터 떨어진 곳이다. 당시 20대 초반으로 추정되는 남성을 사건 현장에서 목격했다는 진술이 있었으나 범인은 잡히지 않았다. 경찰은 피해자 주변을 중심으로 수사력을 집중했지만 용의자의 윤곽조차 파악하지 못했다.

다만 1993년 11월 내덕동에서 30대 남자가 20대 여성을 성폭행한 뒤 살해한 사건은 이듬해 1월 피의자가 검거됐다. 이 사건은 피해자의 스타킹으로 손발을 묶은 점이 화성 연쇄살인의 수법과 유사했다.

"8차도 내가 했다"

제18호 태풍 미탁이 시속 24킬로미터의 속도로 한반도로 북상하고 있었다. 2019년 10월 2일 새벽 서해 남부에 이어 제주도 부근 바다에도 태풍경보가 내려졌다. 태풍은 늦은 밤 전남 지역에 상륙할 것으로 보였다. 경기남부지방경찰청은 그날 아침 브리핑에서 이춘재의 자백 사실을 공식적으로 밝혔다. 총 9회에 걸친 접견 조사 끝에 자백을 받았다고 했다.

"이씨는 또 화성 사건 외에 추가 살인 5건과 30여 건의 강간 및 미수에 대해서도 인정했다. 이춘재가 자발적이고 구체적으로 살인과 성범죄에 대해 털어놨다."

이날 브리핑에선 30여 건의 강간 및 미수 사건에 대한 자백 사실이 추가됐다. 화성과 청주 일대에서 30여 명의 부녀자를 상대로 한 강간 및 미수 사건도 이춘재 자신이 저질렀다는 것이다. 경찰은 이씨의 자백이 오래전 기억에 의존해서 일시나 장소 등에 편차가 있고 일부 사건은 구체적인 내용이 아닌 경우도 있다고 했다. 전부 오래된 사건이어서 경찰이 자백의 신빙성을 확보하기는 쉽지 않을 것으로 보였다.

이씨의 성범죄 또한 처벌이 어렵기는 마찬가지다. 이씨의 범행 당시 성범죄의 공소시효는 15년이었지만, 2010년 4월 성폭력범죄의 처벌 등에 관한 특례법이 제정되면서 DNA가 확보된 성범죄의 경우 공소시효는 25년으로 연장됐다. 하지만 이는 2010년 4월 이전에 공소시효가 만료된 사건엔 소급 적용되지 않아서 1995년 4월 이전 성범죄엔 적용되지 않는다. 이춘재가 붙잡힌 때가 1994년 1월이니 그가 1991~1993년 청주에서 성범죄를 저질렀어도 불과 몇 년 차이로 처벌을 벗어나게 됐다.

이춘재의 성범죄 자백이 나오면서 '화성 이전'도 다시 조명을 받았다. 이씨가 군대에서 제대한 1986년 1월부터 1차 사건 직전인 같은 해 7월까지 최소 8건의 연쇄 성폭행 사건이 화성 일대에서 벌어졌다. 10대~40대 여성들인 이 사건 피해자들은 한결같이 '20대 초반의, 170센티미터가 채 안 되는 보통 체격의 남성'을 범인으로 지목했다. 속옷을 이용한 재갈이나 스타킹이나 양말로 상대의 손을 묶는 결박 방식 등 범행 수법도 연쇄살인 사건과 비슷했다. 즉 연쇄강간 사건이 1차 연쇄살인 사건 이전에 발생했다는 점 때문에, 성범죄를 거듭하던 이춘재가 더욱 대담해진 끝에 살인까지 저지르게 된 것이라는 분석이 나왔다. 이즈음 사람들은 어쩌면 화성 연쇄살인은 더 큰 범행의 작은 조각에 불과할 수 있다는 불길한 예감에 사로잡혔다.

브리핑 이후 수사본부 관계자들 사이에서 이춘재의 '자백 스타일'에 대한 이야기가 돌았다. 이춘재는 설명하면서 그림을 그렸다. 30년

이 지났는데도 그날의 기억들은 머릿속에 또렷한 듯했다. 너무 오래 전 일이라 말로 설명하다 안 되겠다 싶으면 "이 사건 당시 현장은 이런 모습이었다"며 직접 당시 지형·지물을 그려가며 설명했다. 영화 '암수살인'에서 연쇄살인범이 교도소에 면회를 온 형사에게 추가 살인을 자백하는 장면과 흡사했다. 강호순도 지난날 경찰 조사에서 시신 유기 장소를 설명하면서 그림으로 그렸었다. 이씨는 화성 연쇄살인은 물론, 그 외 5건의 추가 범죄, 강간 및 미수 30건에 대해서도 모두 그런 방식으로 털어놓았다. 1986년 1월 군 제대 이후 1994년 1월 처제 살인으로 구속되기 전까지 자신이 저지른 8년간의 범행 내력이 쏟아져 나왔다.

자백은 경찰이 구체적 사건에 대해 물어보면 인정하는 방식으로 이뤄진 게 아니었다. 오히려 "화성 살인 9건, 화성 전후 사건 5건 등 모두 14건의 성폭행 살인을 저질렀다" "처제 살해 전까지 화성과 청주 일대에서 30건 정도의 강간 및 미수 사건을 저질렀다"는 식으로, 캐묻지 않아도 이춘재 스스로 자신의 범행에 대해 설명해나갔다. 미처 관련 사건에 대한 검토가 미진한 부분이 있는 경우 이춘재가 나서서 "당시 주변 상황이 이랬다"며 해당 장소를 그림으로 직접 그려 보여주기도 했다는 것이다. 이춘재의 이런 자백 스타일을 두고 경찰 안팎에선 이춘재가 자신의 범행에 대해 나름의 자부심을 갖고 있는 것 아니냐는 해석이 나왔다. 실제 정남규의 경우 재판 과정에서 관련 정황을 또렷이 진술하면서 "사람들 많이 죽일 때 자부심을 느꼈다"고 언급하기도 했다.

그런데 이틀 뒤인 10월 4일 경찰은 갑자기 말을 바꿨다. 이춘재가 자백한 살인 14건에는 다른 범인이 잡혀 처벌까지 받은 8차(1988년 9월 16일) 사건도 포함된다는 것이었다. 사실 '14건의 살인과 30여 건의 강간 및 미수'를 처음 실토했을 때부터 이춘재는 모방 범죄로 결론이 났던 8차 사건까지 자신이 저질렀다고 주장했다. 경찰은 소스라치게 놀랐다. 어찌나 충격이 컸는지 자백이 처음 나온 날엔 그 사실을 공개하지 못했다. 숨길 생각은 없었다. 경찰은 자백의 모든 내용을 좀 더 검토하다가 이날이 돼서야 전모를 밝혔다. 세상은 발칵 뒤집혔다. 다들 진범을 두고 애먼 사람을 잡은 것 아니냐는 스토리를 떠올렸다. 10월 1일 자백이 나온 날과는 사회적 파장이 비교도 되지 않았다.

이춘재의 자백 한마디로 '8차=모방범죄' 공식이 깨지면서 경찰의 고심은 깊어졌다. 만약 이춘재의 주장이 사실이라면 '살인의 추억'에서처럼 무고한 시민을 범인으로 몰아 처벌한 게 되고, 이씨 자백의 신빙성이 기각된다면 지금까지 나온 모든 자백의 진실성까지 의심받을 수 있는 상황이었다. 이런 상황에서 경찰 수사는 대혼선에 빠지게 됐다. 당시 수사와 재판에 관여했던 경찰과 검찰, 사법부도 부실한 수사와 재판을 했다는 논란에 휩싸일 수 있었다. 물론 이씨의 자백 자체가 영웅 심리에 따른 허위 진술일 가능성도 있었다. 경찰로선 자백의 진위를 따지면서 검증을 진행해야 했다. 기억이 오래되고 왜곡돼 자신이 한 것으로 오인했을 수도 있고 허위 진술을 했을 가능성도 배제할 수 없었다.

10월 11일 국립과학수사연구원은 '3차 사건 증거물에서 대상자(이춘재)의 DNA가 검출됐다'고 수사본부에 구두로 통보했다. 3차 사건은 오랜 시간이 지난 뒤 피해자가 발견됨에 따라 증거물 일부가 바스러지는 등 상태가 좋지 않았지만 DNA가 남아 있었다. 이로써 확정된 이춘재의 범행은 4차, 5차, 7차, 9차 사건을 포함해 모두 5건으로 늘어났다. 경찰은 8차 사건의 증거물인 토끼풀과 구멍 뚫린 창호지에 대한 분석이 완료되는 대로 추가 증거물 감정을 의뢰하기로 했다. 이때까지 국립과학수사연구원에 의뢰한 증거물은 3차, 4차, 5차, 7차, 8차, 9차, 10차 사건 등 총 7건이며 이중 10차 사건에서만 DNA가 검출되지 않았다.

그러던 중 10월 14일 오후 경찰은 이춘재를 화성 연쇄사건의 피의자로 간주해 유력 용의자에서 피의자 신분으로 전환해 입건했다. 14건의 살인과 30여 건의 강간 및 미수에 대한 이춘재의 자백과 별도로, 화성 3차, 4차, 5차, 7차, 9차 사건에서 채취한 DNA가 그의 DNA와 일치하다는 결과가 나온 이상 강간 및 살인 혐의에 대해 이러한 조치를 내린 것이다. 이로써 경찰은 이춘재를 화성 연쇄살인의 범인으로 처음 인정했다. 경찰이 공소시효가 지나서 재판에 넘겨 처벌할 수 없는데도 피의자 신분으로 전환한 이유는 검찰에 '공소권 없음'으로 송치하기 위해서다. 현행법상 단순 용의자인 경우에는 검찰에 송치할 수 없다. 경찰은 그동안 이씨의 피의자 전환을 검토해왔지만 의견이 분분해 확정 짓지 못해왔다. 다만 이날 피의자로 입건하면서도 신상 정보는 공개하지 않았다.

다음날인 10월 15일 열린 브리핑 자리에서 수사본부는 '화성 연쇄사건 외 4건'에 대해 공식적으로 밝혔다. 화성 연쇄살인의 연장선에 있는 사건들로서 온갖 추측이 무성했던 '4건'의 실체가 공개되는 순간이었다. 청주에서 발생한 2건의 살인은 1991년 1월 '청주 가경동 공사장 살인 사건'과 1991년 3월 '청주 남주동 가정주부 살인 사건', 나머지 2건의 수원·화성 사건은 1987년 12월 '수원 화서역 여고생 살인 사건'과 1989년 7월 '화성 초등학생 실종 사건'이었다. '청주 남주동 가정주부 살인 사건'은 화성 8차 사건과 함께 이춘재가 저지른 침입 범죄로 기록됐다. 그동안 미제로 남아 있던 이 4건은 모두 화성 1차~10차 사건 기간 내에 이뤄진 것이다.

10월 24일 브리핑에선 8차 사건의 마지막 남은 증거물과 관련해 최근 국립과학수사원으로부터 이춘재의 DNA를 비롯해 다른 남성의 DNA도 나오지 않았다는 결과를 통보받았다고 밝혔다. 10차 사건의 증거물에서도 이춘재의 DNA가 나오지 않았다고 확인해주었다. 수차례 반복해 분석을 진행했지만 끝내 나오지 않았다는 최종 통보였다. 이로써 이춘재의 DNA가 증거물에서 나온 사건은 화성 3차, 4차, 5차, 7차, 9차 사건 등 모두 5건에 머물게 됐다. 1차, 6차, 8차, 10차 사건의 증거물에선 이춘재의 DNA가 나오지 않았다. 1차와 6차, 8차 사건의 경우 현재 남아 있는 증거물이 없다. 이제 경찰에게 남은 건 국립과학수사연구원에 의뢰한 2차 사건 증거물에 대한 재감정의 결과뿐이다.

문제는 2차 사건의 증거물이 화성 연쇄사건의 마지막 증거물이라는 점이다. 2차 사건까지 분석을 마치면 남아 있는 증거물은 없다. 이렇게 되자 이춘재의 DNA를 확보하는 데 나선 경찰에 비상이 걸렸다. 화성 5건을 제외한 나머지 화성 5건, '화성 연쇄사건 외 4건' 등은 증거물에서 이춘재의 DNA가 나오지 않았거나 분석을 의뢰할 만한 증거물이 한 개도 남아 있지 않아서다. 화성 연쇄사건은 이제 더 이상 증거물이 없다. 과학적 증명을 통해 이춘재의 자백에 대한 신빙성을 확보해 실체적 진실을 밝혀내겠다는 경찰로서는 난감한 상황에 놓이게 됐다. 이춘재의 자백 외에는 이춘재가 범인이라는 사실을 뒷받침할 과학적인 증거를 확보할 수 없게 된 것이다. 이러한 상황은 경찰이 화성 연쇄사건의 증거물을 재분석하기 위해 나설 때부터 우려했던 일이다. 앞서 말했듯이 화성 연쇄사건과 관련한 증거물은 7개 박스, 138점에 불과했다. 이마저도 대다수가 증거물로서의 가치가 없는 것이다.

이런 상황에서 이춘재의 자백이 오히려 8차 사건을 미궁으로 밀어넣고 있었다. 경기남부지방경찰청은 이춘재에 대한 '생애 전 과정 면담'에 돌입했다. 마땅한 물증 없이 진술만 남은 사건들이라 범행 동기 등 사건 전반을 되짚을 수밖에 없다는 판단에 따른 것이다.

"8차 사건 자백하지 말까요?"

경찰과 범죄심리학자들은 이춘재에 대해 "감히 어떤 연쇄살인범과도 비교할 수 없는 최악의 범죄자"라는 평가를 내놓았다. 그런 판단에는 범행 기간이나 범행 대상 등 흉포함의 수준이 크게 작용하지만 그가 보인 이중성의 무서운 폭, 차라리 다중 인격이라 불러야 할 정도의 인격 장애도 한몫한다. 더욱이 다른 연쇄살인범들과 달리 그에겐 범행 동기라는 것이 잘 보이지 않는다. 성범죄자로 출발했고 대부분 범죄가 가학성 성도착이 두드러지는 강간 살인이었지만 '욕정 살인lust killer'(폴 드 리버Paul de River의 분류)이라고 치부하고 닫아버리기엔 놓치는 점이 보인다. 이를테면 높은 계획성이 그렇다. 강호순에게 붙는 '쾌락형 연쇄살인범'이라는 범주도 이춘재에겐 어울리지 않는 구석이 있다. 결혼 전 여성과의 교제 등 세상에 알려지지 않은 접촉면이 많다. 차라리 그는 피해자와의 지배 및 권력 관계에 더욱 집착한 정황이 있다. 그런 범죄 속성상 정남규와 더 가깝다.

사이코패스도 그렇다. 보통 스릴 추구, 병적인 거짓말, 반사회적인 행동, 죄책감 부재라는 네 가지 특징이 두드러지면 사이코패스로 분류할 수 있다고 한다.[90] 또 헤이즐우드는 모든 성적 가학증자는 사이코패스라 했고, 레빈과 폭스는 연쇄살인범을 사이코패스와 사회병질자(소시오패스)로 설명했다.[91] 이렇게 범행들의 공통점을 부각하고 큰 틀을 부과함으로써 어떻게든 범죄자의 패턴을 이해하려는 노력은 납득이 간다. 그래도 여전히 드는 생각은 그가 어떤 유형의 범죄자인지 규정하는 것과 그가 불러낸 악, 그에 짓밟힌 극심한 피해를 아는 것과는 별개라는 것이다. 틀 없이 보기는 어렵지만 거기에 매여 범죄자에게 일어난 수많은 변수를 무시하지는 않았는가. 어쩌면 뚜렷한 설명이 어려운 범행도 있지 않을까. 특히 이춘재의 경우엔 공통점보다는 차이에 유념해야겠다는 생각이 든다. 양식화된 유형을 따르지 않음으로써 자신이 상황을 지배하고 있다는 생각을 할 수 있는 인물이다. 무엇보다 그는 힘(power)에 극도로 민감했다. 그 점이 가장 마음에 걸린다.

이를테면 이런 장면을 보자. 범행을 자백한 날에도 이춘재는 일상의 루틴을 지켰다. 평상시와 같이 운동 시간에 독방 옆 공간에서 운동을 하고 세 끼 식사를 모두 먹었다. 생활 패턴에 별다른 동요가 없어서 가까이서 보는 교도관들조차 범행 자백 사실을 언론을 통해 알게 될 정도였다.[92] 이렇게 심리 변화 없이 자백을 하는 모습에서 전문가

90) 강은영, 박형민 '살인범죄의 실태와 유형별 특성'(2008, 한국형사정책연구원), 63쪽. Rieber, R. W. and Green, M. R.(1988) *The Psychopathy of Everyday Life*에서 인용

91) Levin, J. and J.A. Fox, *Mass Murder: America's Growing Menace*. Plenum Press, 1985

92) 부산일보 2019.10.2. '이춘재 자백 후에도 전혀 동요 없이 교도소 생활… "교도관들도 언론 보고 알

들은 그가 죄책감을 느끼지 못하는 데다 타인의 고통을 공감하지 못하는 사이코패스 성향이 강하게 나타난다고 진단했다. 하지만 거기엔 뭔가 자백하지 않은 것, 여죄를 두고 경찰과 게임을 벌이는 듯한 범인의 모습이 빠져 있다.

범죄 동기를 말할 때 범죄심리학자들은 어릴 적 부모 등의 학대가 원인이 될 수 있어 연쇄살인범들의 가정환경에 주목한다. 밤만 되면 아버지에게 맞았던 유영철, 이웃 등에게 성폭행을 당한 정남규, 아버지가 어머니를 상습적으로 폭행하는 모습을 보며 자란 강호순이 그랬다. 그런데 이춘재에 대해선 아직까지 가정환경과 성장 과정에서 특이점이 보이지 않는다.

이춘재에 대한 주변 사람들의 기억은 한결같았다. 고등학교 동기들이나 친인척 모두 "조용한 아이였고 큰 말썽 한 번 부린 적 없다"고 했다. "착한 아들이었다"는 그의 어머니 말처럼 이씨는 조용한 어린 시절을 보냈던 것으로 보인다. 사춘기를 겪었을 학창 시절에도 튀지 않는 평범한 학생이었다. 24년 동안 함께 지낸 부산교도소의 동료 죄수들도 "남한테 폐 한 번 안 끼칠 사람"이라고 했다. 그런 점에서 이씨는 가족과 이웃들에게 철저히 자신의 본성을 숨기다 성도착이 심화된 것으로 추정된다. 주변 사람들이 전혀 눈치 채지 못하는 동안 이씨는 범행을 반복하다 잔혹한 살인 행각에 발을 들였다. 그 후 평범한 얼굴을 하고 태연히 범죄를 저질렀다.

수원 소재 고등학교 친구들의 말을 종합하면 그는 일상생활에서

왔다"

속내를 철저히 감추고 지낸 듯하다. 우리가 만난 1983년 졸업생 고등학교 동기들은 이씨 얘기를 꺼내자 "진짜로 그런 짓을 저질렀다는 것이 믿기지 않는다"고 이야기했다. 고등학교 3학년 당시 이씨와 같은 반이었다는 A씨도 비슷한 말을 했다. "워낙 조용해서 기억에 잘 남지 않는 친구였고, 운동이나 서클 활동에도 참여한 적 없는 걸로 안다. 그래서 최근 보도가 나왔을 때 처음에는 동명이인이 했을 거라고 생각했고, 자백했다는 이야기를 듣고는 놀라서 머리가 쭈뼛쭈뼛 설 정도였다." 또 다른 고등학교 3학년 친구 B씨도 이렇게 회상했다. "목소리가 중성적이고 얼굴이 하얗고 뽀얘서 기억에 남는다. 야한 잡지를 누가 학교에 들고 와도 앞에 나서서 '보자!'고 주도하는 스타일이 아니라 뒤에 멀찍이 떨어져서 지켜보는 성격이었다. 흡연 등으로 말썽을 부리거나 다른 친구와 싸워서 걸린 적도 없었다. 그 당시에는 '왕따'라는 개념이 없었지만 이씨는 존재감이 거의 없었다."

이춘재가 1986년 1월 군에서 제대하고 난 후 2월부터 인근에서 연쇄강간이 발생했고, 2차와 6차, 8차 사건 모두 진안동 부근서 일어났지만, 이웃들은 이씨를 전혀 의심하지 않았다. 진안동 주민이나 이씨 친척들은 여전히 "놀랍다. 이씨를 범인으로 의심해본 적이 없다"는 반응뿐이다. 진안동에서 식당을 운영했다는 이씨의 친척 이 모 씨는 "처제 살인 사건으로 수감되기 전까지 부모님에게 잘했다. 이후 이씨 아버지가 화병으로 돌아가셨는데, 그 얌전하던 애가 어떻게 그런 사건을 저질렀나 싶어 그런 게 아닐까 한다"고 말했다.

가정환경도 특별나지 않았다. 이씨의 어머니는 "내가 남편과 싸우기라도 하면 '빨리 푸는 게 제일 좋은 약'이라며 위로할 정도로 착했던 아들"이라고 했다. 이씨 가족과 이웃들은 양육 과정에서 학대나 방임 등은 없었다고 증언하고 있고, 다만 이씨의 군대 시절에 대해선 경찰이 조사 중이다. 일각에서는 군 복무 중 받은 가혹 행위 등이 영향을 미쳤을 가능성도 제기했다. 남성에게 성폭행을 당해 자신의 남성성과 성적 능력에 대해 위협을 느낀 사람이 수치심을 지우기 위해 성범죄를 저지른다는 연구 결과가 나와 있다. 말하자면 '범행 전 스트레스' 상황이다. 그러나 군대에서 함께 복무한 동기는 동성 간 성추행 가능성을 단호히 부정했다. 같은 기수끼리 모여 내무반 생활을 했고 동기들과의 관계도 원활했다.[93]

그럼, 이춘재는 어떻게 연쇄살인범이 됐을까. 전문가들도 이씨가 타고난 기질만 갖고 연쇄살인범이 되지는 않았을 것이라고 본다. 임명호 단국대 교수는 지인들과의 관계를 좀 더 엄밀히 들여다봐야 한다고 했다. "분명한 건 갑자기 살인마가 될 수는 없다는 점이다. 태생적 이유뿐 아니라 성장 과정에서 이씨가 겪은 경험 모두가 성격 형성에 영향을 미쳤을 것이다. 이씨가 잘못된 행동을 보였을 때 지금처럼 주변에서 '그럴 리가 없다'는 반응을 보였다면 이씨의 이상행동도 심화됐을 가능성이 있다." 이춘재가 연쇄살인에 이르기 전까지 작은 범죄들을 저지르며 범죄를 '학습'했을 것이라는 분석이다. 오윤성 교수 또한 이씨가 가족의 믿음을 등에 업고 범죄를 학습했을 가능성을 언급하며 성장 환경을 더 분석해봐야 한다고 했다. "이씨 모친이 (청주) 처제 살인 역시 며느리에게 책임이 있다는 식으로 원인을 돌리는 태도를 보였는데, 이런 환경 속에서 이씨가 어떻게 자랐느냐에 대해 주

---

93) SBS '그것이 알고 싶다' 1185회

목할 필요가 있다."

이씨를 화성 연쇄살인 당시 세 차례나 수사하고도 놓친 허술한 수사망도 이씨가 연쇄살인범으로 거듭나는 데 영향을 미쳤다. 조은경 동국대 교수의 설명이다. "심리학의 행동 수정 원리로 설명이 되는데, 어떤 행동을 한 뒤에 본인에게 긍정적 결과를 얻게 되면 행동을 다시 할 확률이 높아진다. 수사망에서 벗어난 뒤에는 '내가 성공했다'는 식으로 평가하고 그 수법을 다시 사용했을 것이다. 또 이씨가 경찰 조사를 받으며 수사 정보를 알고 난 후에는 경찰 수사망을 피해 더 큰 희열을 느끼며 범행을 저질렀을 것이다."

조교수가 말한 행동 수정 원리는 앤 버지스 등이 이름 붙인 '피드백 필터feedback filter'와 일맥상통한다.[94] 성장기 중에 학대를 받은 이들은 대부분 마음속에 감정적 상처나 앙금을 간직하게 되는데, 어떤 미성년의 경우 자신의 공격적 행동에서 후회하거나 뉘우치는 대신 기쁨과 만족을 느낀다. 어린 나이에도 불구하고 타인을 조종하는 힘을 깨닫고부터는 자신이 빼앗긴 것을 보상받는 느낌을 받는 것이다. 그때 되먹임이 되어 그런 자극을 강화하는 길로 간다. 그는 자신의 경험으로부터 배운다. 자신에게 힘과 만족감을 주는 행동 요소들을 추려내고 타인을 지배하고 조종하는 영역과 상황을 넓혀나간다. 감시와 처벌을 피하는 기술을 터득하면서 범행에 성공하는 법을 몸에 익힌다. "더 많은 성공과 만족감을 거둘수록 피드백 회로는 강고해진다."[95] 물론 모든 학습에 피드백 체계가 있기 마련이나 살인자의 경우 그것은

94) Robert K. Ressler, Ann W. Burgess, and John E. Douglas, *Sexual Homicide: Patterns and Motives*. The Free Press, 1995. 74쪽

95) John Douglas and Mark Olshaker, *The Anatomy of Motive*. 36쪽

부정적이고 파괴적으로 작용한다. 이렇게 힘이 무엇인지 인지하고 나면 그다음 단계에선 환상과 접한다. 우선 성공해서 자신을 괴롭히거나 부당히 대한 이들에게 앙갚음을 하는 환상을 갖고, 그다음엔 성적 환상을 품는다.[96] 행동을 거듭할수록 되먹임이 되어 반응에 패턴이 생기는 한편, 다른 쪽에선 지난 행동을 걸러내서 생각의 길을 찾는 필터 작용이 일어난다. 살인자의 반응 체계를 피드백 필터라고 이름 붙인 것은 여기서 연유한다. 이를 통해 살인자는 지난 행동을 정당화하고 외부 환경에서 오는 제약을 벗어나 자기 내부의 환상 세계를 보호하고 지켜나간다. 더글러스는 이런 점을 간파하고 살인범의 동기를 추적할 때 항상 동기는 환상과 관련돼 있고 범행 이전에 환상이 선행한다고 봤다.

이춘재는 청주 처제 살인 사건으로 재판을 받던 1994년 대전교도소에 수감돼 있었다. 이때 수감자 카드에 본적은 화성 진안리, 집 주소 역시 진안리라고 등록돼 있었다. 1994년 여름 A씨는 이씨와 함께 대전교도소 같은 방에서 석 달 동안 생활했다. 이씨는 당시 1심에서 사형을 선고받고 항소심을 준비하던 시기였다. 어느 날 동료 수감자들에게 청주 처제 살인과 관련된 얘기를 했다. A씨는 평소 이씨를 온순해 보이는 얼굴에 말수 없는 조용한 사람으로 봤다가 그 말을 듣고 깜짝 놀랐다. 지독히 이중적이었다. "'처제가 굉장히 예뻤다' 그 말을 강조하더라고요. '예뻐서, 강간하고 죽이고, 사체 유기까지 하고, 가족이나 친지한테 걸릴까 봐 죽였다.' 저한테 죽였다고 얘기를 다 해놓고

---

96) John Douglas and Mark Olshaker, *The Anatomy of Motive*, 31쪽

자기는 무죄다, 억울하다고 했어요."[97]

우선 이중성은 사이코패스의 가장 큰 특징이다. 이춘재는 희생자로 삼은 사람에겐 잔혹하고 끔찍한 폭행을 가하는 반면 동료 남성들 앞에선 온순하고 친근한 태도를 보였다. 이씨의 주변 사람들은 대부분 그를 '착한 사람'으로 기억했다. 순박한 동네 아저씨 같은 이미지였다. 다들 온순한 성격의 소유자로 알고 있다가 나중에 흉악 범죄를 저질렀다는 소식을 듣고 반신반의했다. 이씨가 청주에 살 때 선후배 사이로 지냈던 이는 우리와의 전화 통화에서 유순한 사람이라는 말을 먼저 꺼냈다. "경제적으로는 힘들게 살았지만 다른 사람에게 싫은 소리 한 번 안 하는 착한 사람이었다. 워낙 조용하고 유순했던 사람이라 당시 처제를 살해했다는 소리를 듣고 믿을 수가 없었다. 지금도 믿기지 않는다."

이씨는 아내와는 불화가 잦았지만 처제들과 처가 식구에겐 각별히 대했다. 특히 피해자인 처제는 가끔 이씨 집에 들러 빨래도 하고 반찬도 해줬고, 사건 당일 이씨는 처제에게 "빵 굽는 토스터기를 줄 테니 놀러 오라"고 부를 정도로 사이가 좋았다. 하지만 이씨의 아내와 아들은 평소 폭력에 시달렸다. 가족들은 재판 과정에서 이씨가 내성적이면서도 폭력적인 성향이 강하다는 진술을 쏟아냈다. 1994년 9월 청주 처제 살인 사건의 항소심 재판부는 "내성적이나 한 번 화가 나면 피고인의 부모도 말리지 못할 정도의 난폭한 성격의 소유자"라고 이씨의 성격을 언급했다. 이씨는 아내를 수시로 구타하고, 세 살짜리 아들을 방에 가두고 마구 때려 멍이 들게 할 정도로 학대하기도 했다. 가

---

97) JTBC 뉴스 2019.9.21., 이춘재의 교도소 지인 증언

출한 아내가 전화를 했을 때는 "내가 무서운 음모를 꾸미고 있다는 것을 알아두라"고 경고하기도 했다. 재판부는 "과도한 구타 습관과 난폭한 성격을 갖고 있던 피의자가 가출해 집에 돌아오지 않는 아내에 대해 극도의 증오감을 갖고 있었다"고 범행 당시 이씨의 심리 상태를 진단했다.

그것은 연쇄살인범의 두 얼굴이었다. 다중 인격 소유자일 가능성이 높다고 분석하는 범죄심리 전문가도 있다. 부인과 세 살 난 아들에게는 상습적으로 폭행을 하면서도 밖에 나가서는 조용하고 유순한 사람으로 행세하는 극단적인 이중 성향. 두 상반된 면이 동시에 내재한다기보다는 상대에 따라 다른 면을 보인다. 강자 앞에선 유순하게 굴다가 약자에겐 폭력을 휘두르는 이중성이 사이코패스의 외면이라면, 자기 자신을 한순간 그렇게 전적으로 다른 방향으로 통제하는 것이 그의 내면이다. 이수정 교수는 연쇄살인범과 1급 모범수가 한 사람 안에서 공존할 수 있다는 사실을 이렇게 정리했다. "이중성이 있다는 것은 나름대로 자기 통제력이 있다는 것이다. 겉으로 봐서는 적응적으로 보일 개연성이 굉장히 높다."[98] 특히 범행 대상을 정하고 나면 피해자를 기다려 공격하는 침착하고 참을성 있는 측면, 그러다가 폭발하면 지독하게 잔혹해지는 측면이 내면에서 동시에 작동했다.

이씨를 조용하고 성실한 사람으로 기억했다는 동료 수감자과 청주 선배의 증언도 사실 이러한 자장에서 이해될 수 있다. 이씨의 타깃이 된 대상은 방어능력이 약한 왜소한 여성, 10대나 나이 많은 여성들이었다. 자신보다 약한 상대라면 가리지 않고 범행 대상으로 삼았다. 하

---

98) JTBC '이규연의 스포트라이트' 214회

지만 자기보다 체격이 큰 수감자들과 교정 직원들 사이에선 자신의 포악한 습성을 드러낼 기회가 없었다. "사이코패식한psychopathic 특징들이 있으면 상황에 대한 이해도가 뛰어나다, 적응력이. 그렇기 때문에 남자들끼리 서로 교류하는 데는 별다른 어려움이 없었을 개연성이 높다. 그렇기 때문에 이제 제3자가 보기에는 그 사람이 그럴 줄 몰랐다, 이런 얘기들을 일반적으로는 하게 되는 것이다."[99]

2019년 9월 말과 10월 초 처음 범행 자백이 나왔을 때 당연히 전문가들은 이씨의 자백이 신빙성 있는지 따져봐야 한다고 했다. 범죄심리학자들에 의하면 통상 사이코패스들은 상황을 주도하려는 경향을 보이며 통제력을 잃는 것을 극도로 싫어하므로 범행을 잘 시인하지 않는 편이다. 이수정 교수는 "이춘재가 시인을 한 것은 오히려 수사관과의 관계에서 유리한 위치 혹은 지배적 위치를 확보하기 위한 것일 수도 있다"[100]고 했다.

이씨는 8차 사건도 자신의 범행임을 자백하면서 경찰의 놀라는 모습을 보고 은밀히 한 가지를 제안했다. "경찰이 곤란해질 테니, 이야기하지 않을 수도 있다." 가석방 출소가 물거품이 된 상황에서 그는 경찰과 이른바 '딜deal'을 하려고 나섰다. 20년 가까이 엉뚱한 사람이 옥살이한 것이 세상에 알려지면 경찰이 곤란해질 것을 알고, 어떤 사건은 자신이 하지 않은 것으로 하자는 식으로 구체적인 거래를 마음에 품었을 것이다. 그는 여기서 날카로운 직감으로 상황 파악을 마쳤다. '당신들(경찰)은 지금 내 입만 바라보고 있다.' 누가 아쉬운 처지에 있

99) YTN 뉴스 2019.9.20., 이수정 교수 인터뷰

100) 조선일보 2019.10.2. '왜 14건이나 자백했을까' 프로파일러 "이춘재 진술, 의도·신빙성 의심해야"

는지를 알고 곧바로 주도권이 자신에게 있음을 과시하려는 태도를 보였다. 한 사회가 자신이 가진 범죄 내용에 놀아나고 있다는 데서 오는 희열, 그 이상 그 이하도 아니었다. 이 내용은 이춘재가 검찰에 나와 진술한 내용을 박준영 변호사가 자신의 페이스북에 공개하면서 알려졌다. 이춘재 본인이 말하는, 접견 조사에서 처음 자백할 당시의 이야기를 들어보자.

"제(이춘재)가 메모한 내용을 여자들(프로파일러)에게 건네자 처음엔 여자들이 많이 놀랬습니다. 제가 9건에 대해서만 인정해야 하는데 12건에 2까지 더해서 얼마나 놀랬겠습니까. 여자들에게 모방 범죄로 인정된 화성 연쇄살인 제8차 사건도 '내가 한 거다'라고 하면서 "모방 범죄라고 되어 있는데 아닌 걸로 밝혀지면 경찰들이 곤란한 거 아니냐"고 물어보고 제가 "곤란하면 이야기 안 할 수도 있다"고 이야기하였는데, 저 앞에 있던 여자 공은경 팀장님이 '그런 것은 상관없고 진실을 이야기하는 것이 중요한 것이고, 이춘재 씨가 한 것이 맞다면 그것을 이야기하는 것이 맞다'고 말하였습니다. 그리고 제가 화성 연쇄살인 사건 10건 외에 화서역('수원 여고생 화서역 살인 사건')과, 오산역 근방에서('화성 초등학생 실종 사건') 범한 살인 사건을 포함해서 12건을 설명해줬고, 제가 팀장에게 '플러스 2는 무슨 뜻인가…'"[101]

프로파일러들은 이춘재의 은밀한 제안을 일언지하에 거절했다. 물론 박변호사는 진실이라는 원칙에 충실한 당시 프로파일러들의 모습에 감탄해서 이 내용을 끄집어낸 것이다. 앞서 말했듯이 공팀장은 강호순의 심리 분석을 맡아 자백을 끌어낸 전문 프로파일러로 이씨의

---

101) 박준영 변호사 페이스북(2019.12.29.)에서 인용

재조사에 투입돼 또 한 번 자백을 이끌어냈다. 결국 공팀장의 권유에 따라 이씨는 연쇄살인은 물론 윤씨가 범인으로 몰린 8차 사건까지 자신의 모든 범행을 털어놨다. 박변호사는 당시 상황을 이렇게 정리하고 있다.

"프로파일러들의 설득이 주효했습니다. 이춘재는 DNA 나온 3건만 인정한다고 해서 괜찮은 놈이 되는 것 아니니 다 털고 가자고 결심하기에 이릅니다. 종이와 펜을 달라고 했고 '살인 12+2, 강간 19, 미수 15'라고 써서 프로파일러에게 건넸더니 다들 많이 놀라는 분위기였습니다. 10건 중 범인이 잡힌 8차 사건을 뺀 9건을 인정해야 하는데… 순간 다들 난감했을 겁니다."

어떤 상황에서든 지배적 위치, 주도적 위치를 차지하려는 이러한 경향은 또 한편에선 파워에 굴종하는 걸 자존심 상하는 일로 여기는 태도로 나타났다. 이는 청주 처제 살인 사건 당시 경찰 수사에서 끝까지 진술을 번복하고 증거가 없으면 입을 다물면서 수사관들을 괴롭혔던 데서 드러난다. 검찰 조사와 재판을 받는 중엔 말을 바꿔, 경찰의 강압 조사를 받고 허위 자백할 수밖에 없었다며 끝까지 자신의 범행을 시인하지 않았다. 이춘재가 화성 연쇄살인 사건 당시 경찰이 용의자들에게 자백을 강요해 문제가 된 경우를 알고서 이를 이용한 것 아니냐는 분석도 있었다.

물론 교도소에선 1급 모범수로 생활한 것에서 알 수 있듯이 평소 현실 생활에선 권력굴종형으로 살아야 했다. 지배 성향이 강한 이런 욕망과 저열한 현실 사이에 생긴 괴리가 이씨의 영혼을 파먹었을 것이다. 고등학생 시절 한 동창은 평소 말수가 없고 존재감이 거의 없던 이씨를 '투명인간'으로 기억했다. 유령 같은 친구였다고 했다. 교실엔 화성이라는 시골 출신에 대한 따돌림(왕따) 같은 분위기도 있었다. 전직 경찰이었던 표창원 의원은 이런 말들에 담긴 어두운 함의를 잡아냈다. "투명인간이 멀쩡한 건 아니죠. 답은 그거죠. 오히려 그렇게 자신의 내면에 있는 욕구와 달리 외부에선 취급도 안 한 거죠. 그의 성장 과정 내내 위축, 자존감 부족, 특히 자신의 남성성, 물리력에 대한 열등감. 복종하는 모습, 굴종하는 모습, 순종하는 모습이 생활에 습성화되어 있을 가능성이 높고요. 그때 그의 내면엔 언제나 분노, 공격성, 가능하기만 하면 널 때려죽여버릴 거야, 이런 것들이 늘 있어왔을 겁니다."[102]

경찰 관계자의 말에 따르면 이춘재는 이제 다시 입을 다물었다고 한다. 프로파일러들과 면담을 유지하는 동안 어느새 이들이 자신이 말해준 것 이상을 알고 있고, 자신이 이런 상황을 조종도 지배도 하지 못하고 있다는 것을 확인한 순간 그는 멈칫하며 한 걸음 뒤로 물러섰다. 과연 그는 돌아와서 감춘 이야기를 털어놓을까?

---

102) SBS '그것이 알고 싶다' 1185회, 표창원 의원 인터뷰

청주 가경동 공사장 살인 사건

이춘재의 자백이 나온 뒤 당시 경찰이 저지른 강압 수사의 정황이 속속 드러났다. 8차 사건 범인으로 지목돼 옥살이를 했던 윤씨가 재심 청구를 준비하고 있는 가운데, 이번엔 40대 후반 박 모 씨가 '이춘재 사건'을 뒤집어쓰고 억울한 옥살이를 한 사정이 전해졌다. 1991년 1월 '청주 가경동 공사장 살인 사건' 당시 이춘재 대신 범인으로 지목돼 누명을 쓴 바로 그 19세 청년 박군이다.

우리는 10월 20일 청주의 한 카페에서 박씨를 만났다. 그는 당시 경찰이 팔구일간 잠을 재우지 않고 폭행하는 등 강압 수사를 하는 바람에 이를 이기지 못하고 거짓 자백을 했다고 주장했다. 박씨는 그때 기억을 다시 떠올리고 싶지 않은지 "별로 말하고 싶지 않은데"라면서도 자신의 젊은 시절을 지배했던 그 사건에 대한 억울함은 숨기지 않았다.

박씨가 엮인 것은 1991년 1월 26일 발생한 강간치사 사건이다.

1990년 11월 화성 9차 사건 이후 두 달 지난 시점이었다. 청주 가경 동 택지 조성 공사장 하수구에서 당시 17세 박양이 성폭행을 당하고 숨진 채 발견됐다. 경찰은 현장 인근에 살던 박씨를 범인으로 지목했 다. 열아홉 살 고등학교 중퇴자였던 박씨는 수사기관의 좋은 먹잇감 이기도 했거니와, 하필이면 그때 박씨는 별개의 절도 사건에 휘말려 있었다. 경찰은 박씨를 몰아세웠다. 잠을 재우지 않고, 계속 때리고, 나중엔 거꾸로 매달아 얼굴에 수건을 씌운 채 짬뽕 국물을 붓는 고문 을 가하기도 했다는 게 박씨의 주장이다. '강간치사로 들어가서 몇 년 살다 나오면 된다'는 회유도 있었다. 박씨는 그만 주저앉았다. "잠을 자고 싶었고, 그만 괴롭힘을 당하고 싶었다. 자포자기 심정으로 범행 을 다 시인했다."

박씨는 교도소를 찾아온 어머니가 '정말 네가 한 일이냐'며 울자 그제야 정신을 차렸다. 이후 2년 넘게 옥살이를 하다가 다행히 1심서 무죄 판결을 받은 뒤에야 풀려났다. 하지만 꼬리표는 따라다녔다. 박 씨는 이후 지인들로부터 도망 다니듯 살았다. "처음에는 주변에 억울 하다 했지만 점점 말을 안 하게 됐다. 무죄를 받고 풀려났는데도 소문 이 이미 다 퍼진 뒤라 사람들을 피해 다니며 살았다."

결혼도 하고 아이도 낳았지만 이 사실은 비밀로 했다. '누명을 쓴 적 있다더라'는 정도만 알던 아내는 최근에야 그 일에 대해 자세히 알 게 됐다. 박씨의 누나도 그 사건 당시 동생이 누명을 썼다는 뉴스 보 도를 보고 눈물을 펑펑 쏟았다. 박씨는 '이미 30년이 지난 일'이라고 하면서도 그때 경찰에 당한 가혹 행위에 대해선 사과라도 받고 싶다 고 말했다. 무엇보다 돌아가신 부모님 생각이 간절하다며 말끝을 흐렸다. 아들이 이렇게 오명을 벗는 모습을 보셨더라면 좋았을 텐데 싶어서다. 박씨는 8차 사건 범인으로 지목됐던 윤씨와는 경우가 다르다. 무죄 판결을 받았으니 재심 청구는 어렵다. 구금 보상 신청도 있지만, 시효가 3년이라 한참 전에 지났다.

박씨 사건은 마무리도 기이했다. 1심 재판부는 수사기관에서 증거로 낸 조사 녹취록 등이 위법하게 증거가 수집되고, 공판 과정에서 박씨가 진술이나 범행 재연의 상황을 모두 부인한 점, 핵심 증인의 진술이 수시로 바뀐 점 등을 이유로 박씨에게 무죄를 선고했다. 1심과 2심 모두 재판부가 무죄를 선고하자 검찰은 상고를 포기했다. 하지만 진범을 잡기 위한 추가 수사는 이뤄지지 않았던 것으로 보인다. 이는 최근까지도 이 사건이 '해결된 사건'으로 분류됐다는 사실에서 잘 드러난다. 충북지방경찰청 관계자는 "이춘재의 자백을 받은 뒤 확인해본 결과 경찰 서고에는 박씨를 송치했다는 서류만 있어 해결된 사건으로 분류됐고 박씨가 무죄로 석방된지는 몰랐다"고 말했다. 이춘재의 자백이 아니었다면 지금도 몰랐을 뻔한 사건이었던 셈이다.

당시 무죄 판결을 받은 1심 판결문을 보면 이춘재가 저지른 살인이 수사 과정에서 어떻게 허위로 변질됐는지 적나라하게 드러난다. 재판부가 공소사실을 언급하면서 정리하는 검찰의 피의자 신문조서 내용엔 그날 저녁 8시 30분경 범인이 가경동 공사장을 지나가는 피해자에게 접근해 잡아채는 과정, 이후 구체적인 성폭행과 살인 과정이 낱낱이 묘사돼 있다. 한 가지 주목할 곳은 처음 시도한 강간 행위가 미수에 그치자 범인은 이후 다시 20미터쯤 떨어진 하수도 흄관으로 피해자를 옮겨놓고 목을 졸라 살해했다는 대목이다. 이것이 당시 현장 상황과 수사기관의 검시 및 부검 결과에 토대해 추정한 내용인지, 아니면 아무런 근거 없이 피의자의 허위 자백 내용을 그대로 옮긴 것인지는 향후 조사할 부분이다.

"이춘재에게 진심 어린 사과라도 받고 싶습니다. 이춘재 때문에 평생 불면증에 시달리면서 얼마나 고통스러운 나날을 보냈는데⋯." 우리는 청주 가경동 공사장 살인 사건과 관련해 또 한 사람의 피해자를 만나볼 수 있었다. 박양이 살해된 당일 같은 장소에서 동일한 범인으로 추정되는 인물에게 강도를 당한 피해자다. 먼저 말해두자면 그날의 강도 범행이 이춘재의 소행이라고 확인된 것은 아니다. 살인 후 연이어 같은 장소에서 발생한 정황이나 범행 수법 등 모든 상황은 이춘재를 가리키고 있지만 이 사건은 아직 수사본부의 구체적인 수사 내용이 나오지 않았다.

2019년 11월 청주의 한 카페에서 만난 김 모(60세) 씨의 목소리에는 눈물이 가득했다. 가경동 사건에서 범인은 17세 여고생 피해자를 살해한 뒤 바로 이어 같은 공사장 주변을 지나가는 김씨까지 납치하는데, 이때 살해될 뻔하다가 금반지와 현금만 빼앗기고 범인이 한눈을 파는 사이에 달아날 수 있었다. 김씨는 가로등이 없는 곳에서 어렴풋이 얼굴 윤곽만 본 그 남성의 얼굴이 이춘재와 비슷하다고 했다. 이춘재의 범행이 맞다면 그 또한 미수 사건에서 살아남은 몇 안 되는 생존자 중 한 명인 셈이다.

김씨는 30년이 지난 일이지만 지금도 당시 범인이 자신을 잡아채던 그 순간만큼은 온몸에 소름이 돋을 정도로 생생히 기억했다. 사건이 일어난 그날 밤 저녁 8시 50분경 가경동 공사장 인근 약국에서 약을 사고 집으로 돌아가던 중이었다. 스쳐 지나가는 듯했던 한 남자가 갑자기 김씨 뒷덜미를 붙잡아 공사장 하수관 쪽으로 끌고 갔다. "상대 남자의 체구는 크지 않았던 것 같은데 확 낚아채는 힘이 너무 강해서 순간 내 몸이 붕 떠서 끌려가는 느낌이었다."

2미터 아래 공사장 웅덩이에 내팽개쳐진 김씨는 그저 목숨만 살려달라고 애걸복걸했다. 당시 32세였던 김씨에겐 5살, 10살 두 아이가 있었다. 범인은 쌍욕을 퍼부으며 "살고 싶으면 가만히 있으라"고 했다. 그러곤 김씨의 바지를 벗겨 얼굴에 씌우더니 바지 끈을 죽 빼서 양손을 묶고 스타킹을 벗겨 발까지 묶은 뒤 하수관 안으로 밀어 넣었다. 그때 하수관 안에서 다른 인기척을 느꼈다. 김씨는 끙끙대는 여자의 신음소리를 듣고 또 한 사람이 더 있구나 하고 생각했다. 김씨의 손에 낀 금반지를 빼낸 범인은 잠시 웅덩이 위로 올라갔다.

그사이 김씨는 미친 듯이 몸과 다리를 흔들어 머리에 씌워진 바지와 다리를 묶은 스타킹을 벗겨냈다. 컴컴한 하수관 안에서 빛이 들어오는 곳을 향해 죽을힘을 다해 150미터가량 기어갔다. 손은 뒤로 묶이고 바지는 벗겨진 채 큰길가에서 택시를 잡아타고 복대파출소로 달려갔다. 경찰과 함께 다시 현장을 찾았지만 범인도, 하수관 안에 있던 여자도 이미 사라진 뒤였다. 다음날 오전 하수관 안에서 숨진 채 발견된 희생자는 앞선 말한 박양이었다. 전날 신고한 강도 사건을 수사하러 강력계 형사가 다시 찾아갔다가 발견한 것이다. 김씨는 전날 하수관 안에서 자기 옆에 있었던 여성이 박양이었을 거라고 믿을 수밖에 없었다.

김씨는 가까스로 살아난 피해자였으나 보호받지 못했다. 그날 이후 경찰은 수사를 이유로 김씨 집에 두 달 이상 살다시피 했다. 당시 김씨는 시부모님을 모시고 살 때라 너무 스트레스를 받아 건강이 안 좋아졌고 지금까지 약을 먹고 있다.

수사도 엉망이었다. 김씨는 함께 붙잡혔다 숨진 것으로 보이는 박양의 운명을 안타까워했다. "나와 경찰이 (당시 현장에) 되돌아갔을 때 형식적으로 플래시만 몇 번 비추고 말더라. 그때 샅샅이 수색했다면 박양을 살릴 수 있었을지도 모른다." 경찰은 또 석 달간 수사 끝에 앞서 말한 청년 박씨를 범인이라 붙잡았는데, 증거 불충분으로 무죄 판결을 받았다. 즉 박씨는 당시 공사장에서 발생한 살인과 살인미수 두 건에 대해 기소된 것이었다. 마침 박씨 엄마와 잘 알던 사이였던 김씨는 그때도 박씨가 범인이 아니라고 진술했지만, 나중에 박씨가 범인으로 몰렸다는 얘기를 들었다. 판결문에 따르면, 김씨는 경찰에서 범인의 인상착의에 대해 '연령은 30세가량이고, 신장은 172센티미터 정도이며, 얼굴이 둥글고 약간 작은 편'이라고 진술했다.

범죄와 부실 수사의 충격은 김씨를 불안에 떨게 했다. 최근 이춘재의 자백 사실이 알려지기 전까지 김씨는 범인이 언제 다시 나타나 자신을 또 한 번 덮칠지 모른다는 공포에 시달렸다. 이춘재가 교도소에 있다는 걸 뻔히 알고 있는 요즘도 김씨는 "이춘재가 감옥에서 나와 다시 범죄를 저지르지 않을까 불안한 마음이 든다"고 했다. 경찰은 최근에 다시 김씨를 만나 당시 사건의 자초지종을 물었다. 김씨도 역시 '부드러운 손'을 언급했다. "그 남성의 손이 굳은살 하나 없이 부드러웠다. 손과 발을 묶을 때는 결박되는지 모를 정도로 능숙했다."[103) 김씨는 지금이라도 이춘재에게 사과를 받고 싶다 했다. 또 당시 수사 경찰들을 상대로 손해배상 소송을 내고 싶다고 했다. "평생 살해당할지 모른다는 트라우마에 시달려온 저는, 대체 누구에게 보상을 받아야 합니까." 김씨의 어깨가 파르르 떨렸다.

---

103) 중앙일보 2019.10.12. "하수관 기어 탈출… 옆엔 아가씨도 있었는데, 이춘재 짓 같다"

5부

8차 사건과 재심

8차 사건 진범 논란

이춘재가 화성 연쇄살인의 유력 용의자로 밝혀진 9월 19일, 윤씨는 지난날 청주교도소에서 자신을 담당했던 교도관에게 전화를 했다. 출소한 후 숙소를 잡고 일자리를 얻을 수 있었던 것도 그의 알선 덕분이었다. "형님, 뉴스 보셨어요?" 윤씨는 교도소에 수감된 뒤에도 줄곧 무죄를 주장해와서 교도관과 수감자들 사이에서 '무죄인데 억울하게 들어온 애'로 통했다.[104] 이번엔 억울한 누명을 벗을 수 있다는 기대에 찬 목소리였다. 사람들은 모두 화성 연쇄살인을 말할 때 8차 사건은 빼고 이야기했다. 사람들 머릿속에서 8차는 이미 끝난 사건이었다. 그 끝난 사건이 이춘재의 말 한마디에 다시 살아났다. 그 무렵 어느 누구도 이춘재가 8차 사건까지 자신의 범행이라고 자백할 줄은 몰랐다. 그러나 단 한 사람, 무려 20년 동안 억울하게 옥살이를 하다 50대가 돼 교도소를 나온 농기계 수리공은 생각이 달랐다.

---

104) 중앙일보 2019.10.8. "화성 8차 범인? 고아에 어벙벙… 죽도록 맞아 자백"

8차 사건 재수사에 착수하고 한 달이 된 11월 15일 경기남부지방경찰청 수사본부는 중간 수사 결과를 발표하는 자리에서 공식적으로 이춘재를 8차 사건의 진범이라고 결론 내렸다. "이춘재의 자백이 당시 사건 현장 상황과 대부분 부합한다." 이는 사건이 발생한 지 31년 만이다. 사건 발생 일시와 장소, 침입 경로, 피해자인 박양의 모습, 범행 수법 등에 대해 이춘재가 진술한 내용이 현장 상황과 일치한다는 것이다.

체모

8차 사건은 범인 검거 당시부터 논란이 적지 않았다. 당시 경찰은 8차 사건이 연쇄살인 사건과 범행 장소가 가까운 점 말고는, 사건이 집 안에서 발생하고 피해자의 옷가지 등으로 목을 조르거나 결박하지 않는 등 범행 수법이 이전의 연쇄사건들과는 달라 초기부터 모방 범죄 쪽으로 방향을 잡았었다. 사건이 발생하고 10개월 정도 지난 1989년 7월 경찰은 당시 22세이던 농기계 수리공 윤씨를 범인으로 검거했고, 이후 1990년 5월 대법원에서 무기징역이 확정됐다. 화성 연쇄살인 사건 중 유일하게 진범이 잡힌 사건으로 기록됐다.

당시 경찰이 범인으로 윤씨를 지목한 결정적인 근거는 범죄 현장에서 발견한 체모였다. 체모 10점에 대한 감정을 의뢰받은 국립과학수사연구원은 당시에 유전자 감식 기술이 없었던 터라 방사성 동위원소 감정을 실시했다. 이는 시료(체모나 신체)에 중성자를 쏴서 인공방사선을 만든 뒤 이를 분석해 각 성분이 얼마나 들어 있는지를 측정하는 기법으로 중성자방사화 분석법으로 불리기도 한다. 이후 다른 시료와 비교해 5개 이상 성분의 함량의 편차가 40퍼센트 이하를 유지하면 동일 인물로 간주할 수 있다. 감정 결과 '체모에서 특정 중금속(티타늄, 망간, 알루미늄 등)의 수치가 보통 사람보다 월등히 높다'와 '혈액형은 B형'이라는 두 가지 결과가 나왔다.

하지만 당시 국립과학수사연구원의 혈액 판정은 정확성이 크게 떨어졌다. 1980년대에 국립과학수사연구원에서 근무한 이의 증언을 보자. "1980년대만 해도 유전자 검사가 도입되기 전이라 감정 의뢰가 오는 샘플이 누구의 것이냐는 개인 식별 문제가 국과수에서 가장 어려운 부분이었다. 당시 국과수 혈액형 판정법은 ABO식이라 식별력이 떨어졌다. 그 판정법 자체에 오류가 있었다. 누구 잘못이라기보다는 당시 국과수 수준이었다."[105]

이제 모두 알다시피 이춘재의 혈액형은 O형이다. 경찰은 인근 지역 남성 800여 명을 불러 모아 체모 조사를 했다. 이춘재 또한 조사 대상이었다. 이춘재가 희생자 박양의 집에서 불과 한두 집 건너에 살았기 때문이다. 하지만 그는 곧 용의자 명단에서 배제됐다. 혈액형이 O형인 데다가 현장에서 발견된 체모의 형태와 달랐기 때문이다. 결국 이춘재의 체모는 국립과학수사연구원에 보내는 방사성 동위원소 검사 대상에서도 아예 빠졌다. 비싼 돈을 들여 검사할 필요가 없었다는 게 경찰 관계자의 전언이다. "당시 동위원소 분석 비용이 비싸서 모든 사람의 체모를 조사하지는 못했고, 이춘재의 체모도 그렇게 대상에서 빠진 것들 중 하나였던 것으로 보인다." 즉 애초부터 이춘재의

---

105) 한겨레 2019.12.28. '30년 전 그날 화성, 누가 왜 국과수 감정서를 조작했나'

체모를 국립과학수사연구원에 보내지 않았다는 말이다.

당시 경찰은 국립과학수사연구원의 분석 결과를 활용해 용의자의 직업군을 압축했다. 범행 현장 인근 철공소 등을 돌며 일하던 사람들의 체모를 수집해 분석했고, 그 결과 농기계 수리센터에서 용접공으로 일하던 윤씨의 체모와 현장에서 발견된 체모의 정보가 일치한다는 결론을 내렸다. 즉 '체모에 중금속이 많다'는 감식 결과에 맞춰 용접공인 윤씨가 범인으로 지목된 것이다.

이때 체모의 정보란 요즘 우리가 접하는 DNA 정보가 아니라 첫째 체모의 외관상 형태를 말하는 것이고, 둘째 체모에서 검출된 중금속 성분이었다. 1991년 4월 10차 사건이 발생할 때까지도 당시 국내 DNA 분석 기술은 전무하다시피 했다. 즉 많은 이들이 오해하는 부분이지만 당시 윤씨는 DNA 감식 결과에 의해 범인으로 밝혀진 게 아니다. 앞서 살폈듯이 2019년 7월 이전까지 한국에서 실시된 화성 연쇄 사건과 관련한 DNA 분석은 없었다.

법원도 한국 사법 사상 처음으로 방사성 감정 결과를 증거로 채택했다. 당시 윤씨에게 무기징역을 선고한 1심 재판부는 판결문에서 "피고인이 자신의 범행을 일관되게 자백하고 국과수가 작성한 체모 감정의뢰 보고서에 '모발에서 발견된 방사성 동위원소의 함량이 12개 중 10개가 편차 40퍼센트 이내에서 범인과 일치한다'는 감정 결과에 따라 피고인이 범인이라는 결론을 내렸다"고 밝혔다. 결국 윤씨는 대법원에서 유죄 선고를 받았다. 국내에서 방사성 동위원소 분석 기법이 사건 해결에 활용된 것은 이때가 처음이었고, 경찰은 '과학수사의 쾌거'라고 자평했다.

지금 당시 사건 현장에서 발견된 체모를 찾을 방법은 묘연하다. 공공기록물관리법에 따르면 증거물들은 최종 확정판결 이후 최장 20년이 지나면 단계적으로 폐기된다. 대법원이 1990년 5월 윤씨에 대해 유죄 확정판결을 내렸으니, 8차 사건 당시 경찰이 수집해둔 증거물들은 2011~2013년 사이에 이미 폐기됐다. 지금 유전자 감식 기법을 쓰려 해도 비교해볼 대상이 사라진 것이다.

당시 재판

조서에 따르면 윤씨는 사건 당일 기분이 울적해 집을 나선 뒤 배회하다가 피해자인 박양의 집 담을 넘어 침입했고, 자고 있던 박양을 목졸라 살해하고 강간하고선 집으로 돌아왔다. 10개월 후 경찰에 연행돼 거짓말탐지기 조사를 거쳤고 이 과정과 휴식 시간을 제외하면 실제로 조사받은 지 4시간 40분 만인 다음날 새벽 5시 40분에 자신의 범행을 자백했다. 그러다가 현장검증 과정에서부터는 줄곧 '나는 사람을 죽이지 않았다'고 부인했고 1심에서 무기징역을 선고받은 뒤 항소심에서부터 진술을 번복해 "수사기관의 고문 때문에 허위 진술을 했다"고 주장했다. "범행을 저지른 바가 전혀 없는데도 경찰에 연행되어 혹독한 고문을 받고 잠을 자지 못한 상태에서 자신이 범행을 저질렀다고 허위로 진술했다." 또 자신은 8차 사건이 일어난 시간에 다른 사람과 함께 집에서 잠을 자고 있었다고 했다.

그러나 항소심을 맡은 서울고등법원은 윤씨가 경찰 조사에서부터 1심까지 일관되게 범행을 시인했고, 1심에서 검사가 제출한 모든 수사 자료를 증거로 동의한 바 있으며, 윤씨의 범행 현장 접근 경로 등 진술 내용이 범행과 정확히 일치한다는 이유를 들어 윤씨 주장을 받아들이지 않았다. 당시 재판부는 범행 현장에서 발견된 체모가 윤씨의 것으로 확인됐다는 점에 주목했다. "현장에 남겨진 것으로 보이는 음모 5개와 피고인의 음모에 대한 감정의뢰회보서 및 소견서의 기재 등을 종합해보면 범행을 인정하기에 충분하다." 경찰의 강요에 따라 자백했다는 주장에 대해서도 재판부는 "수사기관에서 가혹 행위를 당했다고 볼 만한 자료가 없다"고 판단했다. 형량이 과하다는 윤씨 측 국선 변호인의 주장도 재판부는 받아들이지 않았다. "마음이 울적하다는 단순한 감정에서 나이 어린 피해자의 목을 졸라 실신시키고, 성폭행한 후 그대로 방치하는 등 범행의 방법이 잔인하다. 범행 후 10개월 이상 태연히 자신의 일에 종사해왔다는 점에 비춰볼 때 무기징역이 부당하다고 볼 수 없다."

이 사건을 넘겨받은 대법원도 같은 결론을 냈다. 대법원은 1990년 5월 8일 "윤씨의 자백이 고문 등 강요에 의한 것이라고 의심할 만한 이유가 없다"며 살인 및 강간치사죄에 대해 무기징역을 선고한 원심을 확정했다. 하지만 윤씨는 수감 생활 내내 자신의 범행을 부인하며 억울해했다.

2003년 5월 한 언론과의 옥중 인터뷰에서도 '나는 범인이 아니다'고 주장했었다. 윤씨는 청주교도소에서 복역하던 중 징역 20년으로 감형돼 2009년 광복절 특사로 출소했다. 윤씨는 수감 생활 내내 자신의 범행을 부인하며 주위에 억울함을 호소했다고 한다. 8차 사건 당시 윤씨가 살았던 마을 주민들은 여전히 그의 범행이 믿어지지 않는다고 했다. 한 주민은 "착하고 일 잘하고 서글서글했다. 사고 칠 사람이 아니었다"고 말했다. 윤씨가 수감됐던 청주교도소에서 만난 한 교도관은 "잘 알지는 못하지만, 동료들한테서 윤씨가 억울하다는 말을 했다는 얘기는 분명히 들었다"고 말했다. 다른 교도관은 "윤씨는 다리를 절었던 것으로 기억한다. 워낙 착실해서 출소 후 취직한 처음 직장에 계속 다니고 있다는 얘기를 들었다"고 말했다.

재수사

10월 10일 수사본부는 브리핑을 열어 이춘재가 8차 범행을 자백하면서 의미 있는 진술을 했다고 밝혔다. 범인만이 알 수 있는 사실을 경찰에 진술했다는 것이다. 경찰에 따르면 이춘재 본인도 '(자기가 아니라 다른 사람인) 8차 범행의 범인이 검거됐다'는 사실을 인지하고 있었다. 그 사람이 윤씨인지를 이씨가 알고 있었는지는 밝혀지지 않았다. 이춘재와 윤씨, 피해자는 당시 같은 동네에 살고 있었다.

본격적으로 경찰은 당시 수사에 과오가 있었는지도 들여다보기 시작했다. 실제 당시 수사팀원들이 대부분 퇴직했지만 이들 중 핵심 인물들을 불러 참고인 조사를 벌였다. 공소시효가 모두 지났기 때문에 향후 피의자로 전환되더라도 처벌은 받지 않을 것이다. 물론 경찰이 소환한 참고인에는 윤씨가 지목한 장 모 형사 등이 포함됐다.

8차 사건 증거물 재분석과 당시 수사기록, 판결문 내용, 윤씨에 대한 조사 등도 이어갔다. "당시 수사기록을 보면 수사팀이 윤씨에 대한 네 차례 체모 채취를 통해 피해자의 집에서 나온 혈액형·체모와 형태학적으로 일치하는 것을 확인하고, 방사성 동위원소에 의한 물질 검출이 일치한다는 국립과학수사연구원의 결과를 받아 체포하게 된 것이다. 이른 저녁에 체포해 다음날 새벽에 자백했다." 우선 오산경찰서 문서고에서 찾은 토끼풀과, 타 지역에서 발생한 절도범의 것으로 추정되는 손가락 크기로 뚫린 창문 창호지 이렇게 2건에 대한 재감정을 국립과학수사연구원에 의뢰했다. 당시 사건 기록과 증거물은 검찰에서 모두 폐기한 마당에 당시에도 증거물로서의 가치가 없다고 판단해 분석을 의뢰하지 않은 풀과 창호지에 대해 혹시나 하는 마음에서 보냈다는 것이다. 국립과학수사연구원을 상대로도 당시 증거물의 감정 결과를 도출하는 과정을 확인하러 나섰다. '방사성 동위원소 분석 결과와 현장에서 발견된 체모·혈액형에 대한 판정의 오류 가능성'을 다시 검증할 필요가 있었다.

윤씨는 10월 15일 라디오 인터뷰에서 사건의 결정적 증거가 됐던 체모에 대해 "그때 한 형사가 뽑아달라고 해서 체모를 여섯 차례 뽑아줬다. 그런데 체모를 현장에 뿌려가지고 '네 것이 나왔다' 그런 얘기도 했다"고 주장했다. 현장에서 발견된 체모가 조작된 증거가 될 수도 있다는 얘기다. 훗날 밝혀지지만 이는 한낱 가정일 뿐 당시 경찰이 그렇게 현장 증거까지 조작할 정도였던 것은 아니었다.

재심 준비

"한 사람의 인생이 망가졌다. 난 20년 동안 억울하게 살고 나왔다. 이춘재의 자백이 없었으면 내 사건은 묻혔을 것이다." 윤씨는 이춘재가 8차 사건 역시 자신의 소행이라고 자백했다는 소식을 듣고 억울함을 풀겠다며 법적 대응을 준비했다. 재심을 통한 보상에 관한 질문에는 "돈이 문제가 아니고 명예가 중요하다"고 했고 "이춘재가 지금이라도 자백을 해줘서 고맙다"는 말도 빼놓지 않았다. 2019년 10월 26일 윤씨는 경찰에 나와 12시간 동안 두 번째 참고인 조사를 받았다. 경찰은 윤씨를 상대로 과거 경찰 조사 당시 강압이나 고문 등 가혹 행위가 있었는지, 실제로 허위 자백을 했는지 등을 집중 조사했다. 그가 당시 경찰에서 사흘간 고문을 받았다고 주장하는데도 당시 수사 경찰과의 대질 조사는 이뤄지지 않았다. 이때까지 윤씨를 조사한 경찰관들은 윤씨의 강압 수사 주장을 인정하지 않았다.

윤씨의 재심 청구는 '1999년 삼례 나라슈퍼 3인조 강도치사 사건' '2000년 익산 약촌오거리 살인 사건' 등을 맡아 무죄로 이끌면서 재심 변호사로 잘 알려진 박준영 변호사가 돕겠다고 자청했다. 박변호사는 법원이 재심 청구를 받아들일 것을 장담했다. "적절한 시점에 재심을 청구하겠다. 경찰 수사 결과를 검토한 결과, 이춘재의 8차 사건 자백은 범인이 아니면 도저히 알 수 없는 내용이 담겼고, 경찰 수사의 불법성까지 드러나 이 모든 게 재심 사유에 해당한다."

이춘재를 재심 재판에 반드시 세워야 한다는 의견도 내놨다. "공개적인 장소에서 이춘재의 이야기를 모두가 들어야 한다. 법원은 그를 법정 증언대에 세워야 한다." 우리는 과연 이춘재가 법정에 서는 모습을 보게 될까. '공개적인 장소에서' 범인이 자신의 범행을 시인하고 사죄하는 모습은 희생자들에게 남다른 의미로 다가갈 것이다. "윤씨를 범인으로 특정하는 과정에서 폭행과 가혹 행위가 저질러진 것은 물론

수사 자료 조작과 왜곡, 불법체포, 직권남용까지 많은 불법이 발견됐
다. 공소시효가 모두 끝났지만, 경찰권 남용에 대한 제도적 장치가 마
련되는 계기가 될 것이다."

　박변호사는 화성 8차 사건은 약촌오거리 택시기사 살인 사건과 유
사하다고 했다. 공권력이 엉뚱한 사람을 범인으로 '조작하는' 과정
엔 유사한 구조가 있다. 자백 등 진술을 그럴듯하게 꾸미다 보면 알
게 모르게 허점이 드러난다는 뜻. 약촌오거리 택시기사 살인 사건은
2000년 8월 전북 익산 약촌오거리에서 택시기사가 흉기에 여러 차례
찔려 사망한 사건이다. 처음에는 남성 청소년 최 모 씨가 범인으로 지
목됐다. 최씨는 1심에서 범행을 부인해 징역 15년이 선고됐으며, 2심
에선 범행을 시인해 징역 10년을 선고받고 상고를 포기해 형이 확정
됐다. 그러다 2003년 6월 진범으로 지목된 인물 김 모 씨가 붙잡혔다.
김씨의 진술이 최씨의 진술보다 더 범행 정황에 가까웠는데도 검찰
은 김씨에 대한 수사를 반대했다. 이후 박변호사가 최씨의 재심을 맡
아 2016년 11월 재심에서 무죄를 이끌어냈다. 같은 날 전주지방검찰
청 군산지청은 진범으로 지목된 김씨를 체포해 구속하고 기소했다.
2018년 3월 김씨는 징역 15년 형이 확정됐다.

　박변호사가 윤씨의 재심을 맡겠다고 나서면서 약촌오거리 택시기
사 살인 사건을 언급한 이유는 바로 '자백' 때문이다. "범인으로 몰렸
던 최씨는 당시 경찰에 자백을 하면서 '몇 번 찔렀고, 가슴과 등, 옆구
리 등을 흉기로 찔러 죽였다'고 진술했다. 반면 진범 김씨는 '몇 차례
찔렀는지는 기억나지 않고, 쇄골 밑을 찔렀는데 뭔가 탁 걸리는 느낌
이 들었다'고 진술했다. 그런데 부검한 결과 '택시기사의 갈비뼈 2번

과 3번이 끊겨 있었다'고 나왔다. 부검 이전에 진범인 김씨가 '탁 걸렸다'고 한 내용은 진범이 아니고는 알 수 없는 내용이었다. 이에 비해 최씨가 자백했다고 한 '가슴과 등, 옆구리를 찔렀다'는 진술은 정말 기가 막힌 내용이었다. 당시 응급처치를 위해 병원 응급실에서 (피해자의) 옆구리를 통해 피를 뽑은 기록이 나오는데 경찰이 강압적으로 자백에 끼워 맞추다 보니 최씨가 찌른 것으로 담겼다."

약촌오거리 살인 사건의 경우 응급실 의사가 응급처치를 위해 피해자의 옆구리에 낸 자상이, 최씨의 자백 진술서에선 최씨가 찌른 자상으로 둔갑해 있었다. 박변호사는 피의자의 자백과 진술에서 거짓을 간파해낸 자신의 재심 변호 경험에 비춰 이때의 자백과 진술을 이춘재의 자백과 비교했다. "이춘재가 (자백하면서) 범행 현장을 그렸다는 점은 현장을 가봤기 때문이고, 범행 후 재빨리 도주하고 기민하게 소리·소문 없이 범행을 저질렀다는 점을 말한다. 이춘재의 자백은 반박의 여지가 없는, 아니 반박 자체가 불가능한 것이다."

박변호사는 이춘재의 자백이 약촌오거리 사건 진범의 진술과 유사하다고 봤다. 즉 약촌오거리 살인 사건 진범의 진술 중 '쇄골 밑을 찔렀는데 뭔가 탁 걸리는 느낌이 들었다'는 말과 이춘재의 자백 중 '그림을 그려가며 설명했다'는 내용은 범인, 바로 진범만이 알 수 있는 결정적인 내용이라는 말이었다. 진범 둘은 자기만 아는 내용을 경찰에게 말한 것이다. "당시 윤씨의 자백 내용은 그럴듯해 보이지만 황당하기 그지없다. 정말 '옆구리를 찌르지 않았는데 찔렀다고 돼 있는 것'과 같이 어설프게 조작됐다. 윤씨의 자술서 내용은 당시 글을 쓸 줄도, 읽을 줄도 모르는 윤씨가 수사관의 의도대로 받아쓰다 보니 부자연스러워졌다."

이제 세간의 화제는 재심 재판을 향해 가고 있었다. 윤씨의 변호인이 당시 수사 자료에 대한 정보공개를 청구하자, 경기남부지방경찰청은 수사에 미치는 영향과 윤씨의 권리 구제, 현재 수사 등을 판단해 당시 윤씨의 신문조서와 구속영장 등 9건의 자료를 제공했다. 윤씨의 재심 청구가 임박하면서 재심과 더불어 승소 가능성에 대한 관심도 높아졌다. 박변호사는 "이 사건 범인은 100퍼센트 이춘재가 분명하다"고 단언했다. 한 사건을 두고 자신이 진짜 범인이라고 주장하는 이춘재와 억울하게 옥살이를 했다는 윤씨. 재심이 열리면 결과는 윤씨에게 희망적일 수도 있겠지만, 재심 요건은 매우 까다롭다.

형사소송법에선 유죄가 확정 선고된 판결에 대해 재심을 청구할수 있다고 규정하고 있다. 재심 사유는 원 판결의 증거가 된 증거물이위·변조 또는 허위인 것이 증명된 때, 증거가 된 증언·감정·통역·번역 등이 허위인 것이 증명된 때, 무고로 인해 유죄의 선고를 받은 경우, 무죄 또는 면소 등을 인정할 명백한 증거가 새로 발견된 때, 사건과 관련된 법관·검사·사법경찰관이 그 직무에 관한 죄를 범한 것이증명된 때 등 형사소송법 제420조에 적시된 7가지로 정리된다. 윤씨측은 이춘재의 자백을 근거로 '명백한 증거의 새로운 발견'을 사유로들어 재심을 청구할 가능성이 높았다. 하지만 재심 개시 결정은 법원이 내리므로 재심이 가능할지는 누구도 장담할 수 없었다.

허윤 대한변호사협회 수석대변인은 앞으로의 상황을 이렇게 전망했다. "현재 나와 있는 건 이춘재의 진술밖에 없는데, 이 부분은 재심 청구 가능 규정 중 '무죄 또는 면소 등을 인정할 명백한 증거가 새로 발견된 때' 즉 '새로운 증거'로 볼 수 있다. 그런데 증거가 발견됐다고 아무거나 받아들이는 게 아니라 이를테면 지금까지 한 번도 나온 적이 없는 증거여야 한다. 이춘재가 진술하게 되면 그 진술 자체가 새로운 건 맞는데 법원이 새롭다고 인정을 해야 하는 문제가 있다. 재심이 열릴 가능성은 높지만 윤씨가 경찰의 고문으로 거짓 자백을 했다는 증거 등 아직 좀 더 지켜봐야 할 부분이 있다."

또 법조계 일각에선 당시 경찰 수사의 불법성 등이 명백하게 드러나지 않으면 재심에서 결과를 뒤집기 어려울 것이라는 전망도 나왔다. 당시 수사를 맡은 경찰들이 윤씨 수사에 대한 불법성 등을 인정하지 않으면 무죄를 100퍼센트 단언하기는 힘들다는 말이다. 이때로선 이춘재의 자백을 보강할 객관적인 증거가 더 필요해 보였다.

11월 3일 박변호사의 추정대로 윤씨가 당시 경찰에 제출한 자술서 4건 중 1건이 대필된 것으로 확인됐다. 경찰은 사실을 인정하면서도 8차 사건과는 무관하다는 입장인 반면, 박변호사는 윤씨가 글을 못 쓴다는 사실을 방증하는 것으로 나머지 자술서에 대한 신빙성에도 의문을 제기하고 나섰다. 수사본부에 따르면 현재 경찰이 보유하고 있는 윤씨 명의의 자술서는 모두 4건이다. 그중 1건은 8차 사건이 발생하고 같은 해 11월 다른 탐문 대상자를 수사하는 과정에서 대상자 A와 지인인 윤씨를 참고인 자격으로 조사한 내용을 담고 있다. 다만 경찰서에서 작성한 것인지, 윤씨의 집으로 찾아가 작성한 것인지는 확인되지 않았다. 경찰 관계자는 이렇게 설명했다. "해당 자술서는 윤씨를 참고인으로 조사하는 과정에서 작성한 것이다. 당시 경찰관이 글을 잘 쓰지 못하는 윤씨에게 'A를 언제 알게 됐느냐'는 등의 질문을 하고 이에 대한 답변을 받아 적은 것으로 보인다. 자술서가 작성된 때는 1988년 11월이고, 윤씨가 8차 사건의 범인으로 검거된 것은 1989년 7월로 8개월의 차이가 있어 해당 자술서는 사건과 무관한 내용이었다."

박변호사도 대필 자술서를 작성하는 과정에서 본인의 동의를 받고 쓰는 등 작성 경위 자체는 문제가 없는 것 같다고 했다. 오히려 그는 대필 진술서보다 자필 진술서가 문제라고 했다. 그렇다면 글을 잘 쓸 수 없어 진술서 대필을 요청했던 윤씨가 8개월 만에 이틀에 걸쳐 스스로 진술서를 3건이나 썼다는 것인데, 이는 믿기 어렵다. 즉 대필 자술서는 물론 나머지 3건의 자필 자술서도 윤씨 혼자서, 누군가의 개입 없이 쓸 수 없다는 방증이다. 1건은 경찰관이 직접 작성했고, 3건은 경찰이 불러주는 대로 썼을 것이다. "당시 누군가가 자술서를 대신 써줄 정도라면, 윤씨 스스로 글을 쓸 능력이 안 된다는 것이다. 불과 8개월 전 대필로 진술서를 쓰게 했던 사람이 스스로 썼다. 글을 잘 쓸 수 없는 윤씨가 사실상 자발적으로 글을 썼다는 건 말이 안 되지 않느냐. 이는 윤씨가 화성 8차 사건의 범인으로 검거된 이후 경찰이 불러주는 대로 진술서를 썼다는 것을 뒷받침하는 (정황적인) 근거다."

다시 말해 검거 후 작성된 자술서 3건은 자발적으로 쓰지 않았을 가능성이 높다는 주장이다. 이는 경찰이 쓴 자술서를 윤씨가 강압에 못 이겨 그림 그리듯 베껴 썼을 가능성을 시사하는 대목이다. 윤씨 측은 현장검증 조서와 검사가 검증을 주도한 사진, 대필 자술서에 대한 정보공개를 추가로 청구했다.

이 무렵 박변호사는 한 라디오 프로그램에 출연해 자신의 의뢰인에 대해 언급했다. "초등학교 3학년을 다니지 못하고 그만두기는 했지만, 그래서 지적 지식이 부족한 건 맞지만 살아가는 지혜는 풍부한 사람이다. 굉장히 똑똑하신 분이다." 윤씨를 '살인의 추억'에 나오는 인물, '향숙이 예뻤다'를 연발하는 지적장애인 백광호와 비교하는 일각의 시선을 꼬집은 것이다. "이춘재의 진술 중 범인이 아니면 절대 알 수 없는 내용에 대해 알고 있느냐"는 진행자의 질문에 박변호사는 "제가 언급하면 안 되고 경찰이 수사 결과를 통해 발표해야 한다"고 답했다. 박변호사는 이춘재의 자백 등을 기록한 수사 자료를 검토한 듯했고, 사람들은 다들 그 내용을 궁금해했다. 8차 사건 재심으로 윤씨는 억울함을 벗게 될까. 박변호사는 "100퍼센트 가능하다. 제가 없어도 되는 사건"이라고 또 한 번 장담했다.

11월 4일 박변호사는 윤씨와 함께 4차 참고인 조사를 받기 위해 경기남부지방경찰청 광역수사대를 나서면서 다시 한 번 자술서에 대한 의혹을 제기했다. 윤씨는 당시 1989년 7월 26일 아침과 오후에 각각 자술서를 작성했으며, 다음날 오전 세 번째 자술서를 썼다고 한다. "특히 3건의 자술서를 작성한 장소에 대해 의문이 든다. (경찰이) 사흘간 잠을 재우지 않았고 1시간 정도 의자를 붙여 재운 게 전부라는 게 윤씨의 주장이다. 그중 세 번째 자술서를 숙직실에서 작성한 것으로 나와 있는데, 윤씨는 그곳에 간 적이 없다고 말한다. 이는 거짓말 같다."

당시 검사의 잘못을 지적하는 등 현장검증에 대해서도 강한 불신을 드러냈다. "윤씨가 두 차례 현장검증에 나섰는데도 (현장검증 참여 자체를) 기억하지 못하는데, 이는 경찰이 범인이 아닌데 스스로 재연하는 양 데리고 다니며 이것저것 시켰다고 봐야 할 것 같다. 대부분의 경우 (윤씨가 피해자 집의) 1미터 높이의 담장을 넘는 것에 초점이 맞춰져 있는데, 실제는 방 안으로 들어가는 과정이 더 힘들었을 것으로 보인다. 왼다리가 불편해 오른다리를 떼면 왼다리는 무너질 수밖에 없는데 (방 안 어디에도) 손을 짚은 자국이 없다. 당시 수사기록을 보면 방 안쪽 하단에 왼쪽 발자국이 발견됐다고 하는데, 거기를 밟았다면 (방 안) 책상이 뒤집혀 소음이 났을 것이다. 모든 것이 이상한데 검사가 몰랐다는 게 말이 안 된다. 30년 전 수사에서 현장검증이 검사의 주도하에 이뤄졌으니 검사의 잘못도 가볍다고 볼 수 없다. 불편한 다리로 방에 들어갈 수 없다. 한쪽 다리를 저는 윤씨가 문턱을 넘으려면 책상을 짚어야 하는데 지문이 없는 등 범인이 아님을 의심할 수 있는 상황에서 자백과 감정서만을 토대로 진행한 것 같다."

이처럼 윤씨가 당시 검거된 이후부터 현장검증 상황 등에 대해 기억하지 못하는 부분이 많자 수사본부는 윤씨를 상대로 이날 법최면 조사를 벌이기로 했다. 다만 윤씨 측은 당시 수사관들도 강압 수사에 대해 기억나지 않는다는 입장을 고수하고 있으므로 그들도 같이 법최면 조사를 받아야 한다고 주장했다. 당초 경찰은 거짓말탐지기 수사도 병행하려 했지만, 윤씨가 당시 거짓말탐지기 수사를 받았는데도 범인으로 몰린 경험 때문에 거짓말탐지기에 대한 거부감이 있어서 하지 않기로 했다. 법최면 조사에서 윤씨는 1989년 7월 농기계 수리센

터에서 식사하다가 연행되던 순간부터 태안지서로 이동할 때까지 등
연행 당시의 상황을 구체적으로 떠올렸다. 자신에게 가혹 행위를 가
한 형사에 대해서도 또렷이 기억했다. 그러나 이후 과정에선 최면이
제대로 이뤄지지 않아 인지 면담(반최면) 상태에서 진술을 했다.

화성 초등학생 실종 사건

1989년 7월 화성 8차 사건 후 같은 태안읍에 살던 아홉 살 초등학생이 하굣길에 갑자기 사라졌는데도 당시 경찰은 '가출인'으로 표기하고 실종 사건으로 분류했다. 재수사에서 당시 경찰이 수사를 축소한 것이 아니냐는 의혹이 일 수밖에 없었다. 재수사를 맡은 수사본부는 당시 '화성 초등학생 실종 사건'을 맡았던 수사관들을 불러 그 이유를 물었다. 이들은 대부분 '모른다' '기억이 나지 않는다'라는 진술로 일관했다.

당시 김양의 아버지가 화성 연쇄살인과 연관이 있을지 모르니 그 연장에서 수사해달라고 두 차례나 요청했지만, 경찰은 시신이 나오지 않았고 대상자가 초등학생이라는 이유로 단순 실종 사건으로 처리하고 종결해버렸다. 김양이 실종되고 5개월여 뒤인 그해 12월 참새잡이에 나섰던 마을 주민들이 풀숲 등에 버려진 김양의 책가방과 치마, 신발, 실내화, 속옷 등 유류품을 발견해 신고했지만, 이때도 경찰은 이를 김양 가족들에게 알리지 않았다. 특히 피 묻은 속옷이 발견됨으로써 성범죄 같은 강력사건에 연루됐을 가능성이 컸는데도 이를 감췄다. 가족들은 30년 동안 이 사실조차 모르고 있다가 이춘재의 자백으로 경찰의 재수사가 이뤄진 최근에야 딸의 소지품이 남아 있었다는 걸 통보받았다. 당시 경찰은 '실종 내사 종결'로 처리해놓고 내부적으로는 1년여 동안 화성 연쇄살인과 연관이 있다고 보고 주변 탐문을 하는 등 자체적으로 수사를 벌였다.

수사본부에 따르면 당시 유류품은 책가방 등 10점이었으며 그중 치마 등 7점을 당시 경찰이 국립과학수사연구원에 감정을 의뢰했는데, 3점에서 혈흔이 검출됐을 뿐 혈액이 부패해서 혈액형을 판정할 수는 없었다. 현재 유류품은 모두 폐기되어 별도로 보관 중인 관련 증거물은 없다. 이춘재가 김양의 시신을 유기하고 소지품을 묻은 장소라고 진술한 곳을 찾아 수사본부가 확인해보니, 30여 년 전 당시 김양의 소지품이 발견된 곳과는 100미터 정도 차이가 났다. 이곳은 지금 아파트가 들어서 크게 변화한 터라 발굴을 해볼 수 없다. 다만 경찰은 김양 소지품이 발견됐던 근린공원 야산 일대 3636제곱미터(1100평 쯤) 넓이의 땅을 샅샅이 뒤져보기로 했다.

2019년 11월 1일 경찰은 화성 한 근린공원 야산에서 김양의 흔적을 찾기 위한 수색 작업을 나섰다. 본격적으로 수색 작전이 시작되기 전 횡한 표정을 한 김양의 유가족들이 공원에 도착했다. 수색 현장 입구에다 조심스럽게 꽃다발을 가져다 놓고 김양이 좋아했던 사탕도 함께 놓았다. 유족들이 헌화하는 동안 경찰들이 부축하며 도왔지만 유족들은 계속 무릎이 꺾이며 수시로 주저앉았다. "아무리 암울한 시대였다 한들 살인을 단순 가출 사건으로 무관심하게 보낼 수 있느냐"며 울분을 토했다.

수색 작업은 쉽지 않았다. 투입된 120여 명 인원이 공원 일대 지표 면을 5제곱미터씩 110여 개 구역으로 나눠 하나씩 다 확인했다. 지표 투과레이더(GPR) 3대와 금속탐지기 3대 등 장비도 동원했다. GPR 는 땅에다 주파수를 발사해 지층이 일정한지 변형됐는지를 확인하는 장비다. 이 장비로 유골이 묻혀 있을 만한 곳을 가려낸 다음 실제 발 굴 작업도 진행했다. 오랜 세월이 지난 뒤에 진행하는 발굴 작업이라 10센티미터씩 아래로 흙을 걷어낼 때마다 특이한 물건이 나오는지를 확인하는 아주 정교한 방식으로 이뤄졌다. 수색은 11월 9일까지 계속 됐다.

수색 작업이 끝나고 며칠 뒤 과거 경찰의 부실 수사 정황이 새롭게 드러났다. 수사 결과는 충격적이었다. 당시 경찰이 피해자의 유골 일 부까지 발견해놓고도 이를 유족에게 알리지 않은 것이다. 그것은 당 시 경찰이 단순히 사건을 안일하게 처리한 것이 아니라 의도적으로 증거를 인멸한 정황이었다. 당시 경찰이 사건을 은닉한 정황은 이번 에 지역 주민의 진술을 통해 확인됐다. 수사본부는 한 지역 주민에게 서 "1989년 초겨울 형사계장과 야산 수색을 하던 중 줄넘기에 결박 된 양손 뼈를 발견했다"는 진술을 확보했다. 유골은 사건이 발생하고 5개월이 지나 부패돼 있었을 것으로 추정된다. 당시 경찰이 마을 주 민들이 김양의 옷가지 등 유류품을 발견한 지점을 수색하면서 사건 의 주요 단서가 될 유골까지 발견한 것이다. 발견 당시의 유골 상태는 '범행 당시 양 손목을 줄넘기로 결박했다'는 이춘재의 자백 내용과도 일치한다. 당시 경찰은 그해 12월 21부터 25일 사이에 김양의 아버지와 사촌언니를 불러 참고인 조사를 진행하면서 김양의 줄넘기에 대해 질문했다. 하지만 유골은 물론 치마와 옷가지, 책가방 등 유류품을 발견한 사실에 대해선 유족들에게 숨겼다. 당시 현장에서 형사계장이 '삽을 가져오라'고 지시했다는 정황까지 나오면서, 이들은 발견한 유골을 다시 인근 땅에 묻은 것으로 수사본부는 보았다.[106]

그 후 수사 책임자인 수사계장은 김양의 유류품을 발견한 사실을 외부에 알리지 못하도록 입단속을 했다. 또 발견된 유류품을 경찰서 사물함에 별도로 보관함으로써 다른 경찰이 접근하는 것을 막았다.[107] 이는 사실상 기초적인 수사 자체를 의도적으로 방해한 행위다. 부모의 속은 타들어가는데 국가기관이 강력사건으로 전환될 사건을 제대로 수사하지 않고 덮었다는 것이다. 수사본부는 이와 관련해 당시 수사를 맡은 형사계장과 피해자 가족에게 줄넘기에 대해 질문한 형사를 사체 은닉 및 증거인멸 등의 혐의로 입건했다. 당시 수사계장 등이 유골을 그렇게 유기한 이상 수사본부의 9일간 유골 수색 작업도 헛수고였던 셈이다.

다만 당시 유골을 은닉한 형사계장의 범행 동기는 오리무중이다. 그는 자신을 향한 혐의에 대해 강력 부인했다. 수사본부도 이 부분에 대해 "추정으로 말할 수 없다"며 말을 아꼈다. 이수정 교수는 이렇게 분석했다. "당시 형사들이 초등학생 실종 사건을 축소하고 은폐해야

---

106) JTBC 뉴스 2019.12.18. "'이춘재 사건' 유골 나오자… "당시 형사계장, '삽 갖고 와' 지시"
107) MBC 뉴스 2019.11.26. '유류품 보자 "알리지 마" 입단속… 핵심단서 왜 은폐?'

할 만한 불가피한 전후 사정이 있었을 것이다. 앞서 발생한 8차 사건의 범인으로 엉뚱한 윤씨를 검거해 공적을 나눠 가졌던 때라, 추가로 살인 사건이 발생하면 강압 수사 등 그 과오가 드러날 것을 우려해 숨기려 했을 수도 있다."

경찰 자료에 따르면 8차 사건 당시 윤씨를 검거한 수사팀 경찰관 5명이 1계급 특진하는데 그 시점이 윤씨의 1심 선고(1989년 10월 20일)가 나오기 전인 1989년 10월 11일과 12월이었다.[108] 재판 결과가 아니라 검찰에 송치한 시점에 준해 공적으로 인정하는 것이 당시 경찰의 관례였다고 한다(그들 중에는 윤씨가 자신에게 가혹 행위를 했다고 지목한 형사 2명도 포함됐다). 확정판결이 나오기도 전에 경찰이 포상한 점은 그렇다고 쳐도, 문제는 그 특진 사유다. 화성 연쇄살인 사건 범인을 검거했다고 나와 있다. 당시 경찰은 8차 사건을 모방 범죄로 결론을 내려놓고도 특진 사유는 왜 또 그렇게 적었는가. 여기서 화성 초등학생 실종 사건이 화성 연쇄살인의 진범이 잡히지 않았고 8차 사건에서 당시 경찰은 부실 수사를 했다는 정황과 연결될 가능성이 생긴다. 물론 당시 수사관들이 진범 검거에 부담을 느껴 단순 실종 사건으로 분류했을 가능성도 있다.

여기에서 9차 사건이 발생했을 때 초기에만 해도 경찰이 동일범의 연쇄살인이 아니라 '개별 사건'으로 분류한 정황도 참고할 만하다. 당시 경찰은 사건 발생 시간이 이전 사건들에선 밤 9시 이후였던 것과 달리 9차 사건은 오후 6시 30분경으로 이른 편이고, 피해자의 양쪽 가슴을 흉기로 난자한 행위는 이전 사건에선 한 차례도 없었던 점을

---

108) 중앙일보 2019.10.17. "'죽을 만큼 고문' 화성 8차 수사, 그때 그 경찰 5명 특진했다'

들어 기존의 연쇄살인으로 보기 어렵다고 판단했다.[109] 하지만 이는 현장 감식에서도 드러나듯 기존 연쇄살인과 범행 수법이 유사한 정황이 여러 곳에서 발견됐는데 굳이 한두 가지 차이만을 부각한 것이다. 결국 경찰은 불량배나 또래 학생이 피해자를 납치해 성폭행을 하고 살해했을 가능성에 무게를 두고 초동수사를 벌였다. 당시 경찰은 연쇄살인범의 윤곽도 파악하지 못한 상황에서 추가 범행이 나오자 부실 수사가 도마에 오를 것을 우려해 사건을 축소한 것이 아닌가. 물론 이러한 수사기록이 당시 경찰의 종합 의견이 아니라 일부 수사관의 개인 의견일 수도 있고, 모든 가능성을 열어두고 수사를 하려는 과정에서 나온 판단일 수도 있다.

---

109) 경향신문 2019.10.20. '범행 수법 유사한데, 낮에 발생해서⋯ 9차 화성사건 '개별 사건' 분류했었다'

8차 사건 진범 결론

11월 13일 윤씨는 법원에 정식으로 재심을 청구했다. 박준영 변호사는 재심 청구에 앞서 가진 기자회견에서 '이춘재의 자백'에 바로 윤씨가 범인이 아니라는 증거가 다 들어 있다고 했다. 여기서 그는 이씨가 자백하면서 밝힌, 범인이 아니면 절대 알 수 없는 내용이란 무엇인지 구체적으로 언급했다.

우선, 장갑. "화성 8차 사건의 경우 (피해자의 몸에서) 화성 2차 사건과 유사한 '장갑 등 헝겊을 사용한 흔적'이 발견됐다. 하지만 윤씨의 진술서와 조서에는 장갑 등을 착용한 상태로 피해자의 목을 제압했다는 내용이 없다. 이춘재는 최근 경찰에 피해자의 집을 자주 드나들었다면서 피해자의 방 구조가 바뀐 사실을 구체적으로 진술했다. 당시 현장 사진이 외부에 공개된 적이 없었는데 이춘재가 이를 안다는 건 바로 범인이기 때문이다. 더욱이 현장에서 촬영된 피해자의 사진 모습과 관련해서도 윤씨의 자술서 내용보다는 이춘재의 자백과 일치한다."

난데없이 '화성 2차 사건'이 튀어나왔다. 8차 사건은 범행 수법상 피해자의 스타킹이나 옷가지 등을 이용한 교살이 아니라 손으로 피해자의 목을 조른 액살이라는 점에서 1차, 2차 사건과 비교된다. 유성호 교수는 최근 성남의 국립기록원 나라기록관을 찾아 부검감정서 원본을 열람할 수 있었다. 이때의 이야기가 기자회견 열흘 전 한 방송 프로그램에 소개됐다. 화성 1차 사건부터 2차, 4차, 5차, 6차, 7차, 8차, 9차, 10차 사건까지의 부검 기록이 보관돼 있는데 모두 국립과학수사연구원의 부검 자료다. 3차 사건의 부검 기록만 찾아볼 수 없다. 8차 사건 피해자인 여중생의 부검 사진에선 목 부위에 피멍 자국이 다수 보였고 왼쪽 턱선에도 큰 멍이 있었다.[110] 범인이 손으로 피해자의 목을 세게 눌러 살해한 흔적이다. 그런데 사진을 유심히 보고 있던 유 교수가 고개를 갸웃했다. 목에 있는 상처가 낯설지 않다는 생각이 들었다. 갑상연골 위쪽 부분에 손가락으로 세게 누른 자국이 있고 아래쪽엔 끌린 모양이 있는 것이 2차 사건에서 나온 상처와 유사했다. 그것은 2차 사건 때와 마찬가지로 장갑 같은 걸 끼고 자행한 것으로 보였다. 맨손으로 그렇게 조르면 범인 자신의 손이 아플 테니 손에 장갑 등을 끼었을 것이라고 판단했다.[111]

8차 사건 현장에서 지문이 하나도 발견되지 않은 건 바로 장갑 착용 때문이었다. 이춘재는 '평소 장갑을 끼고 범행했는데 당시는 술을 마시고 우발적으로 범행해서 장갑이 없었다'면서 '급한 대로 신고 있

---

110) CBS 노컷뉴스 2019.10.31. "8차 여중생 시신'이 말해주는 '이춘재의 자백' 신뢰성"

111) SBS '그것이 알고 싶다' 1189회(2019.11.2.), 유성호 교수 인터뷰

던 양말을 벗어 손에 끼고 피해자의 목을 졸랐다'고 진술했다. 1989년 9월 수원 강도예비 사건 당시에도 그는 면장갑을 준비하고 남의 집에 뛰어들었었다. 그러고 보면 그는 남의 집에 침입해 강간 살인을 저지를 때면 장갑을 휴대하고 액살을 실행하는 식의 계획을 세운 것으로 보인다. 또 하나의 침입 범죄인 1991년 청주 남주동 가정주부 살인 사건에서도 이씨는 피해자의 목을 졸라 살해하지 않았는가. 물론 아직 이씨의 범행으로 추정될 뿐인 1986년 7건의 연쇄강간 사건에선 범인은 장갑을 계속 끼고 범행하는 모습으로 나온다.

박변호사의 말대로 윤씨의 진술 내용에 장갑 같은 범행 도구에 대한 언급은 전혀 나오지 않는다. "왼손으로 피해자 입을 막고, 오른손으로 피해자 목을 잡아 누르고 약 3~4분 있으니까, 피해자가 조금 움직이는 것 같더니 축 늘어져…."[112] 윤씨의 짧은 자백대로라면 법의학자들이 지적한 목의 자국, 피해자의 몸에 남은 흔적을 설명할 수 없게 된다.

이춘재가 피해자의 방 구조가 바뀐 사실을 알고 있고 사건 당시 현장의 모습에 대해 정확히 묘사했다는 점도 진범 결론에 상당한 힘이 쏠리게 했다. 이씨는 최근 조사에서 피해자의 집이 그들이 이사 오기 전까지 과거 또래 친구네가 살았던 곳이라 범행 이전에 가본 적이 있다고 털어놨다. "중학교 1년 후배가 피해자 집에 살아서 어릴 적 가봤다. 이 친구가 이사한 뒤엔 외지 사람들이 와서 사는 것을 알고 있다." 즉 그가 그날 밤 대담하게 방 안까지 침입해 아무런 흔적 없이 빠져나올 수 있었던 것은 그만큼 집 구조에 익숙하기 때문이었다. 이씨는 자

---

112) SBS '그것이 알고 싶다' 1189회, 윤씨 경찰 진술서에서

백하면서 피해자 집의 구조를 그림으로 정확히 그려가며 설명했다. 이는 경찰이 이씨에게 방 안을 찍은 사진이나 당시 수사 서류 같은 자료를 전혀 보여주지 않은 상태에서 나온 진술이었다.

그리고 다시 체모. 현장에서 발견된 체모라고 하더라도 그 구체적인 발견 지점을 특정하기 어려운 상태다. 당시 방을 드나드는 관계자들이 많았던 터라 체모가 피해자의 몸속에서 발견된 것이 아니라 방 한구석에서 발견된 것이라면 이야기가 다를 수밖에 없다. 그것이 피해자의 몸에서 발견된 것이라면 당연히 중요한 증거가 됐을 것이다. 하지만 당시 피해자의 부검감정서엔 체모에 대한 언급이 없었다. 유성호 교수의 증언이다. "진짜로 질 내부에서 (체모 채취를) 했다고 하면 당연히 그거는 가장 중요한 증거물이고, 사진과 함께 명확한 번호라든지 이런 게 필요했을 것이다. 그런데 부검이 남겨진 기록에선 체모는 관찰할 수 없었다."[113] 그리고 수사 자료와 재판 기록 등을 비교해보면 현장에서 발견된 체모가 몇 개였는지 다들 오락가락한다. 당시 국립과학수사연구원의 생물학과장인 최상규 박사는 "피해자의 몸에서 음모 10개가 발견됐다"고 진술했었다. 그런데 당시 수사를 맡은 경찰이 윤씨를 용의자로 특정한 후 수차례 찾아와 체모를 뽑아갔기에 현장의 체모를 바꿔치기 했을 가능성도 아직 남아 있다.

박변호사는 과거 수사 과정에서 나온 위법 사유에 대해서도 언급했다. 그것은 동시에 과거 경찰이 사건을 교묘히 조작한 정황이기도 했다. 우선 방 안에 찍힌 운동화 자국을 봤다는 가족들의 진술을 바꿔

---

113) SBS '그것이 알고 싶다' 1189회

놓았다. 당시 피해자의 가족은 방문 쪽에 '운동화 모양으로 보이는 발자국'이 있었다고 진술했다. 사건 현장을 가장 먼저 발견한 이는 피해자의 아버지였다. 딸의 죽음을 확인한 아버지는 황망한 중에도 문 앞에 놓인 책상에 '운동화 모양으로 보이는 발자국'이 찍힌 것을 보았다. 그런데 10개월 후 경찰이 윤씨를 검거하면서 이 진술은 사라지고 '맨발 자국을 봤다'는 세입자의 진술로 대체됐다. 다리가 불편한 윤씨가 당시 슬리퍼를 신고 다녔다는 사실에 맞춰 가족들의 진술을 감쪽같이 수사기록에서 감춘 것이다. "소아마비 장애인 분들은 앞 발꿈치 부분을 닿고 걷거든요. 그래서 운동화는 석 달 이상 못 신는다고 합니다. 거기 가장 먼저 닳기 때문에. 그런데 첫째, 둘째, 가운뎃발가락 세 개가, 자국이 남아 있었다는 걸 만들어내버려요. 그런데 이게 얼마나 잔인하냐면 당사자, 처음에 사건 현장을 목격한 피해 여중생의 아버지의 진술을 바꿔야 하잖아요. 이 아버지한테 새롭게 조사를 받으면서 그때 운동화 자국은 잘못 진술한 것 같다는 식으로 이렇게 얘기를, 조서를 정리해버리고, 또 세입자의 진술을 새로이 추가하면서 발가락 자국을 만들어버립니다."[114] 즉 윤씨를 범인으로 몰아가기 위해 운동화 자국을 맨발 자국으로 바꾸는 식으로 진술 증거를 조작했다.

(그런데 이 부분은 약간 미묘하다. 이춘재는 최근 경찰 조사에서 당시 신고 있던 양말을 손에 끼고 '맨발로' 피해자의 방에 들어갔다고 진술했다.[115] 발자국을 처음 발견한 아버지가 본 것도 '운동화 모양으로 보이는 발자국'이지 운동화 자국은 아니었던 셈이다. 과거 경찰은

---

114) YTN 라디오 '노영희의 출발 새아침' 2019.11.14., 박준영 변호사 인터뷰

115) KBS 뉴스 2019.11.16. "'이춘재 자백, 사건 현장과 부합'… 진범 잠정 결론'

그것을 윤씨의 맨발 자국으로 파악하고 그가 범인이라는 증거로 삼았지만 그의 신체 특성상 그렇게 찍힐 수가 없었다. 수사본부는 이번 재수사를 통해 책상 위에 찍힌 발자국은 발가락 세 개가 두드러지게 찍히는 윤씨의 것과는 다르다는 점을 인정했다.)

불법체포 부분도 그렇다. 처음 윤씨를 경찰서로 데려갈 때 긴급체포나 현행범 체포가 아닌데도 체포영장이 없었고, 자발적인 동의를 받았다는 당시 수사기록과 달리 수갑을 채워 강제로 끌고 갔다. 윤씨를 피의자가 아닌 참고인 자격으로 불렀다고 하더라도 경찰은 피의자 신문조서가 아닌 일반적인 진술조서를 작성하면서 진술거부권을 고지하지 않았다. 경찰은 윤씨가 조서를 작성할 때 농기계 수리센터의 사장이 입회했다고 하지만, 당시 대표는 '다음날 경찰이 불러서 갔더니 녹음기를 잠깐 틀어준 게 전부'라며 그런 사실이 없다고 증언했다. "네(윤씨)가 했느냐고 물었는데 아무 말도 하지 않더라. 그런데 그때 경찰이 녹음된 내용을 들려줬다. 끝부분에 '제가 했습니다'하는 말이 나왔다. 다른 말은 듣지 못했다. 그게 전부다."[116] 사장은 윤씨의 진술 과정에 실제로 입회한 것이 아니라 나중에 녹음 내용 일부만 듣고 도장을 찍었다는 말이다. 더 나아가 당시 경찰과 검찰이 두 차례 실시한 현장검증 또한 영장 없이 진행한 것이었다.

또 당시 수사기관은 소아마비 장애인인 윤씨를 불법적으로 체포하고 감금했으며 구타와 가혹 행위를 저질렀다. 다리가 불편한 윤씨에게 쪼그려 뛰기와 앉았다 일어서기 등을 시켰고, 잠을 재우지도 물도 주지 않는 등 가혹 행위를 벌였다. 윤씨는 이때 받은 충격을 이렇게

---

116) SBS '그것이 알고 싶다' 1189회, 농기계 수리센터 대표의 인터뷰

떠올렸다. "소아마비로 세 살 때부터 장애를 갖고 살았지만 조금 불편했을 뿐 장애를 실감하지 못하고 살았다. 수사 당시 경찰이 쪼그려 뛰기를 시키는 순간 인생에서 가장 크게 장애를 절감했다."[117]

당시 경찰은 초등학교 3학년을 중퇴해 글씨가 서툴고 맞춤법을 잘 모르는 윤씨에게 자술서에 적어야 할 내용을 불러주거나 글을 써서 보여주며 작성을 강제했다. 윤씨의 자술서엔 '~했습니다'라는 경어체와 '~했다'라고 하는 평어체가 뒤죽박죽 섞여 있었다. 글도 잘 모르는 사람이 쓰기엔 어려운 한자어가 진술서 곳곳에서 확인되는 것도 누군가 진술서 내용을 불러주거나 보여준 대로 쓰게 한 정황이다. 박변호사는 이런 정황을 강제 작성의 예시로 제시했다. "조서에서 윤씨가 범행 경로를 설명할 때 경찰이 자주 쓰는 표현인 '어느 방향에서 어디를 거쳐 갔다'고 말한 것으로 나온다. 진술 조서의 서류 형식, 구성, 단어 선택, 문장 등을 보면 아무런 개입 없이 본인 스스로 썼다고 보기 어렵다."

허위 자백 이후 윤씨는 잔혹한 살인범이라는 비난을 받았고, 결국 여론에 위축된 국선 변호인은 변호를 제대로 하지 않았다.

윤씨가 재심을 청구하고 이틀 뒤인 11월 15일 수사본부는 중간 수사 브리핑에서 8차 사건의 진범은 이춘재라고 공식 발표했다. 이씨가 피해자 집과 자신의 집의 위치, 이동 동선과 침입 경로, 현장이었던 방의 크기와 내부 구조, 피해자 박양의 머리 모양(단발머리) 등 신체 특징, 시신 위치까지 자세하고 일관되게 표현했다면서 그 내용의 근거

---

117) 서울신문 2019.11.1. "화성 8차, 범행 수법 대담… 100% 연쇄살인범 소행"

들을 하나하나 소개했다. 세목들에서 알 수 있듯 수사본부도 윤씨 측의 주장처럼 이춘재의 자백 내용과 피해자의 마지막 모습에 주목했다. 이는 사실상 경찰의 최종 결론이었다. 이춘재가 범행 당시 양말을 손에 끼고 현장에 침입했다는 진술도 현장 상황과 정확하게 일치했고, 범행 이후 박양에게 새 속옷을 입혔다는 진술 또한 수사본부의 수사 내용에 부합했다. 이춘재를 조사한 프로파일러들도 그의 이런 자백 내용은 언론에서 보고 들은 게 아닌 본인이 직접 보고 경험한 것이라고 판단했다. 수사본부가 당시 현장검증하면서 찍은 컬러사진을 통해 집의 전체 구조와 피해자 방의 모습을 파악해둔 상태에서, 이춘재는 공개된 적 없는 현장의 세세한 지점까지 상세히 묘사했다.

수사본부는 이날 범인으로 처벌받은 윤씨에 대한 과거 수사의 잘못을 인정했다. 당시 윤씨의 자백엔 그가 할 수 없는 행동이 담겨 있었다. 먼저 방문 앞 좌식 책상 위에 찍힌 발자국의 상태가 윤씨의 신체와 다른 것으로 확인됐다. 당시 진행했던 현장검증에서도 드러나듯 방문 앞에 책상이 있어서 들어가려면 책상을 넘어야 했는데 한쪽 다리가 불편한 윤씨로선 두 다리로 넘을 수 없었다. 당시 윤씨는 두 손으로 책상을 짚고 방 안으로 들어갔다고 진술했는데 실제 어디서도 그의 지문은 발견되지 않았다. 또 책상 위엔 책이 꽂힌 책꽂이가 있어서 윤씨가 책상을 짚고 넘었다면 책이 흐트러졌을 텐데 현장을 찍은 사진엔 그런 점이 없었다. 결국 한밤중에 윤씨가 소리를 내지 않고 그 방에 침입하기는 힘들다고 판단할 수밖에 없었다.

당시 윤씨가 어떻게 현장을 출입했는지를 봐도 그렇다. 현장검증에 참가했던 형사들은 모두 윤씨가 담벼락을 뛰어넘은 것을 봤다고 말했는데, 당시 이를 지켜봤던 이웃들의 증언은 달랐다. "담에 올라가라고 하니까 애가 못 올라갔어. 그니까 옆에 있는 벽돌을 놓으면서 올라가려고 하더라." "다리가 후들거리는데 형사들이 옆에서 붙잡고 다리를 올리게 했다. 그 모습을 차마 볼 수 없었다."[118] 누가 봐도 한쪽 다리가 불편한 윤씨가 피해자의 담벼락을 넘는 것은 불가능에 가까웠다. 과거 현장검증에서도 윤씨가 담을 넘으려고 시늉하는 사진만 있을 뿐 실제로 넘는 사진은 없었다. 오히려 이춘재는 8차 사건을 자백하면서 자신은 열린 대문으로 걸어서 들어갔다고 했다. 윤씨 입장에선 대문을 두고 담을 넘을 이유가 없다. 게다가 범행을 마치고 나올 때도 윤씨는 대문으로 나오지 않고 담을 다시 넘었다고 진술했다. 박변호사의 말처럼 초동수사 당시 경찰이 허술한 대문 상태를 제대로 살폈다면 윤씨의 진술은 담을 넘은 게 아니라 대문을 열고 들어간 것으로 바뀌었을 것이다. 당시 수사관들이 조작한 내용이 이제는 거꾸로 윤씨의 무죄를 밝히는 증거가 된 셈이다.

또 윤씨가 당시 경찰 조사에서 당시 피해자의 속옷을 무릎까지 내리고 범행한 이후 옷을 입혔다고 진술한 부분 역시 피해자의 상태를 확인한 국립과학수사연구원의 감정 결과와 불일치했다. 박양은 사체로 발견될 당시 그날 입고 있던 것이 아닌 새 속옷 하의를 뒤집어 입고 있었다. 중학생인 피해자가 처음부터 속옷 앞뒤를 거꾸로 입고 있었을 가능성은 적고, 속옷을 완전히 벗기지 않으면 뒤집어 입히는 게 불가능하다는 점에서 수사본부는 윤씨의 진술을 허위로 봤다. 반면 이춘재는 최근 조사에서 피해자의 속옷을 벗기고 범행한 뒤 방 안에

---

118) SBS '그것이 알고 싶다' 1189회, 이웃 주민들의 증언

있던 다른 속옷을 입혔는데 이때 뒤집어 입혔다고 털어놨다. 또 벗긴 속옷으로 현장에 남은 혈흔 등을 닦고 그것은 갖고 나와 버렸다고 했다. 이는 진범이 아니고는 알 수 없는 내용이다.

양말을 끼고 범행했다는 이춘재의 진술에 대해서도 수사본부는 국립과학수사연구원의 감정을 통해 사실임을 확인했다. "피해자 목에 난 상처 사진을 국립과학수사연구원에 의뢰한 결과 '상처는 맨손이 아닌, 천에 의한 쓸림 현상으로 보인다'는 내용을 전달받았다."

이렇게 중간 수사 결과를 발표하며 수사본부는 윤씨에 대한 수사 기록이 사실상 조작됐다는 점을 인정했다. 물론 윤씨의 조서 내용과 현장 상황이 다른 이유에 대해 수사본부는 구체적으로 언급하지 않았지만, 현장 상황을 잘 모르던 경찰이 준 정보대로 윤씨가 진술했기 때문이라고 볼 수밖에 없다. 경찰이 재수사에 착수한 후 처음으로 윤씨가 범인이 아니라는 걸 공개적으로 시인하자 이를 접한 여론은 들끓었다. 경찰이 앞날이 창창한 20대 청년을 살인 사건의 범인으로 몰아 억울하게 옥살이를 하게 했으니 후폭풍이 거셌다. 과거 경찰의 강압 수사와 사건 조작 의혹은 기정사실로 받아들여지는 분위기였다.

이 무렵 화성 2차 사건의 증거물에 대한 DNA 재감정 결과도 나왔다. 이춘재의 DNA뿐 아니라 어떠한 DNA도 검출되지 않았다. 2차 사건의 피해자가 농수로에서 발견된 것을 보면 증거물이 오염됐을 가능성이 크다고 했다. 이를 끝으로 국립과학수사연구원의 DNA 검증 작업이 종료돼 이씨의 DNA가 나온 사건은 5건에 머물게 됐다.

국과수 감정서

그런 와중에 12월 11일 검찰이 8차 사건을 직접 수사하겠다며 나섰다. 윤씨 측이 검찰에 수사촉구 의견서를 제출한 데다 당시 수사기록 등에 의혹이 있다는 판단에서다. 의견서에는 '수사기관의 불법구금과 가혹 행위 등 직무상 범죄와 국립과학수사연구원의 감정 관련 의혹에 대해 직접 수사해달라'는 내용이 담겼다. 검찰의 직접수사 발표는 수사권 조정을 둘러싼 검경 갈등이 첨예한 시점에 나온 조치라 경찰 측에선 당혹스럽다는 반응이 이어졌다. 그리고 이날 수원지방검찰청은 형사사건공개심의위원회를 열어 이춘재의 이름을 공개하기로 결정했다. 언론에서만 쓰다가 대한민국 수사기관이 공식적으로 그 이름을 언급한 것은 이때가 처음이다. 다만 얼굴은 공개하지 않기로 했다. 이춘재는 전날인 12월 10일 수원구치소로 이감됐다. 수원지방검찰청이 직접수사에 나서면서 가까운 교정 시설로 옮긴 것이다. 이런 사실을 모르고 있던 수사본부 형사들은 이춘재를 접견 조사하러 부산교도소를 방문했다가 헛걸음질을 하고 말았다.

윤씨 측이 검찰에 의견서를 제출한 데엔 그만한 이유가 있었다. 검찰은 경찰이 국립과학수사연구원의 당시 분석 자료를 제출하지 않은 까닭에 연구원으로부터 직접 자료를 받아 살펴본바 이상한 점을 발견했고, 또 그동안 알려지지 않은 가혹 행위가 더 있는 등 새로운 정황을 파악했다.

다음날 수원지방검찰청 형사6부는 1989년 8차 사건 수사 당시 윤씨를 범인으로 최초 지목하는 데 결정적인 증거로 사용된 국립과학수사연구원 감정서가 허위로 조작됐다고 밝혔다. 국립과학수사연구원의 당시 감정서와 실제 방사성 동위원소 감정을 진행한 한국원자력연구원의 감정 결과를 비교해보니, 시료와 수치 모두 전혀 다르다는 것이다. 검찰은 국립과학수사원이 수사 대상자들의 체모에 대해 한국원자력연구원에 중금속 성분 분석을 수차례 의뢰해 감정 결과를 받은 뒤 윤씨의 체모 분석 결과와 비슷한 다른 사람의 체모를 범인의 것으로 바꿔치기한 것으로 봤다. 이 과정에 당시 경찰이 가담했을 가능성도 있었다. 다만 누가 어떤 경위로 국립과학수사연구원 감정서를 조작했는지에 대해선 추가 조사가 필요했다.

윤씨 변호인단에 참여한 법무법인 다산은 이렇게 주장했다. "당시 현장에서 발견된 범인의 것으로 추정되는 체모에 대한 분석 결과가 시기별(1989년 6월과 7월)로 다른 양상을 보인다는 내용이 담긴 의견서를 검찰에 제출했다. 현장에서 발견된 '범인의 것으로 추정되는 체모'의 감정 결과가 이렇게 차이가 큰 이유는 두 체모가 동일인의 것이 아니었기 때문으로 보인다. 윤씨 체모에 대해서도 시기별로 체모의 성분 차이가 상당히 나는 것으로 나타나 감정서 조작이 강하게 의심된다. 6월에 작성된 동위원소 감정결과표 자료에는 총 16개 성분이 적혀 있지만, 체포되기 직전인 7월의 국립과학수사연구원 감정서엔 4가지 성분이 빠져 있다. 이는 40퍼센트 편차 내에서 일치하는 성분의 수를 늘리기 위한 의도로서 일부 검사 결과를 의도적으로 뺀 게 아닌가 하는 의심이 강하게 든다." 박준영 변호사도 "똑같이 현장에서 발견된 범인 체모로 감정을 했다면 이렇게 다른 결과가 나올 수 있겠느냐. 어떤 체모가 어떤 감정에 사용됐는지도 확인되지 않아 (조작) 의심이 든다"고 밝혔다.

이즈음 수원지방검찰청 형사6부는 8차 사건 당시 수사관이었던 경찰 3명을 불러 조사했다. 경찰 수사본부의 조사에선 부인했던 이들 수사관은 여기 조사 과정에선 윤씨를 잠을 재우지 않는 가혹 행위는 했다는 취지로 진술했다. '일체의 가혹 행위는 없었다'던 기존 입장을 번복하고 가혹 행위를 처음 인정한 것이다. 당시 수사보고서에 윤씨는 1989년 7월 25일 밤 불법 체포된 뒤 범행을 계속 부인하다가 갑자기 다음날 새벽 5시부터 1시간 동안 자백한 것으로 나와 있다. 이는 시간상으로 보면 용의자를 잠을 재우지 않은 채 밤샘 조사를 벌였음을 입증하는 자료다. 그러나 장 모 형사는 윤씨를 주먹이나 발로 때리는 등 폭행을 가한 의혹에 대해선 부인했다. 소아마비 장애인인 윤씨에게 쪼그려 뛰기를 시키는 등 다른 가혹 행위를 했다는 의혹도 이미 사망한 최 모 형사에게 책임을 미뤘다.

검찰이 감정서 조작에 대해 선제적으로 발표하자 이에 맞서듯 경기남부지방경찰청 수사본부는 12월 17일 8차 사건 당시 수사에 참여한 검사와 경찰 등 8명을 정식 입건했다. 경찰은 8차 사건 당시 수사에 참여한 형사계장 등 경찰 6명을 직권남용, 허위 공문서 작성 및 행사, 독직 폭행, 가혹 행위 등의 혐의로, 또 당시 수사과장과 담당 검사 등 2명도 직권남용 체포 감금 혐의로 입건했다. 두 사람은 윤씨의 임의 동행부터 구속영장이 발부되기까지 법적 근거나 절차 없이 75시간 동안 감금한 혐의다. 하지만 입건된 경찰과 검사는 모두 공소시효가 지나 형사처벌은 받지 않는다.

8차 사건 관련 용의자 체모에 대한 국립과학수사연구원의 방사성 동위원소 감정서의 중대한 오류에 대해서도 언급했다. 다만 국립과학수사원의 감정 오류이지 증거 조작은 없었다는 취지였다. 국립과학수사연구원이 당시 한국원자력연구원에서 건네받은 체모 성분의 결괏값을 임의로 조합했으며, 당시 수사관은 통보받은 결과를 토대로 수사보고서를 작성한 것이라고 했다. "한국원자력연구원 측에서 '윤씨의 음모와 현장 음모가 일치하지 않다'는 취지의 2차 통보를 국과수에 보냈지만, 국과수가 이를 배제하고 현장 음모와 더 일치한 수치를 적용했다." 여기에 "현장에서 발견된 음모와 용의자(윤씨) 음모의 채취 기간이 1년 가까이 차이가 나 음모의 성분이 변화됐을 가능성이 있어서 국립과학수사연구원의 감정 결과에 의구심이 있다"는 화학 분야 전문가의 의견도 덧붙였다.

물론 수사본부의 발표대로 과거 경찰이 8차 사건 당시 엉뚱한 사람을 범인으로 몰기 위해 국립과학수사연구원과 함께 공모해 체모와 수치를 적극적으로 조작한 것은 아닐 수도 있다. 그러나 체모의 성분

값을 취사선택하고 수치 차이를 무시한 국립과학수사연구원 감정인의 행위는 오류로만 보기에는 적극성을 무시하기 어려웠다. 담당 수사관은 그런 조작에 가담하지 않았다고 쳐도, 감정인이 수사관의 의향을 감지하고 그에 맞게 감정서를 수정한 것은 아닐까 하는 의혹은 여전히 남았다.

방사성 동위원소 감정 결과가 허위로 조작됐다는 말을 들은 사람들은 몇 가지가 의아스러웠다. 무엇보다 과학적 영역이나 기초적 사실관계의 분야로 여겨온 문제가 흔들려서다. 또 국립과학수사연구원 감정인이 도대체 사건과 무슨 연관이나 이해관계가 있을까 싶어서다. 그러나 방사성 동위원소 감정법은 당시에도 국내외 법의학 논문에 실린 적이 없는, 검증조차 되지 않은 감정법이었다. 화성 8차 사건에서 처음 사용된 뒤 지금껏 한 차례도 사용되지 않았을 정도로 과학적 근거가 부족했다. 한국원자력연구원 관계자는 "이 기술의 신뢰도는 60퍼센트 정도밖에 되지 않는다고 한다. 같은 음식을 먹거나 유사한 환경에 사는 사람이면 성분이 비슷하게 검출될 수 있다. 가족이나 동네 주민, 직장 사람들에게서 성분이 비슷하게 나올 가능성이 크다"고 말했다.[119] 애초부터 용의자의 직업 정도나 파악하는 데 쓰이지 용의자를 특정하는 방법으로 쓸 만한 기술이 아니었다는 말이다. 1989년 2월에 나온 방사성 동위원소 감정 결과, 즉 체모에서 티타늄 등 특정 중금속 성분의 함량 수치가 높다는 내용을 활용해 용의자의 직업군을 압축할 때도 당시 경찰은 윤씨의 농기계 수리센터보다는 이춘재가 다

---

119) 한겨레 2019.10.7. '수사 오류인가, 거짓 자백인가… 화성연쇄살인 8차 사건 미스터리'

니던 전기회사를 찾아갔어야 했다. 당시 그 전기회사가 티타늄과 망간, 알루미늄 등을 원료로 썼다는 점에서 이춘재가 더 관련 있지 않았을까.(담당 형사는 티타늄이라는 금속이 백색 안료를 만드는 공장에서, 그다음에 용접하면서 연기를 많이 맡으면 몸에 축적된다는 사실을 알아낸 뒤 화성 지역 50여 개 공장을 대대적으로 뒤졌다. 공장 노동자들 중에서 용의자가 색출되지 않자 이번엔 소규모 업체로 시선을 돌렸고 그때 찾아낸 사람이 용접을 많이 하는 윤씨였다. 피해자 박양의 등하굣길 마을 어귀에 농기계 수리센터가 있었다.[120])

수사본부는 당시 국립과학수사연구원에서 화성 8차 사건에 방사성 동위원소 감정법을 도입한 한 개인에 초점을 맞췄다. 그때까지 한 번도 시도한 적 없는 새로운 분석법을 제안한 사람. 그 사람은 당시 감정서를 작성한 인물이기도 했다. 국립과학수사연구원 감정인이 검증되지 않은 자신의 연구 결과를 법과학 분야에 도입하면서 시료 분석 결괏값을 인위적으로 바꾸는 오류를 범했다는 게 결론이다. 설명하는 내내 '조작' 대신 '오류'를 쓰는 것도 그런 이유에서다. "당시 국과수 감정인이 시료의 분석 결괏값을 인위적으로 조합·첨삭·가공·배제하는 등 감정상 중대한 오류를 범했다." 수사본부는 당시 감정 결과와 관련해 분석 데이터가 매우 적었고 가우시안 분포를 이루지 않았는데도 이를 가정한 점, 아무런 근거도 제시하지 않고 40퍼센트 편차 이내로 동일성을 판단한 사실, 단순히 두 시료 간 원소별 수치를 비교한 것으로 동일성을 판단한 점에 문제가 있다고 인정했다. 또 윤씨 체모의 성분값이 1차, 2차 결과가 있지만 현장 체모와 더 유사한

---

120) SBS '그것이 알고 싶다' 1189회

1차분만 적용해 동일인이라는 결론을 내렸다는 것이다.

8차 사건 수사가 은폐와 조작으로 점철된 엉터리 수사였음이 명확해지고 있었다. 그럼에도 두 국가 수사기관은 서로의 수사 결과를 비판하며 충돌을 거듭했다. 윤씨 체모의 감정서를 놓고 경찰은 '감정서에 오류가 있었다'며 실수 쪽으로 선을 그은 반면 검찰은 '고의가 개입된 조작'이라고 맞서면서 양측의 갈등은 정점으로 치달았다.

12월 23일 수원지방검찰청 전담조사팀은 8차 사건을 직접 조사한 결과 재심 사유가 인정돼 재심을 개시함이 상당하다는 의견서를 법원에 제출했다. 검찰이 재심 개시 결정을 내린 이유는 크게 세 가지다. 국립과학수사연구원의 감정서 조작과 당시 경찰의 감금 및 가혹 행위, 이춘재의 8차 사건에 대한 구체적인 진술(자백) 등이다.

같은 날 수원지방검찰청 브리핑실에서 이진동 2차장검사는 '1989년 7월 24일자 국립과학수사연구원 감정서'를 끄집어내 설명했다. 윤씨가 범인으로 몰린 결정적 증거가 됐던 그 감정서가 허위로 조작됐다는 것. 여기서 체모 감정과 관련한 당시의 수사 상황과 감정 내용을 재구성해보자.[121]

국립과학수사연구원은 1989년 2월 1일, 범행 현장에서 채취한 체모를 한국원자력연구원에 맡겨 방사성 동위원소 분석을 통한 분석값(증거 1호)을 받았다. 당시 방사성 동위원소 감정을 위해 필요한 원자로 관련 시설을 한국원자력연구원만 보유하고 있었다. 이후 용의 선

---

121) 한겨레 2019.12.28. '30년 전 그날 화성, 누가 왜 국과수 감정서를 조작했나'; 중앙일보 2019.12.13. '검찰, 8차 화성사건 경찰·국과수 조작 정황 포착' 참조

상에 있는 남성들의 체모를 분석해 그 값을 증거 1호와 비교했다. 3월 말까지도 감정이 이뤄졌지만 별다른 성과가 없었다.

그해 5월 초 최형사(교통사고로 사망)는 현장에서 채취한 체모의 성분에서 티타늄 함량이 높다는 감정 결과에 주목해 인근 공장을 돌며 윤씨를 포함한 47명의 체모를 채취했다. 5월 9일 국립과학수사연구원에 이에 대한 방사성 동위원소 감정을 의뢰했고, 6월 19일 윤씨 등 2명의 체모가 B형이고 현장에서 발견된 체모와 유사하다는 감정 결과가 나왔다. 아마 이때부터 경찰은 윤씨를 유력 용의자로 본 듯하다. 6월 26일 경찰은 윤씨의 체모를 다시 채취했고, 사흘 뒤인 29일 다른 용의자 10명의 것과 함께 방사성 동위원소 감정을 의뢰하려다가 마지막 순간에 이상하게 윤씨 체모만 제외하고 10명의 것만 보냈다. 당시 경찰이 작성한 '음모 감정 대상자 명단'엔 윤씨 이름에 펜으로 지우는 표시가 돼 있고 화성경찰서 수사과장의 도장이 찍혀 있다. 이때는 '의뢰한 10명 모두 현장 체모와 일치하지 않는다' 내용의 감정 결과가 나왔다.(국과수 1차 감정) 7월 18일 경찰은 윤씨의 체모를 다시 채취해 별도로 그것만 국립과학수사연구원에 방사성 동위원소 감정을 맡겼다. 7월 24일 국립과학수사연구원은 한국원자력연구원의 분석 결과를 받아 감정서를 작성했다. '현장 음모와 윤씨 음모는 동일인의 음모로 볼 수 있음'이라는 내용이었다.(국과수 2차 감정) 이 감정서를 근거로 다음날 경찰은 윤씨를 체포하게 됐다.

우선 검찰은 국립과학수사연구원의 1차 감정 당시 현장에서 채취한 체모의 성분 결과가 6월의 것과 다르다는 사실을 포착했다. 현장에서 채취한 같은 체모인데도 성분의 수치가 달랐던 것이다. "세부적으로 원소들을 비교해보면, 티타늄 17ppm→13.7ppm, 알루미늄 166→190, 망간 4.2→8.8, 칼슘 800→307, 마그네슘 444→198로 바뀌었다. 특히 나트륨은 482→29로 약 16.6배, 염소는 1572→170으로 약 9.2배 차이를 보이는 등 일부 성분은 극명한 수치 차이를 보였다."[122] 윤씨 측이 검찰에 보낸 의견서에도 이런 주장이 담겼다. "(현장 체모의) 감정 결과 차이가 큰 이유는 두 음모가 동일인의 것이 아니기 때문으로 보인다. 두 개의 상이한 감정 결과가 나온 과정 및 이유를 확인해주기 바란다."

결국 검찰은 윤씨의 체모 분석값(증거 2호)은 증거 1호가 아닌 조작한 수치와 비교했다고 결론을 내렸다. 증거 1호의 수치를 표준시료('STANDARD') 값으로 바꾼 것이라고 했다. 표준시료는 성분을 분석하는 기계의 오작동 및 오차 범위 여부를 확인하기 위한 것일 뿐 분석값으로서 쓸 수 없는 수치다. 윤씨 체모와 현장 체모의 성분이 같은 사람의 것으로 보기 어려울 정도로 차이가 나자 이런 조작을 한 것으로 보인다.

더욱이 검찰은 (국립과학수사연구원 또는 당시 경찰이) 윤씨의 증거 2호 값도 제3의 인물의 수치와 바꿔치기했다고 파악했다. 증거 1호로 둔갑한 표준시료와 비슷한 수치를 증거 2호로 채택한 것이다. 즉 현장 체모의 성분 수치는 장비 테스트용으로 쓰는 일반인 체모의 성분 수치로, 윤씨 체모의 성분 수치는 다른 용의자의 것으로 바꿔치기했다.

---

122) 조선일보 2019.12.15. '한 달 새 두 번 바뀐 '범인 體毛 감정 결과'… '조작 의혹' 화성 8차 국과수 감정서 보니'

국립과학수사연구원의 조작은 여기에서 그치지 않았다. 이미 조작된 증거 1호의 수치와 증거 2호의 수치가 최대한 근접하도록 가감해서 맞춘 것이다. 7월 24일자 2차 감정서에서 현장 체모의 성분 수치가 또 한 번 바뀐 것은 그런 이유에서다. 증거 1호의 수치가 높으면 오차 범위 내 빼기로 낮추고, 반대로 낮으면 더하기를 해 높이는 식이다. 결국 윤씨를 범인으로 지목하기 위해 현장에서 채취한 체모의 분석값 (증거 1호)과 윤씨의 분석값(증거 2호) 둘 모두를 일반인 체모의 성분 수치로 바꿔치기한 것도 모자라 수치까지 가감해 조작한 것이다. 당시 사정을 잘 알고 있는 한국원자력연구원의 한 관계자도 이를 지적했다. "측정값 옆에 오차 범위를 표시하지 않고, 오차 범위 중 상한값, 하한값 어느 하나만 쓰는 행위를 두고는, 어느 통계학자라도 같은 평가를 할 것이다. 그것은 적절하지 않다."[123]

과거 경찰이 윤씨의 체모만 단독으로 감정해달라고 의뢰한 이유에 대해선 당시 수사관이 2005년 미국으로 이민을 간 상태여서 조사하지 못했다. 국립과학수사연구원이 어떤 목적에서, 왜 조작했는지에 대해서도 당시 감정인이 뇌경색으로 쓰러져서 조사를 하지 못했다.

의도적 조작이라는 검찰의 입장에 수사본부는 즉각 반박했다. 무엇보다 윤씨 감정서에만 검사 기기의 성능 테스트용 표준시료(모발) 를 사용했다는 검찰의 주장은 사실이 아니라고 했다. 특히 '스탠다드' 는 테스트용 모발이 아니라 현장에서 발견된 체모임을 강조했다. 당시 보고서를 작성한 한국원자력연구원 A박사의 말에 따르면 '테스트

123) 한겨레 2019.12.28. '30년 전 그날 화성, 누가 왜 국과수 감정서를 조작했나'

용이라면 인증 방법, 인증값, 상대오차 등이 기재돼 있어야' 하는데 이런 표기가 없다는 것이다. 또 여러 보고서를 확인한 결과 일반인의 체모를 사전에 분석해 기기의 성능을 테스트했다는 기록이 전무했다. 한국원자력연구원이 분석한 시료의 양이 0.467밀리그램인 점을 보더라도 테스트용으로 보기 어렵다. 통상 테스트용이라면 1밀리그램, 10밀리그램처럼 정형화된 수치를 사용한다는 것이다. 수사본부의 발표 내용은 이렇다.

"당시 한국원자력연구원에서 분석을 담당한 박사를 수차례 면담하고 관련 자료 등을 종합해봤을 때 한국원자력연구원이 분석한 대조시료(현장 음모)는 '스탠다드'로, 용의자들의 시료는 '샘플'로 표기된 부분을 확인할 수 있다. 즉 여러 진술과 수치 등을 고려하면 현장 음모가 분석된 게 맞다. 경찰은 현재까지 '스탠다드는 현장 체모이고 샘플12(제3의 인물)는 윤씨 음모'라는 입장에 변함이 없다. (검찰의 논리대로) 샘플12가 윤씨가 아닌 불상자라면, 당시에 그 불상자를 즉시 검거하거나 재감정하면 될 문제였다. 아무런 관련도 없는 윤씨의 음모를 감정할 이유가 없지 않았겠는가."

한편 수사본부는 8차 사건의 전모를 규명할 결정적 증거인 체모가 국가기록원 나라기록관에 보관돼 있다는 사실을 확인했다. 8차 사건 현장에서 발견된 체모 2점이다. 국립과학수사연구원이 당시 현장에서 채취한 총 10점의 체모 중 8점을 감정에 사용하고 남은 2점을 30여 년간 보관해오다 2017~2018년 국가기록원 나라기록관에 이관한 것이다.[124] 박준영 변호사는 때늦은 확인을 두고 몇 가지 의문을 제

---

124) 일요신문 2020.5.28. '검찰, 국가기록원 압수수색 '이춘재 8차 사건' 현장 체모 2점 확보'

기했다. 현장에서 발견된 체모가 모발인지 음모인지, 발견된 지점을 특정할 수 있는지, (경찰이) 체모가 남아 있다는 사실을 안 시점은 언제였고 어떻게 알게 됐는지, 경찰은 검찰에 관련 수사 정보가 공개되는 부담 때문에 공개를 미룬 것인지, 검찰은 이 사실을 언제, 어떻게 알게 됐는지 등. 박변호사의 말대로 "체모가 현장에서 발견된 범인의 체모라면 이춘재의 DNA가 나올 것이고, 수사 과정에서 윤씨의 체모와 바꿔치기된 것이라면 윤씨의 DNA가 나올 것"이다. 이제 국립과학수사연구원에 이 체모에 대한 DNA 분석을 의뢰해 이춘재의 것과 일치하는지를 확인해야 했다. 검찰은 법원에 재심의견서를 제출한 것과 별도로 국가기록원에 보관돼 있는 체모 2점을 감정하기 위해 문서제출 명령과 감정의를 신청했다. 그러나 12월 16일 체모 2점에 대해 청구한 압수수색 영장을 법원은 재심 재판 중이고 공소시효가 완성됐다는 이유로 기각했다.

그리고 이때에 맞춰 수사본부는 '화성 연쇄살인 사건'이라는 명칭을 '이춘재 연쇄살인 사건'으로 변경했다. 이춘재의 이름과 나이 등 신상을 공식 공개했다. 다만 수원구치소에 수감돼 있어 재심이 이뤄질 때까지 얼굴을 공개하는 것은 힘들다. 브리핑 내용이다. "이춘재가 자백한 14건의 살인 사건 중 DNA가 확인된 5건 외에 DNA가 확인되지 않은 9건의 살인과 9건의 성폭행(미수 포함) 사건도 그의 소행으로 보고 추가 입건했다. (이춘재 신상 공개와 관련해서) 경찰에서는 지금까지 한 번도 신상을 공개적으로 밝힌 적이 없다. 이에 따라 신상공개위원회를 열어 그의 이름과 나이 등 신상을 공개하기로 했다." 경찰이 사건의 명칭을 바꾼 것은 화성 지역 주민들의 요구를 반영한 것이다.

화성시의회는 11월 28일 본회의에서 "경찰과 언론사는 지역 전체에 부정적 인식을 갖게 만드는 화성 연쇄살인 사건이라는 명칭을 이춘재 살인 사건으로 변경해야 한다"는 결의문을 채택해 경찰과 언론에 발송했다.

재심 결정

해를 넘긴 2020년 1월 14일 8차 사건의 재심 결정이 내려졌다. 윤씨가 1991년 대법원에서 무기징역 확정판결을 받은 지 29년 만이다. 수원지방법원 형사12부는 "이춘재가 수사기관에서 조사받으면서 자신이 이 사건의 진범이라는 취지의 자백 진술을 했고, 여러 증거들을 종합하면 진술의 신빙성이 인정된다"며 형사소송법상 재심 사유가 있으므로 재심을 열기로 했다고 재심 결정 이유를 설명했다. 법원 안팎에선 과거사 사건이 아닌 일반 형사사건의 재심 결정이 재심을 청구한 지 두 달 만에 신속히 내려진 점에 주목했다. 윤씨가 '당시 수사 과정에서 폭행과 가혹 행위로 인해 허위 자백했다'고 진술한 상태에서, 검찰이 당시 국립과학수사연구원의 감정서 조작 등 새로운 증거를 발견한 것도 재심 결정에 영향을 미쳤다고 봤다.

재심 첫 공판준비기일이 2월 6일 오전 수원지방법원 제12형사부 심리로 열렸다. 재판명은 '이춘재 화성연쇄 8차 사건 재심 청구'였다.

공판준비기일이란 본격적인 재판을 앞두고 피고인의 주 혐의점에 대해 검찰과 변호인 쌍방이 쟁점을 정리하고 공판을 어떻게 진행할지 조율하는 절차다. 마침 이날 경찰은 8차 사건을 검찰에 송치했다. 경찰은 원활한 재심 진행을 위해 본격적인 재심이 시작되기 전인 이날 사건을 송치한 것이다. 이춘재에 대해선 살인 및 강간치사 등의 혐의를 적용했지만 공소시효가 만료됨에 따라 '범죄 혐의는 인정되나 공소시효가 지나 공소권 없음' 의견으로 전달했다. 또 당시 이 사건을 수사한 검사와 경찰 등 8명을 직권남용 체포·감금과 허위 공문서 작성 및 행사 등의 혐의로 함께 검찰에 넘겼다.

이날 윤씨는 피고석에 앉았다. 공판에 앞서 증인 채택 여부 등을 결정하는 시간이었다. 31년 전 그날과 법정 분위기는 사뭇 달라 보였다. 1심에서 무기징역을 선고했던 재판부는 윤씨에게 사과를 했고, 영장 없이 감금 등을 묵인했던 검찰은 윤씨가 무죄임을 입증하는 증거물을 제출했다. 재판이 시작되자 재판부는 "몸이 불편하니 앉아서 대답해도 됩니다" "진술 거부를 해도 무방하며 불이익을 받지 않습니다" "유리한 사정이 있을 때는 언제든지 말씀하셔도 됩니다" 등 하나하나 설명했다. 특히 재판부는 "피고인은 억울하게 잘못된 재판을 받아 장기간 구금됐다" "법원의 판사로 근무하고 있는 사람으로서 굉장히 죄송함을 느낀다"고 말했다. 흔히 영화에 나오는 검찰과 변호인 간 고성이 오가는 그런 모습은 온 데 간 데 없었다. 오히려 변호인이 검찰에 "증거 목록을 상세히, 최근 수사한 내용까지 주시면 좋겠다"고 하자 검찰은 "방대한 자료니 시간을 달라. 최대한 협조하겠다"고 답했다.

이날 재판에선 변호인이 주장해야 할 윤씨의 무죄 입증을 검찰이 설명했다. "검찰은 피고인이 재심 청구에 따라 재조사를 편 결과 당시 수사기관에 의한 자백 진술이 불법 감금과 폭행 등에 의한 허위 진술임을 확인했다. 또 국립과학수사연구원의 연구 결과에서 나온 범죄 현장의 음모 분석값은 표준시료값이었고, 윤씨의 음모 분석값은 제삼자의 것으로 재심 청구인의 것과 무관한 것을 확인했다. 국립과학수사연구원 감정인에 의해 자의적으로 조작된 사실을 확인했다. 또 당시 경찰이 영장 없이 75시간 동안 감금하고 잠을 재우지 않은 사실도 확인했다. 이춘재를 직접 조사해보니 자발적이었고, 범인만 아는 내용, 특히 변사체의 상태와 일치했다."

더 이상의 공판 진행 없이 재판부가 '무죄'라고 선고해도 무방할 정도의 분위기였다. 실제 재판부는 "검찰의 증거 자료를 보면 사실상 무죄 취지의 내용이 대부분이기 때문에 국립과학수사연구원의 감정 결과 등을 볼 필요가 있겠느냐"며 윤씨의 무죄에 초점을 맞추려 했다. 하지만 변호인단은 '실체적 진실'을 규명하려면 공판이 좀 더 철저하게 증인을 세우고 증거 조사를 해야 한다고 주장했다. "윤씨의 무죄를 입증할 증거가 차고 넘친다고 해도 형사소송법에 따라 당시 (윤씨를 유죄로 판단한) 증거로 제출된 문제점을 확인하는 절차는 반드시 필요하다. 이번 재판이 아니고선 국립과학수사연구원이 감정 결과를 조작한 이유를 알 수 없고, 이춘재의 범행 사실을 들을 수 있는 기회가 주어지지 않을 것이다. 아울러 당시 수사 관계자와 국립과학수사연구원 등의 불만이 있을 수 있는데, 그들의 반론권도 보장된 상태에서 실질 심리가 있어야 한다."

이어서 이렇게 덧붙였다. "이번 사건 재심은 검찰의 공격, 변호인의 방어가 이뤄지는 일반 형사재판과 달리 피고인의 무죄를 입증하고, 사건의 실체적 진실을 밝히기 위해 검찰과 변호인이 협업하는 특수한 성격을 갖고 있다. 이런 과정은 이춘재에 의한 희생자들, 그리고 윤씨 및 또 다른 위법한 수사로 인해 범인으로 몰린 수많은 사람에게 힐링이 되는 재판이 될 것이다."

재판을 마치고 나온 윤씨는 환한 미소를 지었다. 그는 "당시 판사들의 얼굴은 보지도 못했다. 그들의 사과가 나와야 한다고 생각한다"고 말했다.

4월 13일 2차 공판준비기일에선 검찰과 변호인 양측 모두 이춘재를 증인으로 신청했다. 검찰은 이춘재의 진술을 청취해 신빙성이 있는지 판단해야 한다면서 이춘재와 당시 수사를 맡았던 경찰관, 검사, 국립과학수사연구원 관계자 등 17명을 신청했다. 변호인 측도 이춘재와 함께 법의학자와 노동환경연구소 등 관계자 6명을 신청했다. "이춘재는 검찰과 변호인 양측의 쌍방 증인이 돼 자백에 이르게 된 경위는 물론 사건 당시의 상황까지 밝혀야 한다. 그 또한 자신이 당시 왜 수사 선상에 오르지 않았는지 등을 궁금해하고 있다."

그러나 재판부는 양측의 이춘재 증인 신청을 보류했다. 재판을 진행하면서 필요하다고 판단할 경우 그때 가서 증인으로 채택하겠다는 것이다. 이번 준비기일에선 증인 출석 외에 국가기록원 나라기록관에 보관돼 있는 8차 사건 현장의 체모 2점에 대한 감정 필요성도 언급됐다. 박준영 변호사는 체모 2점이 이춘재의 것일 확률이 높다고 판단했다. "해당 체모가 현장에서 발견된 체모인지 확신할 수는 없으나, 현재처럼 유동적인 상태로 두는 것보다는 감정하는 것이 맞다."

5월 19일 재판부는 재심 첫 공판에서 국가기록원 나라기록관에 보관돼 있는 체모 2점과 윤씨 모발에 대한 압수수색 영장을 발부했다. 수원지방검찰청은 5월 28일 국가기록원 나라기록관을 압수수색해 보관 중인 현장 체모 2점을 확보했다. 압수수색에는 윤씨 측 변호인단도 참관했다. 검찰은 다음 기일에 압수수색을 통해 확보한 체모를 재판부에 제출할 예정이다. 재판부는 압수물과 이춘재 DNA 등에 대한 비교 감정을 국립과학수사연구원에 의뢰할 방침이다.

에필로그

이춘재는 경찰의 숙제를 계속 늘리고 있었다. 사실 8차 사건의 진범 논란이 재심 국면으로 접어들면서 이춘재에 대한 사람들의 관심은 급속히 시들었다. 시국은 조국 법무부장관 사태가 일파만파로 퍼져 언론과 여론이 둘로 급격히 갈라졌고, 다른 사안들은 그 옆에서 힘을 잃었다. 화성 연쇄살인은 또다시 잊히고 있었다.

2020년 7월 2일 수사본부는 '이춘재 연쇄살인 사건'에 대한 최종 수사 결과를 발표했다. 14건의 살인 사건을 그대로 이춘재에 의한 연쇄살인으로 평가했고, 자백한 34건의 강간 사건도 연쇄살인과 묶인 일련의 범행이며 이춘재의 실제 범행이라고 판단했다. 이춘재는 1986년 1월 23일 전역 후 한 달도 안 돼 2월 18일 첫 강간 사건을 저질렀다. 다만 34건의 강간 사건 중 입증 자료가 충분한 9건만을 이춘재의 범행으로 확인할 수 있었다. 나머지 25건은 진술의 구체성이 떨어지고, 사건 발생 이후 지형이 많이 변해 정확한 범행 일시와 장소를 특정하기 어렵고, 당시 사회 분위기상 피해 신고가 되지 않은 사건도 많으며, 피해자가 진술을 원하지 않는 등의 이유로 추가 혐의를 밝혀내지 못했다.

수사본부는 프로파일러와의 면담과 심리검사, 사이코패스 평가 등 모든 자료를 종합적으로 검토한 결과, 이춘재를 사이코패스로 규정했다. 진단 검사 결과 65~85퍼센트 일치하는 것으로 나왔다. 피해자의 고통에 대해 전혀 공감하지 못하고 자신의 범행과 존재감을 지속적으로 과시하며 언론과 타인의 관심을 받고 싶어 하는 등의 성향을 뚜렷이 드러낸다는 것이다. 수사 초기엔 "피해자들에게 미안하다"며 반성하는 듯한 모습을 보이기도 했지만, 범행 원인을 피해자에게 전가하고 자신의 건강이나 교도소 생활만을 걱정하는 등 이중적이고 자기중심적인 모습을 보였다.

또 수사본부는 이춘재의 범행 동기와 관련해서도 일정한 정황을 밝혔다. 이춘재는 1983년 군에 입대해 탱크 등을 다루는 기갑부대에서 복무했다. "내성적인 성격으로 자신의 삶에서 주도적 역할을 하지 못하다가 군대에서 처음으로 성취감과 주체적인 역할을 경험하게 됐고, 군 전역 후 단조로운 생활로 인해 스트레스가 가중된 욕구 불만의 상태에서, 상실된 자신의 주도권을 표출하기 위해, 성범죄를 저지르기 시작한 것으로 분석된다." 여기에 엄한 부모 밑에서 자라면서 내재된 욕구 불만, 어렸을 때 동생이 사고로 사망한 데 대한 충격 등이 복합적으로 작용해 범행한 것으로 판단했다. 반기수 수사본부장은 범행 동기 부분을 구체적으로 설명했다.

"이춘재는 굉장히 가부장적인 가정환경에서 성장했다. 프로파일러들이 면담한 결과 과거 동생이 초등학교에 다닐 때 물에 빠져 사망한 일이 있었는데 그 사건으로 충격을 많이 받은 것으로 판단했다. 그래도 그런 것을 표출하거나 감정을 드러내기 어려운 환경이었다. 그렇게 성장하다가 군대에서 기갑부대에 배속됐고, 자기가 탱크를 몰고 앞으로 나가면 다른 탱크들이 따라오는 것을 보면서 대단히 큰 우월감을 맛봤다. 자신이 주도하는 상황에 대해 희열감을 경험한 것이다. 군대 이야기를 할 때는 신이 나서 한다. 다른 안 좋았던 얘기를 할 때는 기운이 다운돼 있는데, 주도적으로 할 수 있는 희열감, 이런 것들이 범행할 때도 표출된 것으로 프로파일러들은 분석했다. 그러다가 전역 후 무료하고 단조로운 생활로 인해 스트레스를 받았고 욕구 해소와 내재한 욕구 불만을 표출하기 위해 가학적 형태의 범행에 나섰다."

즉 가정에선 부모가 시키는 대로 고분고분히 생활했던 이춘재가 군대에서 성취감과 주체적인 역할을 경험하면서 심경에 변화가 생긴 것이라는 말이다. 경찰이 범행 동기를 '욕구 해소와 내재된 욕구 불만을 표출하기 위해, 가학적 형태의 범행을 한 것'으로 적시한 것에 대해서, 이춘재도 "그런 것 같다"고 수긍했다고 한다.

수사본부는 8차 사건과 1989년 화성 초등학생 실종 살인과 관련해서도 당시 수사에 참여한 경찰 등을 입건했지만 공소시효가 완성돼 '공소권 없음' 의견으로 검찰에 송치했다.

이춘재는 6월 5일 다시 부산교도소로 돌아갔다. 자신이 원래 생활하던 부산교도소로 돌아가기를 원했다.

33년만의 진범

화성·수원·청주 연쇄범죄 8년의 자백

1판 1쇄 찍음 2020년 7월 5일
1판 1쇄 펴냄 2020년 7월 9일

지은이 한국일보 경찰팀
펴낸이 임후성   **펴낸곳** 북콤마
디자인 *sangsoo*   **편집** 김삼수
등록 제406-2012-000090호
주소 (413-756) 경기도 파주시 문발동 파주출판단지 534-2 201호
전화 031-955-1650   **팩스** 0505-300-2750
이메일 bookcomma@naver.com   **페이스북** facebook.com/bookcomma
블로그 bookcomma.tistory.com   **트위터** @bookcomma
ISBN 979-11-87572-25-1   03300

, BOOKCOMMA

이 도서의 국립중앙도서관 출판예정도서목록(CIP)은 서지정보유통지원시스템 홈페이지(http://seoji.nl.go.kr)와
국가자료종합목록 구축시스템(http://kolis-net.nl.go.kr)에서 이용하실 수 있습니다.
(CIP제어번호 : CIP2020026429)